edition suhrkamp 2746

Das Untote scheint sich unserer Gesellschaft zu bemächtigen – »seelenlose Städte«, ein Wirtschaftsmodell, das gutes Leben mehr zerstört als ermöglicht, die Rückkehr der faschistischen Monster. Raul Zelik fragt, wie diese Entwicklungen zusammenhängen und wie sie sich stoppen lassen. Bei dieser Suche wendet er sich einer weiteren Untoten zu, die einfach nicht sterben will: der sozialistischen Idee.

Ohne eine Stärkung des Gemeineigentums, so Zelik, werden weder der ökologische Kollaps noch der drohende Sturz in den Autoritarismus zu verhindern sein. Die vielfältige Krise bedarf eines großen emanzipatorischen Gegenentwurfs. Zelik skizziert, wie sich die Linke neu erfinden kann, worin ein sozialistisches Projekt bestehen muss und woher die gesellschaftliche Macht kommen soll, um eine derartige Transformation umzusetzen.

Raul Zelik, 1968 in München geboren, ist Schriftsteller, Politikwissenschaftler und Übersetzer. Er war Associate Professor für Internationale Politik an der Nationaluniversität Kolumbiens in Medellín und lehrte politische Theorie an Universitäten in Bogotá, Berlin und Kassel. Seit vielen Jahrzehnten in sozialen Bewegungen aktiv, forscht er vor allem über politische Konflikte im spanischsprachigen Raum. Für die edition suhrkamp übersetzte er zuletzt die Bücher des Kulturphilosophen César Rendueles.

Raul Zelik

Wir Untoten des Kapitals

Über politische Monster und einen grünen Sozialismus

Suhrkamp

3. Auflage 2021

Erste Auflage 2020
edition suhrkamp 2746
Originalausgabe
© Suhrkamp Verlag Berlin 2020
Alle Rechte vorbehalten, insbesondere das der Übersetzung,
des öffentlichen Vortrags sowie der Übertragung
durch Rundfunk und Fernsehen, auch einzelner Teile.
Kein Teil des Werkes darf in irgendeiner Form
(durch Fotografie, Mikrofilm oder andere Verfahren)
ohne schriftliche Genehmigung des Verlages reproduziert
oder unter Verwendung elektronischer Systeme
verarbeitet, vervielfältigt oder verbreitet werden.
Satz: Satz-Offizin Hümmer GmbH, Waldbüttelbrunn
Druck: C.H. Beck, Nördlingen
Umschlag gestaltet nach einem Konzept
von Willy Fleckhaus: Rolf Staudt
Printed in Germany
ISBN 978-3-518-12746-9

Für Malik und Paula,
we tried.

Inhalt

Vorwort 9

I. Zombification! 16
   Zombie cadavre 16
   Politische Monster 30
   Was ist links? 39

II. Nach Tschewengur 62
   Tschewengur 62
   Ein linker Green New Deal? 66
   Linksregierungen ... und rechte Reformen 95
   Wie gelingt eigentlich »sozialer Fortschritt«? 115

III. Snowpiercer – von Lokomotiven, Revolutionen
    und Notbremsen 127
   Snowpiercer 127
   Sozialistische Revolutionen: Russland, China,
    Jugoslawien 138

IV. Ein neuer Sozialismusbegriff 162
   Das Ende eines Paradigmas – wenn Wertschöpfung
    keinen gesellschaftlichen Reichtum mehr schafft . 162
   Grüne Revolution: Die Beschränkung des
    Stoffwechsels 171
   Plan-Markt-was? 208
   Vom Liberalismus zur Rätedemokratie – und wieder
    zurück? 245
   Exkurs: Venezuela – Aufstieg und Fall einer
    »protagonischen Demokratie« 252

V. Was ist machbar und woher kommt die
   transformatorische Macht? 267
   Spiegelneuronen oder einfach nur das Mittlere? ... 267
   Macht, Gewalt, Hegemonie 283

Epilog 318
   1989 318

Danksagung 327

Vorwort

Dieses Buch war bereits im Lektorat, als die Covid-19-Pandemie Europa erreichte und in immer mehr Ländern Ausgangssperren verhängt wurden. Auch wenn im Augenblick noch völlig unklar ist, wie groß die Folgen der Krankheit für die Gesellschaften und die globalen Beziehungen sein werden, stellt sich die Grundfrage dieses Buchs vor dem Hintergrund der Ereignisse nur noch dringlicher. Die Ausgangsthese dieses Essays ist, dass unsere Produktions- und Lebensweise aus ökologischen und sozialen Gründen an ihre Grenzen stößt und wir über Gegenentwürfe nachdenken müssen, die über den Kapitalismus, aber auch den Sozialismus in seinen bisherigen Ausprägungen hinausweisen.

Die Covid-19-Krise führt einem die ganze Absurdität und Zerbrechlichkeit unseres Wirtschaftssystems vor Augen. Während Billionen Dollar und Euro zur Rettung von Finanzmärkten und Konzernen bereitgestellt werden, erleben selbst die reichsten Industriestaaten den Kollaps ihrer Gesundheitssysteme. In Spanien dürfen Kinder aufgrund der Ausgangssperre seit einem Monat nicht aus dem Haus, obwohl wochenlang normal weiter produziert und gearbeitet wurde, um »die Wirtschaft am Laufen« zu halten. Fast überall zeugen leer geräumte Regale davon, dass es mit den Selbstheilungskräften des Marktes in Krisenmomenten nicht allzu weit her ist; die Schlangen vor den Waffengeschäften in den USA geben einen Hinweis darauf, was geschieht, wenn jede*r in den Mitmenschen in erster Linie Konkurrent*innen sieht. Und die in Frankreich auf den Straßen patrouillierenden Militärs sollen wohl jene Sicherheit vermitteln, welche die »schlank« gesparten Gesundheitssysteme nicht mehr gewährleisten können. Dazu kommen erdumspannend Fake

News und Weltuntergangserzählungen in den sozialen Netzwerken.

All das ist real. Zur Wahrheit gehört aber auch, dass diese Krise einen Moment der Offenheit repräsentiert, in dem fast alles zur Disposition steht. So fürchterlich die Bilder aus den Notkrankenhäusern sind und so beängstigend der Wirtschaftskollaps eines schlagartig deglobalisierten Kapitalismus erscheinen mag, sollten wir uns doch auch vergegenwärtigen, dass vieles an der Situation durchaus ermutigend ist. Überall in der Welt werden die größten Einschränkungen des Soziallebens akzeptiert, um die Schwächsten zu schützen, das heißt, die medizinische Versorgung derjenigen zu ermöglichen, die wegen ihres Alters oder aufgrund von Vorerkrankungen auf die Intensivstation müssen. »Flatten the curve« bedeutet ja eben nicht das Recht des Stärkeren, sondern Solidarität, denn in der Sprache des Marktes wären die Alten und Kranken nur ein lästiger »Kostenfaktor«. Die Tatsache, dass die Gesellschaft dem Markt zumindest für einen Augenblick einmal Paroli bietet, ist keine Kleinigkeit.

Auch die Maßnahmen, die viele Regierungen bisher ergriffen haben, tragen immerhin dazu bei, den politischen Vorstellungshorizont wieder ein wenig zu öffnen. Sicher – ein Großteil der Billionen Euro und Dollar wird auch diesmal ausgeschüttet, um Banken und Konzerne, also in erster Linie superreiche Shareholder vor einem Vermögensverlust zu schützen. Aber plötzlich werden wirtschafts- und sozialpolitische Positionen vertreten, die noch wenige Tage zuvor als sozialistisches Teufelszeug galten: Neoliberale Börsenexpert*innen plädieren für die Verstaatlichung von Unternehmen (um sie vor ausländischen Übernahmen zu schützen), Finanzminister setzen die schwarze Null außer Kraft, die EU-Kommissionspräsidentin von der Leyen hält jene europäischen Staatsanleihen auf einmal für denkbar, die man dem »verschwenderischen Süden« bislang immer verweigerte, und in vielen Ländern diskutieren Regierungen über die Verteilung von »Helikoptergeld« – eine Art punktuelles Grundeinkommen. In Frankreich erlässt Präsident Macron notleidenden Kleinunternehmer*innen per Dekret Mieten, Strom- und Wasserzahlungen, was schon allein deshalb erstaunlich ist, weil die Politik doch angeblich keine Handhabe bei Privatverträgen hat, und in mehreren europäischen Ländern wird plötzlich Industriekonversion betrieben: Automobilzulieferer sollen auf die Fertigung von Medizingeräten umstellen. Zumindest für einen Augenblick ist die bedürfnisorientierte, demokratische Planung der Wirtschaft, die den Kern jedes sozialistischen Projekts ausmacht, eine reale Option.

Auch vieles von dem, was aus klimapolitischen Gründen seit Langem gefordert wird, ist in der Krise auf einmal Realität. Flugzeugflotten bleiben auf dem Boden, Kreuzfahrtschiffe dürfen nicht mehr ablegen, der völlig überdrehte Massentourismus, der Millionen Menschen zum Biertrinken an Orte befördert, an denen es dank der Tourismusindustrie genauso aussieht wie zu Hause, ist zum Erliegen gekommen. Satellitenbilder zeigen, dass die Luftverschmutzung nicht nur in China, sondern auch in Norditalien innerhalb weniger Tage dramatisch zurückgegangen ist. In Venedigs Kanälen fließt wieder klares Wasser, und in Deutschland die klimapolitischen Ziele für 2020 – eine Verringerung der Treibhausgasemissionen um vierzig Prozent gegenüber dem Jahr 1990 – sind plötzlich nicht nur möglich, sondern sogar wahrscheinlich.[1]

---

1 Agora Energiewende, »Auswirkungen der Corona-Krise auf die Klimabilanz Deutschlands«, Berlin 2020, online verfügbar unter: {https://www.agora-energiewende.de/fileadmin2/Projekte/2020/_ohne_Projekt/2020-03_Corona_Krise/178_A-EW_Corona-Drop_WEB.pdf} (alle Internetquellen Stand Februar 2020).

Das alles sind natürlich trotzdem keine guten Nachrichten, denn die Covid-19-Pandemie wird Hunderttausenden, vielleicht auch Millionen Menschen in der ganzen Welt das Leben kosten. Am Schrecken der Ereignisse gibt es nichts zu beschönigen oder zu relativieren. Trotzdem sollten wir erkennen, in welchem Moment wir uns befinden: Die globale kapitalistische Maschine, die immer weiter beschleunigen muss, ist schlagartig zum Stehen gekommen, und wir sind alle, über nationale Grenzen hinweg, davon betroffen. Gewiss nicht alle gleichermaßen, denn in den Ländern mit kaputtgesparten öffentlichen Gesundheitsdiensten sterben viel mehr Menschen, und wer in Berlin-Zehlendorf oder Hamburg-Blankenese im Garten Home-Office machen darf, kann die Entschleunigung – anders als die Arbeiterfamilie in einer überbelegten Wohnung oder der Geflüchtete in einem Wohncontainer – möglicherweise sogar genießen. Und doch führt die Krise uns allen drei Dinge vor Augen: dass erstens das Hamsterrad, in dem wir eingesperrt sind, sehr wohl angehalten werden kann, dass zweitens die Menschheit so verbunden miteinander ist, dass sich ein Virus innerhalb weniger Wochen durch alle Körper auf dem Planeten hindurch reproduzieren kann, und dass drittens es am Ende immer um das Leben geht, jede gesellschaftliche Ordnung eingebettet ist in ein »Netz des Lebens« (wie es bei dem Soziologen Jason Moore heißt), für das wir Sorge tragen, das wir aber niemals völlig kontrollieren werden.

Walter Benjamin hat in einer Vorarbeit zu seinen geschichtsphilosophischen Thesen einst den Satz notiert, Revolutionen seien gar nicht, wie Marx meinte, die Lokomotive der Weltgeschichte, sondern der Griff des »im Zug reisenden Menschengeschlechts nach der Notbremse«.[2] Dass der Zug kurz-

---

2 Walter Benjamin, *Über den Begriff der Geschichte*, Manuskripte –

zeitig zum Halten gekommen ist, alle Regeln und Vereinbarungen plötzlich zur Disposition stehen und wir beobachten, wie vieles auch ganz anders sein könnte, eröffnet Möglichkeiten. Zum Schlechteren wie zum Besseren.

Es gibt unzählige Gründe, sich Sorgen zu machen. Die Schließung von Grenzen befeuert den Nationalismus, die Unterbrechung der globalen Wertschöpfungsketten kann zur Herausbildung von Regionalblöcken führen, die dann schon bald militärisch um Märkte und Rohstoffe kämpfen werden, in Südeuropa droht die schlimmste Wirtschaftskrise der Geschichte, und die Gesundheitssysteme im globalen Süden werden die schweren Fälle dieser Pandemie gar nicht erst versorgen können. Wir erleben, wie Menschen Psychosen ausbilden, Hamsterkäufe machen, nur an sich selbst denken. Aber auch das Gegenteil: Gesundheitsarbeiter*innen, die alles geben, obwohl sie Gefahr laufen, sich selbst anzustecken und zu sterben, Menschen in Quarantäne, die vom Balkon aus abendlich den Pfleger*innen und Ärzt*innen applaudieren oder sich zum Singen am Fenster verabreden, und bürgerliche Politiker*innen, die auf einmal die Stärkung des öffentlichen Gesundheitssystems als politische Priorität für sich entdecken.

Wenn es einen Lichtblick gibt, dann ist es der Charakter der von der Pandemie aufgeworfenen Fragen: Warum stehen öffentliche Infrastrukturen wie das Gesundheitswesen eigentlich nicht im Mittelpunkt jeder ökonomischen Theorie, wenn sie doch offenbar die Grundlage unseres Lebens garantieren? Wieso werden Krankenpfleger*innen, Kassierer*innen und Transportarbeiter*innen nicht »systemrelevant« bezahlt, wenn ohne sie nichts geht? Weshalb werden die gan-

---

Entwürfe und Fassungen, in: ders., *Werke und Nachlaß*, Bd. 19, Berlin: Suhrkamp 2010, S. 153.

zen Markttheorien nicht endlich ins Reich der Ideologie verwiesen, wenn der Markt in jedem schwierigen Moment Panikkäufe und Warenknappheit produziert? Warum werden die Börsen, die sich wieder einmal als tickende Zeitbomben erweisen, nicht endlich geschlossen oder zumindest radikal reglementiert? Wieso ist es normal, dass wir mit Milliarden Euro Steuergeldern Großkonzerne retten, aber undenkbar, dass wir demokratisch darüber entscheiden, was, wo und unter welchen Bedingungen diese Unternehmen produzieren? Und weshalb treiben wir in einer Zeit, in der sich immer mehr Krisen nur global lösen lassen (für den Klimawandel gilt das ja genauso wie für Pandemien), den Aufbau globaler Strukturen wie der Weltgesundheitsorganisation WHO nicht viel entschlossener voran? Warum bauen wir keine globalen Gesundheits- und Umweltministerien auf, die nicht von Nationalregierungen ernannt, sondern durch eine demokratische Wahl aller Weltbürger*innen bestimmt werden? Oder umgekehrt: Wenn es zu utopisch ist, solche globalen Strukturen jenseits der Nationalstaaten aufzubauen, warum gelingt es uns dann seit Jahrhunderten, globale Wirtschaftskreisläufe zu organisieren? Wäre es nicht andersherum viel erfolgversprechender: mehr globale Demokratie, weniger globalisierte Produktionsketten? Eine für Menschen offene Lokalisierung der Ökonomie?

In Momenten der Krise braucht man konkrete Antworten für konkrete Probleme. Man muss aber auch immer wissen, in welche Richtung man sich bewegen will, und dafür wiederum benötigt man gesellschaftliche Entwürfe, die über das Bestehende hinausreichen. Das 20. Jahrhundert brachte schreckliches Elend, aber auch großen sozialen Fortschritt – möglich war das, weil es Bewegungen und Strategien zur radikalen Veränderung der Gesellschaft gab. Die kleinen, konkreten Erfolge waren möglich, weil es große Projekte, Strategien und Erzählungen gab. Über solche Gegenentwürfe der Solidarität, der Gleichheit, der Demokratie und der Sorge um das Leben müssen wir reden. Jetzt, da die Maschine für einen Moment zum Stehen gekommen ist. Die Pandemie ist ein Scheideweg – entweder wir entscheiden uns für ein Projekt des Lebens oder für eines der beschleunigten gesellschaftlichen Zerstörung.

April 2020

I. Zombification!

Zombie cadavre

Der Zombie ist die popkulturelle Figur unserer Zeit: die Kinderverkleidung zu Halloween, die Verkörperung des ultimativen Schreckens in Serien und Kinofilmen, das abzuknallende Böse in Computerspielen. Die Kulturtheoretiker Georg Seeßlen und Markus Metz schreiben: »›Untot‹ drückt ein eigenartiges ausferndes Empfinden der Zeit aus. Da-Sein und doch nicht Da-Sein; Dasein und doch kein Dasein. Man denkt an Gespenster, Retortenwesen oder radikal Entwürdigte, an Menschen jenseits ihrer Geschichte und jenseits ihrer, nun ja, Menschlichkeit, an RoboCops und Pilleneinwerfer, […] an Bürokraten und Fließbandarbeiter, Soldatenmaschinen und Maschinensoldaten […], Leute, die sich halb zu Tode schuften, und Leute, die sich halb zu Tode amüsieren.«[1]

Warum beschäftigen uns die Untoten so sehr? Wen oder was erkennen wir in den seelenlos, wie fremdgesteuert umherirrenden Zombies? Was fesselt uns an Kreaturen, die die Energie der Lebenden aufsaugen, ihre Opfer dabei aber nicht töten, sondern assimilieren?

Die simpelste Antwort lautet wohl: die Faszination am Drastischen. Gestalten, die wie Menschen aussehen, aber keine mehr sind, nur noch von einem restanimalischen Instinkt getrieben werden, überschreiten alle Grenzen, wobei das Motiv seine Kraft auch daraus zieht, dass wir alle zu Zombies

---

[1] Markus Metz/Georg Seeßlen, *Wir Untote! Über Posthumane, Zombies, Botox-Monster und andere Über- und Unterlebensformen im Life Science & Pulp Fiction*, Berlin: Matthes & Seitz 2012, S. 7.

mutieren können. Das absolut Andere schlummert in uns selbst. Trotzdem kommen die Untoten in den meisten Filmen wie eine Invasionsarmee daher – in der extrem aufwändig produzierten, aber inhaltlich dann doch eher einfältigen Fantasysaga *Game of Thrones* zum Beispiel. Zwar kreist die Serie, mit einer knappen Milliarde US-Dollar Produktionskosten die bislang teuerste TV-Produktion der Geschichte, um die dunkle Seite von Politik und Kultur: Die Macht der Königreiche beruht auf Intrigen und roher Gewalt, jede Moral scheint verloren gegangen.[2] Das eigentliche Grauen, das die Menschheit wieder zusammenführt, rückt indes von außen heran. Es sind die »Weißen Wanderer«: enthemmte, als Menschenflut heranstürmende Ungeheuer, die einem finsteren »Nachtkönig« folgen. Dieser ähnelt in der verzwickten *Game-of-Thrones*-Mythologie der Schöpfung des Doktor Frankenstein – einst mit guten Absichten erschaffen, dann aber außer Kontrolle geraten. Die liebenswürdigen »Kinder des Waldes« – hier wird die Saga auffallend infantil – brauchten den Untoten zur Verteidigung gegen die Menschen, doch im Verlauf dieses Krieges wandte sich der »Nachtkönig« gegen seine Schöpfer und verwandelt nun immer mehr Le-

---

[2] Für Georg Seeßlen kann »der moderne Horrorfilm gar nicht anders, als über sich und die Welt nachzudenken«. Auch bei *Game of Thrones* gehe es letztlich um den Schrecken der Realität: »Das Projekt Gesellschaft ist gescheitert, an der Gier und am Hass unter anderem, die Beziehungen sind durch Gewalt und Verrat bestimmt, Helden von heute sind die Schurken von morgen und umgekehrt. Die Grundvoraussetzung aller Fantastik ist auf den Kopf gestellt: Da geht es nicht um ein böses Anderes, das in eine Welt der normalen Guten eindringt; die Welt der Menschen ist das Böse, und unser Erstaunen gilt dem Umstand, dass überhaupt noch etwas Gutes aufscheint, hier und da.« (Georg Seeßlen, »Die Hölle sind wir«, in: *Die Zeit* [23. Oktober 2015], online verfügbar unter: {https://www.zeit.de/kultur/film/2015-10/horrorfilm-kapitalismus-essay}).

bende in seinesgleichen. Irgendwann gelingt es der Menschheit, die anschwellende Zombie-Gefahr mit einer Eismauer zu stoppen. Auch wenn sich die unwirtliche Welt, die die »Weißen Wanderer« zu verlassen suchen, im Norden und nicht im Süden erstreckt, liegt spätestens hier die Analogie zu den realen Verhältnissen auf der Hand: Die Eis-Zombies, die im englischen Original bezeichnenderweise *the others* (»die Anderen«) heißen, sind gesichtslose, elende Massen, die an die Außengrenzen der Zivilisation branden. Deshalb verstand man die Botschaft sofort, als US-Präsident Donald Trump Anfang 2019 in Anspielung auf das Motto der Fantasysaga (»Winter is coming«) ein Bild mit dem Spruch »The wall is coming« twitterte: Die Weltwohlstandszonen wollen vor den Killerhorden »da draußen« geschützt werden.

Es gab aber noch eine zweite, weniger beabsichtigte Analogie zur Fantasysaga: So wie in *Game of Thrones* der Schrecken der umherstreifenden Eis-Zombies dafür sorgt, dass sich die Königreiche gegen die äußere Bedrohung vereinen, dient die politische Erzählung »der Anderen« durch Rechtsextreme wie Trump als ideologischer Kitt, mit dem die auseinanderdriftenden Marktgesellschaften zusammengehalten werden sollen. Die Konstruktion eines Außen verschleiert die sozialen und ökonomischen Widersprüche im Inneren.

Offenbar macht die Eigenschaft des Zombies, das »Andere« zu repräsentieren, ihn für die Popkultur so interessant: Da Zombies Antimenschen sind, kann an ihnen das eigene »Andere« ausgelebt werden. Zumindest in Computerspielen besteht die Funktion des Zombies fast ausschließlich darin: Entmenschlichte, empathielose Kreaturen kann man ohne Gewissensbisse abknallen und damit dem eigenen Bedürfnis nach Empathielosigkeit nachgehen. In dieser Hinsicht hat der Zombie etwas von Agambens »Homo sacer«: ein Vogelfreier, der straffrei getötet werden darf.[3] Letztlich erlaubt er die Externalisierung jener Entmenschlichung, die wir ausleben, indem wir sie bekämpfen. Der innere Abgrund wird zum Außen, das sich niedermetzeln lässt.

Wenn man die Ursprünge des popkulturellen Zombie-Mythos betrachtet, ging es lange jedoch weniger darum, ein Außen zu konstruieren, als vielmehr darum, in genau diesen Abgrund zu blicken. Über die gesellschaftskritischen Aspekte bei George A. Romero, der das Zombie-Genre mit seinen Filmen maßgeblich prägte, sind unzählige Texte geschrieben worden, und wirklich lassen sich die – heute eher harmlos daherkommenden – Schocker bestens als politische Dokumente ihrer Zeit lesen. In Romeros *Nacht der lebenden Toten* aus dem Jahr 1968, der als Meilenstein des Genres gilt, schweißt der Angriff der Untoten eine Gruppe von sieben Personen zu einer Zwangsgemeinschaft zusammen. Das eigentliche Drama ist jedoch schon bald nicht mehr der Kampf gegen die Zombies, sondern findet, wie die Filmkritikerin Alissa Wilkinson geschrieben hat, »im Inneren des Hauses statt, wo die noch Lebenden heftig darüber streiten, was sie gegen die ›lebenden Toten‹ draußen unternehmen sol-

---

3 Giorgio Agamben entwickelt in *Homo sacer* und *Ausnahmezustand* (Frankfurt/Main: Suhrkamp 2002 und 2004) so etwas wie eine biopolitische Staatstheorie. In Anlehnung an Walter Benjamins Essay »Kritik der Gewalt« und den Dezisionismus Carl Schmitts stellt er die These auf, dass das staatliche Recht immer um das dunkle Gravitationszentrum des Ausnahmezustands kreist, weil die Macht des Souveräns auf der Fähigkeit zur Suspendierung des Rechts beruht. Auch die Figur des Homo sacer repräsentiert für Agamben diese Verschränkung von Gesetz und Unrecht. Dabei handelt es sich um Menschen, die straffrei getötet werden können, also einerseits vom Recht erfasst sind, aber doch außerhalb der Rechtsordnung stehen. Beides – Ausnahmezustand und Homo sacer – meint Agamben in den US-Gefangenen-Camps wie Guantánamo, aber auch in den Flüchtlingslagern der EU erkennen zu können.

len«.[4] Im Mittelpunkt des Dramas steht der Afroamerikaner Ben, der Verantwortung für die Gruppe übernimmt, aber dem die anderen aus rassistischen Gründen misstrauen. Am Ende wird Ben von einem weißen Sheriff erschossen, der ihn für einen Zombie hält. Auf diese Weise spiegelt der Film sowohl die allgemeine amerikanische Verunsicherung der sechziger Jahre als auch die weiße Paranoia der Mehrheitsgesellschaft. Gleichwohl Romero es nie so gemeint hat, lässt sich die Schlusssequenz des Films wie eine Allegorie auf die bis heute in den USA (und nicht nur dort) herrschende Polizeigewalt interpretieren: »Black lives don't matter.«

Auch der zehn Jahre später von Romero gedrehte Nachfolger *Zombie* (1978) erzählt aus heutiger Sicht vor allem von seiner Zeit. Im Mittelpunkt des Geschehens steht eine Shopping-Mall. Der Film beginnt mit einer Szene, die die Lage in den USA nach dem Krieg in Vietnam und nach einem Jahrzehnt der Protestbewegungen widerspiegelt: Während der Live-Sendung eines Interviews zur Zombie-Epidemie bricht unter den Mitarbeiter*innen Chaos aus. TV-Techniker rebellieren gegen die Redaktionsleitung, ein Mitarbeiter hält dem Interviewten Eselsohren an den Kopf, die Hauptperson Francine widerspricht vor laufenden Kameras ihrem Chef. Obwohl es um das Überleben der Menschheit geht, hat die Szene etwas Karnevaleskes, und auch unter den Polizisten, mit denen es in der zweiten Szene weitergeht, herrscht eigentümliches Aufbegehren. Einige haben Skrupel, die Untoten, die anfangs eher als Kranke denn als Monster dargestellt werden, mit Kopfschüssen hinzurichten. Die vier Hauptperso-

---

4 Alissa Wilkinson, »George Romero Didn't Mean to Tackle Race in ›Night of the Living Dead‹, But He Did Anyway«, in: *Vox* (22. Juli 2017), online verfügbar unter: {https://www.vox.com/culture/2017/7/22/15985492/night-of-the-living-dead-movie-week-george-romero-zombies-get-out-jordan-peele}.

nen Stephen, Peter, Roger und Francine fliehen schließlich mit einem Helikopter vor der Epidemie und verbarrikadieren sich – ausgerechnet – in einer Shopping-Mall, wo sich inmitten der Zombie-Apokalypse fast so etwas wie Normalität einstellt. Die Überlebenden besorgen sich in den Geschäften ausgesuchte Speisen und Getränke, das Wechselgeld der Supermarktkassen findet als Pokereinsatz Verwendung, und im Fernsehen verfolgen die vier, wie draußen die Welt untergeht. Die sie jagenden Zombies wirken aus heutiger Sicht eher harmlos, was im Vergleich mit dem Remake von Zack Snyder aus dem Jahr 2004 noch deutlicher wird. Während die Untoten des 21. Jahrhunderts vor Blutgier rasen, sehen sie 1978 blass und ungelenk aus. Sie sind nicht einmal dazu in der Lage, einen Türgriff herunterzudrücken. Zudem setzt Romeros Kamera sie mit der Warenwelt in eins. Mehr als einmal sind die Schaufensterpuppen der Shopping-Mall kaum von den Zombies zu unterscheiden. In der Mall darf hemmungslos auf Puppen und Zombies geschossen werden – was in auffälligem Widerspruch zu der Anfangsszene steht, in der die Untoten noch als Kranke gezeigt werden.

Ursprünglich scheint es beim Zombie-Mythologem vor allem um die Furcht vor Kontrollverlust gegangen zu sein. In Haiti, von wo aus die Zombie-Erzählung in die USA gelangte, heißt es, Menschen könnten durch Voodoo-Zauber in Untote verwandelt werden. Eine der Varianten hiervon ist der *Zombie cadavre*, ein höriger Arbeitssklave ohne Bewusstsein. Der Anthropologe Wade Davis behauptete in den achtziger Jahren, eine wissenschaftliche Erklärung für den Mythos gefunden zu haben: Haitianische Hexer versetzten ihre Opfer mithilfe des Nervengifts Tetrodotoxin, das unter anderem in Kugelfischen vorkommt, in eine Art Scheintod und erweckten sie nach einer Beerdigung dann heimlich wieder zum Leben. Diese »Untoten«, die offiziell nicht mehr existieren und dementsprechend von niemandem gesucht werden, würden mit Drogen willenlos gehalten, um ihren Herren zu Diensten zu sein. Auch wenn das »Zauberpulver«, das Davis als Beweis aus Haiti mitbrachte, wirkungslos und sein wissenschaftlicher Nachweis dementsprechend gefälscht war,[5] änderte das nichts daran, dass Davis' Buch *The Serpent and the Rainbow* zu einem Bestseller wurde, auf dessen Grundlage dann Wes Craven 1988 einen gleichnamigen Horrorfilm drehte. Darin reist der US-amerikanische Wissenschaftler Dennis Alan im Auftrag eines Pharmakonzerns nach Haiti, um den Zombie-Zauber zu erforschen, wird dabei aber selbst Opfer eines schwarzen Magiers.

Auch diese Geschichte zeigt, wie die Furcht vor dem Selbst externalisiert werden kann: Angloamerikanische Wissenschaftler*innen erforschen, wie schwarze Zauberer ihre Mitmenschen versklaven. Damit wird die Ahnung verdrängt, dass der Voodoo-Mythos mit einer viel realeren Erfahrung zu tun haben könnte. Es waren keine Voodoo-Hexer, die die Vorfahren der Haitianer*innen in einen Scheintod versetzten und zu willenlosen Kreaturen, nämlich zu Arbeitssklav*innen auf ihren Plantagen machten, sondern europäische Geschäftsleute, Vorreiter jener bürgerlichen Moderne, in der sich der Wissenschaftsgeschäftsmann Wade Davis so geschmeidig zu bewegen verstand. Georg Seeßlen schreibt in dem bereits erwähnten *Zeit*-Artikel, im Horrorfilmgenre gehe es immer um uns selbst: um das Monströse des Menschen und seiner Gesellschaft.[6] Aber es ist eben auch andersherum: Monster sind immer die anderen.

Doch was hat das alles mit dem Thema dieses Buchs – dem grünen Sozialismus – zu tun? Beim Zombie geht es um Kon-

---

5 Vgl. »Seltsame Urständ«, in: *Die Zeit* (19. Juni 1987).
6 Seeßlen, »Die Hölle sind wir«.

trollverlust und absolute Fremdbestimmung: Man lebt und ist doch tot. Die Angst davor ist umso größer, als Identität in der bürgerlichen Gesellschaft maßgeblich auf Autonomie und Selbstkontrolle beruht. Doch unsere Erfahrung des In-der-Welt-Seins stimmt trotz aller Freiheitsrhetorik damit kaum überein. Die Untoten faszinieren, weil uns das Gefühl, maschinenhaft fremdgesteuert zu sein, allzu vertraut ist.

Dass Lohnarbeit an das Dasein von Untoten erinnert, ist kein besonders origineller Gedanke. Jeder, der selbst schon einmal an einem Fließband oder einer Supermarktkasse gearbeitet hat, kennt das Gefühl, zum Anhängsel einer Maschine zu werden. Fritz Lang hat in dem mittlerweile hundert Jahre alten Film *Metropolis* dafür das Bild einer die Arbeiterschaft verschlingenden Maschine geschaffen, und auch in der Fabrikliteratur – von Louis-Ferdinand Célines *Reise ans Ende der Nacht* (1932) über Nanni Balestrinis *Wir wollen alles* (1971) bis hin zu Ben Hampers *Rivethead. Tales from the Assembly Line* (1992) – geht es darum: den Autonomieverlust als Folge entfremdeter Arbeit. Die technische Entwicklung hat zwar auch dafür gesorgt, dass manche stupiden Arbeiten heute von Maschinen erledigt werden. Gleichzeitig jedoch haben sich die Zombie-Tätigkeiten in die Gesellschaft hinein ausgebreitet. Die Spätmoderne ist eine eigenartige Epoche: Auf der einen Seite sind die Selbstbestimmungsdiskurse das Mantra unserer Gesellschaft, und die Leitideologie des Individualismus duldet keine Einwände. Andererseits folgen immer mehr Abläufe in unserem Leben einer Logik, auf die wir keinen Einfluss zu haben scheinen, ja die unseren Interessen diametral widersprechen. So wie sich einst die Fabrik den Arbeiter einverleibte, werden nun auch alle anderen Bereiche unseres Lebens vom ökonomischen System kolonisiert. Wir arbeiten nicht mehr, um leben zu können, sondern leben, um die Produktion zu erhöhen. Wir lernen nicht, um die eigene Persönlichkeit zu entfalten, sondern um »Humankapital« für die Konkurrenz auf dem Arbeitsmarkt zu bilden. Die Entwicklung der Städte richtet sich nicht in erster Linie nach menschlichen Bedürfnissen, sondern folgt den Gesetzen der Immobilienmärkte. Und selbst der Kampf gegen den Klimawandel und die Umweltzerstörung hat offenbar nur dann eine Chance, wenn er den involvierten Konzernen neue Geschäftsmodelle eröffnet. Solange es keine Investitionsalternativen gibt, muss sich unsere Gesellschaft weiter an den Interessen von Lufthansa, VW und Bayer orientieren. Im Mittelpunkt unserer Gesellschaft steht nicht das gute Leben, sondern die Wertsteigerung.

Diese Ökonomisierung wird allerorten lamentiert, doch die zugrunde liegende Struktur bleibt immer ein wenig im Opaken, so als dürfte das Problem nicht direkt benannt werden. 2018 gewann Hannes Vollmuth von der *Süddeutschen Zeitung* mit einer Reportage über das Veröden der Schweinfurter Innenstadt den Journalistenpreis der deutschen Wirtschaft. Dort beschreibt er, wie die Errichtung einer »seelenlosen« Shopping-Mall Schweinfurt verändert hat, und spricht von einer »zerrissenen Stadt«, deren Zentrum so leer sei, »als habe die Apokalypse schon stattgefunden«[7]. Bei der Soziologin Eva Illouz lesen wir, wie unsere Liebesbeziehungen durch neue Technologien entleert worden sind.[8] Verwundert beobachten wir, wie unsere Kinder nicht mehr von Märchengestalten, sondern von den Merchandise-Figuren der *Star-Wars*-Saga träumen (die sicher nicht schlechter ist als ein traditionelles Märchen, aber eben doch einer anderen

---

7 Hannes Vollmuth, »Alles muss raus«, in: *Süddeutsche Zeitung* (15. Dezember 2017).
8 Eva Illouz, *Warum Liebe weh tut. Eine soziologische Erklärung*, Berlin: Suhrkamp 2011.

Funktionslogik gehorcht, nämlich dem Verkauf von Fanartikeln dienen muss). Selbst beim Genuss geht es letztlich nicht mehr um Genuss. Von Slavoj Žižek gibt es die schöne Beobachtung, heute stehe aus Zeitgründen nicht mehr der Konsum, also das Verwenden eines Gegenstands, sondern der Kaufakt im Mittelpunkt des Begehrens. Die Tatsache, dass wir *jouissance* aus dem Erwerb ziehen, illustriert, wie weit die Kolonisierung des Lebens fortgeschritten ist – sie hat die innersten Bereiche unserer Persönlichkeit erfasst. Lust erzeugt, was den Bedürfnissen des Kapitals entspricht. Am besten wäre es, unser Leben würde nur noch aus einer Verkettung von Kaufakten bestehen, bei denen wir uns ausschließlich symbolische Anerkennung aneignen. Die Grundlagen dafür sind längst gelegt – der Wert eines Turnschuhs, und zwar auch sein Gebrauchswert, besteht zum größten Teil aus seinem Markenimage. Ließen wir die Schuhe ganz weg, wäre der Prozess sehr viel ökologischer.

Wohin wir auch blicken, erleben wir Situationen, in denen wir auf diese Weise zu Untoten des ökonomischen Prozesses werden. Einer Statistik der *Motor Presse Stuttgart* zufolge gibt die oder der durchschnittliche Deutsche in ihren bzw. seinen 54 Jahren als Autobesitzer*in 332 000 Euro für ihre bzw. seine Wagen aus[9] – etwa 6000 Euro jährlich. Bei einem durchschnittlichen Nettoeinkommen von 3000 Euro monatlich würde dies bedeuten, dass ein Sechstel des Arbeitstags für den Erwerb und Unterhalt des eigenen Fahrzeugs aufgewendet wird. Zwei bis drei weitere Stunden täglich arbeitet die oder der Bewohner*in einer deutschen Großstadt für ihre oder seine Wohnung, die vor allem deshalb in den letz-

---

9 »So viel kostet Autofahren lebenslang«, in: *Spiegel Online* (27. Februar 2013), online verfügbar unter: {https://www.spiegel.de/auto/aktuell/autokauf-bis-oelwechsel-was-die-deutschen-fuers-autofahren-ausgeben-a-884933.html}.

ten vierzig Jahren so teuer geworden ist, weil der städtische Boden aus einem öffentlichen Gut in »Anlagekapital« verwandelt wurde.[10] Wenn die Zahlen stimmen, könnten uns der Ausbau eines gut funktionierenden öffentlichen Verkehrssystems, eine andere Stadtplanung und der Schutz des Bodens vor Kapitalverwertung (alles beileibe keine revolutionären Maßnahmen) einen beträchtlichen Teil jener drei oder vier Stunden täglich zurückgeben, die wir heute darauf verwenden, Automobilunternehmen, Ölkonzerne und Immobilienfonds am Leben zu erhalten.

Aber warum kommen wir nicht einmal auf die Idee, dass das möglich wäre? Warum verteidigen wir ein Verkehrsmodell, das Freiheit verspricht, aber Lungenkrankheiten produziert? Wieso wird kaum über die Möglichkeit gesprochen, in Anbetracht der Produktivitätszuwächse in der Industrie die Regelarbeitszeit auf 25 Stunden pro Woche zu senken? Weshalb halten wir Mieten für mehr als 1500 oder 2000 Euro im Monat für normal, obwohl wir doch wissen, dass für die Errichtung und Instandhaltung der Gebäude nur ein Bruchteil davon nötig wäre?

Der Wirtschaftshistoriker Karl Polanyi würde antworten: Weil wir in Gesellschaften leben, die zu »Anhängseln des Marktes« geworden sind:

> Die Wirtschaft ist nicht mehr in die sozialen Beziehungen eingebettet, sondern die sozialen Beziehungen sind in das Wirtschaftssystem eingebettet. Die entscheidende Bedeutung des wirtschaftlichen Faktors für die Existenz der Gesellschaft schließt jedes andere Ergebnis aus. Sobald das wirtschaftliche System in separate Institutionen ge-

---

10 Laut einer Studie der Hans-Böckler-Stiftung wendet fast die Hälfte der deutschen Bevölkerung mehr als 30 Prozent ihres Nettoeinkommens für Miete auf (Andrej Holm et al., »Wie viele und welche Wohnungen fehlen in deutschen Großstädten?«, Working Paper 063, Düsseldorf: Hans-Böckler-Stiftung 2018, online verfügbar unter: {https://www.boeckler.de/pdf/p_fofoe_WP_063_2018.pdf}).

gliedert ist, die auf spezifischen Zielsetzungen beruhen und einen besonderen Status verleihen, muss auch die Gesellschaft selbst so gestaltet werden, dass das System im Einklang mit seinen eigenen Gesetzen funktionieren kann. Dies ist die eigentliche Bedeutung der bekannten Behauptung, eine Marktwirtschaft könne nur in einer Marktgesellschaft funktionieren.[11]

Die Märkte, so könnte man Polanyi resümieren, haben jede gesellschaftliche Schranke niedergerissen. Boden, Arbeit und Geld sind in Waren verwandelt worden, für Polanyi eine absurde Entwicklung, weil sie nicht im eigentlichen Sinne produziert werden und dementsprechend auch nur »fiktive Waren« seien.

Die Erklärung von Karl Marx würde ähnlich ausfallen, aber auf die dahinterstehenden materiellen Interessen abzielen: Kapitaleigentümer*innen wollen ihren Einsatz vermehren und *müssen* das auch, wenn sie auf längere Sicht nicht verdrängt werden wollen. Der Akkumulationszwang hat einerseits einen durchaus willkommenen Effekt: Er führt zur steten Steigerung von Produktivität und Produktion, denn nur wer schneller und in größeren Mengen herstellt, kann mehr verdienen. Andererseits aber beschleunigt dieser Motor auch dann weiter, wenn die Gesellschaft längst nichts mehr davon hat. Dann werden Unternehmen mit Tausenden Beschäftigten zerschlagen, um Kursgewinne an den Börsen zu erzielen, Kosten reduziert, indem man sie der Allgemeinheit aufhalst, neue Produkte designt, deren Bedarf erst aufwändig mit allen Mitteln der Gehirnwäsche erzeugt werden muss. Oder man kehrt gleich ganz zu den frühen Formen der Bereicherung zurück: Gemeingüter, die niemandem, sprich allen gehören, werden privatisiert wie einst das Bauernland

---

[11] Karl Polanyi, *The Great Transformation*, Frankfurt/Main: Suhrkamp 1978, S. 88f.

in Großbritannien ab dem 16. Jahrhundert, der Reichtum der Natur wird in die Wüsten der Agrarplantagen verwandelt.

Und damit sind wir wieder bei den Zombies. Verblödet, ungelenk und fremdgesteuert wie George A. Romeros Untote wandeln wir durch unsere Welt und sorgen dafür, den Absatz von Waren sicherzustellen. Nur jene menschlichen Bedürfnisse, die mit dieser Aufgabe vereinbar sind, können berücksichtigt werden. Und so fühlen wir uns immer häufiger als seelenlose Avatare, als Darsteller eines Films, in dem wir zwar, wie uns ständig beteuert wird, einzigartige Hauptpersonen sind, dessen Drehbuch aber dennoch nicht von uns geschrieben wird.

Über das Untote der bürgerlichen Gesellschaft haben Linke schon früh Kluges geschrieben. In den Zeiten von Marx war allerdings der Vampir populärer als der Zombie: »Das Kapital ist verstorbene Arbeit, die sich nur vampirmäßig belebt durch Einsaugung lebendiger Arbeit und um so mehr lebt, je mehr sie davon einsaugt.«[12] Marx war hier ganz bei den klassischen Ökonomen David Ricardo und Adam Smith, die der Ansicht waren, dass nur Arbeit Wert schaffen kann. Das ist es auch, was für Marx die bürgerliche Gesellschaft so paradox macht. Das Leben sorgt für die Ausbreitung des Untoten, hat es aber auch in der Hand, diesen Zustand zu beenden. Da es kein Kapital ohne Arbeit gibt, kann Letztere das gesellschaftliche Zwangsverhältnis aufkündigen. Das tote Kapital ist immer nur so mächtig, wie wir, die Lebenden, es zulassen.

Noch besser zum Zombie-Motiv passen die Passagen, die

---

12 Karl Marx, *Das Kapital*, Bd. 1: »Dritter Abschnitt: Die Produktion des absoluten Mehrwerts«, in: ders. und Friedrich Engels, *Werke* (= MEW), Bd. 23, Berlin (Ost): Dietz 1968, S. 247.

Marx über den Fetisch schrieb. Seiner Ansicht nach ist das Verhältnis der bürgerlichen Gesellschaft zu Ware und Geld ganz ähnlich wie das animistischer Gemeinschaften zu ihren Fetischen: Kultobjekten werden Zauberkräfte zugesprochen, Gegenstände erwachen zum Leben, Totes und Untotes tauschen die Stellung. Während wir »Geld für uns arbeiten lassen«, Geschäfte »florieren« und die Börse »sexy ist«, sind umgekehrt unsere sozialen Beziehungen verdinglicht: In Liebesbeziehungen muss »investiert« werden, Kinder sind ein »Kostenfaktor«.

Das Verrückte an unserer Zeit ist der Umstand, dass sich diese Vorherrschaft des Untoten immer weiter ausbreitet, wir erleben eine weltumspannende Zombification. Der Mainstream der Gesellschaftswissenschaften debattiert gebannt über poststrukturalistische »Mannigfaltigkeit« und Luhmann'sche »funktionale Differenzierung«, während in Wirklichkeit doch vor allem eine enorm homogenisierende Kraft zu beobachten ist. Zum ersten Mal in der Geschichte der Menschheit leben wir in einem echten Weltsystem, noch nie waren die globalen Lebensweisen so vereinheitlicht wie heute. Der fundamentalistische Saudi, die evangelikale Versicherungsagentin aus den USA, der chinesische Parteikader und der schwule Berliner Hipster würden zwar mit Sicherheit darauf pochen, sich von den anderen radikal zu unterscheiden, doch ihr materielles Dasein ist so vereinheitlicht wie noch nie zuvor in der Menschheitsgeschichte: Ihre Kleider stammen aus denselben Textilfabriken Bangladeschs, sie stehen morgens und abends eine Stunde im Stau – die einen im SUV, die anderen vielleicht schon im Elektroauto –, und auch wenn bei den einen Gebete, bei den anderen Pornos auf dem Smartphone laufen, sind die technischen Geräte doch von denselben chinesischen Fabrikarbeiter*innen im Auftrag desselben US-Konzerns hergestellt worden. Selbstverständlich variieren die Lebensweisen, doch die Unterschiede beruhen in erster Linie auf Klassenzugehörigkeit, Geschlecht und Hautfarbe. Wer dunkler geboren wird, putzt eher die Scheiben des SUV, als hinter dem Lenkrad zu sitzen – egal ob in Saudi-Arabien oder den USA.

Diese Verschmelzung zur Weltgesellschaft ist eine der zentralen Thesen in Yuval Noah Hararis *Eine kurze Geschichte der Menschheit*: Die gegenseitige Abhängigkeit der Menschen wächst, wir rücken zusammen. Dass wir nicht in der Lage sind, die zunehmende Verschränkung unserer Gesellschaften zu erkennen, ist das grundlegende Problem unserer Zeit. Der Markt hat zu einer hoch entwickelten, arbeitsteiligen und globalen Kooperation geführt, aber er hindert uns gleichzeitig daran, das zur Kenntnis zu nehmen, weil er ein System der Dauerkonkurrenz etabliert, in dem alle zu Gegner*innen mutieren.

Politische Monster

Zombification ist aber natürlich auch deshalb eine treffende Beschreibung der Lage, weil wir seit einigen Jahren die Rückkehr der politischen Monster erleben. Donald J. Trump in den USA und Recep Tayyip Erdoğan in der Türkei, Jair Bolsonaro in Brasilien oder Narendra Modi in Indien – immer mehr Staatsmänner wirken wie Untote, die faschistoide Ideologien im Social-Media-kompatiblen Gewand wiederauferstehen lassen. Dass ihre Auftritte ziemlich verrückt sind, wie eine schlechte Collage aus Fake und toxischer Männlichkeit wirken, ändert nichts daran, dass ihre Ideologie sich wie eine Zombie-Epidemie ausbreitet und immer mehr Lebende infiziert.

Und auch das politische System als solches erscheint zunehmend untot. Seit etwa dreißig Jahren nimmt die Bindungskraft der großen Volksparteien in Europa ab, vor allem die Sozialdemokratie, die lange Zeit stabil vierzig Prozent der Wählerschaft repräsentierte, befindet sich in einem rasanten Zerfallsprozess. In Deutschland, aber auch in vielen anderen europäischen Ländern wählen in Stimmbezirken mit prekären sozialen Verhältnissen oft weniger als fünfzig Prozent der Bevölkerung, die Beteiligung ist regelmäßig zwanzig Prozent niedriger als in den Reichenvierteln, und laut einer Studie der Bertelsmann Stiftung nimmt diese Differenz seit den siebziger Jahren stetig zu.[13] Warum ist das so? Politikwissenschaftler*innen verweisen gern auf das Bildungsniveau der »Abgehängten«, aber die Resignation der unteren Klassen hat einen sehr rationalen Kern. Sie beruht auf der Erfahrung, dass die für diese Gruppe zentralen Probleme durch Wahlen nicht behoben werden. Auch sogenannte »Arbeiterparteien« haben in den vergangenen Jahrzehnten eine Politik für das obere eine Prozent gemacht: Sie haben privatisiert, Gewerkschaften geschwächt, Sozialhilfe gestrichen, Unternehmens- und Kapitalsteuern gesenkt, Vermögenssteuern abgeschafft und Kriege geführt. Das war unter Rot-Grün in Deutschland nicht anders als unter New Labour in Großbritannien oder unter dem Partido Socialista Obrero Español in Spanien.

Viele Sozialwissenschaftler*innen erklären das mit dem Siegeszug des Neoliberalismus, der die Sozialdemokratie zu einer Art Suizid verleitet habe. Exemplarisch für diese Lesart steht Colin Crouchs Buch *Postdemokratie*,[14] in dem der wach-

---

[13] Armin Schäfer et al., *Prekäre Wahlen. Milieus und soziale Selektivität der Wahlbeteiligung bei den Bundestagswahlen 2013*, Gütersloh: Bertelsmann Stiftung 2013, online verfügbar unter: {https://www.bertelsmann-stiftung.de/fileadmin/files/BSt/Publikationen/GrauePublikationen/GP_Prekaere_Wahlen.pdf}.

[14] Colin Crouch, *Postdemokratie*, Frankfurt/Main: Suhrkamp 2008.

sende Bedeutungsverlust der Politik mit dem Wirken konzernnaher Thinktanks und Lobbys begründet wird. Neoliberale Denkfabriken hätten in einem lang angelegten Kampf die Meinungshegemonie errungen, die Beeinflussung der politischen Öffentlichkeit durch Kommunikationsagenturen und Umfrageinstitute reduziere die Wahlen auf Personalentscheidungen, die großen Unternehmen sorgten mit Lobbyverbänden dafür, dass ihre Interessen stets berücksichtigt werden. Auch Paul Mason,[15] einer der profiliertesten Intellektuellen im Umfeld der britischen Labour Party, leitet die Krise der Demokratie ähnlich her: Der Neoliberalismus sei ein politisches Projekt zur Zertrümmerung des Wohlfahrtsstaates und seiner vergleichsweise demokratischen Institutionen gewesen. Seine Transnationalität habe den Staat in ein Anhängsel der Finanzvermögen verwandelt, der Siegeszug der Informationstechnologie die Entwertung der Arbeitskraft ermöglicht, die Prekarisierung die sozialen Zusammenhänge in den unteren Klassen zerstört.

Doch diese Beschreibung, der immer auch ein nostalgischer Blick auf die Aufstiegsgesellschaften der *trente glorieuses* (wie die Wachstumsjahrzehnte zwischen 1946 und 1975 in Frankreich genannt werden) zugrunde liegt, ist nur die halbe Wahrheit. Das Problem der liberalen Demokratie ist grundsätzlicher. In ihrer Selbsterzählung erscheint sie als ein Projekt der bürgerlichen Aufklärung – so als hätten große Denker einst ein System entworfen, in dem die Menschen frei und gleich zusammenleben können. Doch die Realität war irritierend anders. Thomas Jefferson, einer der Gründerväter der USA, war Sklavenhalter. Ob sein französischer Zeitgenosse Voltaire ebenfalls mit dem rassistischen Menschen-

---

15 Paul Mason, *Klare, lichte Zukunft. Eine radikale Verteidigung des Humanismus*, Berlin: Suhrkamp 2019.

handel Geld verdiente, ist umstritten; sicher ist hingegen, dass er nicht etwa die Demokratie, sondern eine Monarchie mit aufgeklärtem Herrscher für die beste aller Staatsformen hielt. Und wenn man John Lockes 1689 veröffentlichtes Buch *Zwei Abhandlungen über die Regierung* liest, das heute oft als eine Art Gründungsmanifest des Liberalismus bezeichnet wird, dann stellt man überrascht fest, dass es dort vor allem um die Frage geht, warum wir einen Staat benötigen und ihm Macht übertragen sollten. Locke begründete das unter anderem damit, dass eine institutionelle Einrichtung wie der Staat, den es damals noch gar nicht gab und der bei ihm *common wealth* heißt, hilfreich ist, um über die Einhaltung von Verträgen zu wachen. Durch die Übertragung von Macht in die »Hände der Gesellschaft« könne die Freiheit und das Eigentum des Einzelnen besser geschützt werden. Lockes *Zwei Abhandlungen* enthalten wichtige Überlegungen zu der Frage, wie die Macht des Souveräns begrenzt werden kann (unter anderem skizziert er die Möglichkeit der Gewaltenteilung), doch handelt es sich nicht um eine Schrift über die Demokratie. Der Liberalismus wollte eine ausbalancierte Beziehung zwischen Souverän und bürgerlichen Untertanen, um die Willkür verrückter Despoten wie Heinrich VIII. zu verhindern. Aber Volksherrschaft hatten seine Vordenker nicht im Kopf. In England durften bis 1918 nur männliche Vermögensbesitzer wählen, in Preußen galt das Dreiklassenwahlrecht, das den reichsten vier Prozent der Wählerschaft genauso viele Abgeordnete im Landtag zugestand wie den arbeitenden achtzig Prozent. Und bei dieser »Wählerschaft« war die Hälfte der Bevölkerung, nämlich die Frauen aller Klassen, bereits ausgeschlossen. Für die Einführung eines allgemeinen und freien Wahlrechts sorgten am Ende nicht liberale Aufklärer, tolerante Staatenlenker oder gute Fürsten, sondern die Kämpfe der Arbeiter- und Frauenbewegung, die

die Revolution auf die Tagesordnung setzten und das Bürgertum damit genauso aufschreckten wie den Adel.

Diese Inklusion der Subalternen ist bis heute unvollendet geblieben, was nicht in erster Linie mit den Unzulänglichkeiten des politischen Systems, sondern mit der Konstruktion der bürgerlichen Gesellschaft zu tun hat. Dem liberalen Begriff von Politik liegt – das war auch in den goldenen Zeiten des Wohlfahrtsstaates nicht anders – eine strikte Unterscheidung zwischen öffentlichem und privatem Raum zugrunde. Diese Differenzierung, die auf der einen Seite einen Fortschritt darstellte, weil sie der politischen Herrschaft Grenzen setzte und Lebensbereiche etablierte, in denen der Fürst und später der Staat nichts zu suchen haben, sorgte auf der anderen Seite dafür, den zentralen Herrschaftsmechanismus der bürgerlichen Gesellschaft zu verschleiern. Wer die Ökonomie dem privaten Raum zuschlägt, macht die Macht der Eigentumsverhältnisse unsichtbar. Deswegen war die bürgerliche Demokratie auch schon vor dem Siegeszug der Wirtschaftslobbys und neoliberalen Thinktanks ein Zombie. Formal sind wir freie und gleiche Bürger*innen, die unabhängig vom Staat und seiner Herrschaft ihr Leben gestalten, ihre Meinung sagen und bei Wahlen mitbestimmen dürfen. Gleichzeitig aber existieren diese Freiheitsrechte im realen Leben nur auf dem Papier. Die Tochter einer alleinerziehenden Migrantin hat die Wahl, ob sie Friseurin werden oder bei Lidl an der Kasse anfangen möchte, und der DHL-Paketbote kann seine Meinung in der Kneipe äußern – wenn der Schichtplan es zulässt. Das obere eine Prozent hingegen, die meisten von ihnen Millionärserben, haben nicht nur reale Freiheit bei der Gestaltung ihres Lebens, sondern auch echte politische Macht. Die Quandts, von Finks, Murdochs oder Trumps können nicht nur ihre Meinung äußern, sondern sich Kampagnen oder Fernsehsender kaufen, um ihre Meinung zu verbreiten und auf diese Weise ihre (wirtschaftlichen) Interessen geltend zu machen.

Das ist der blinde Fleck des Liberalismus. Er kritisiert völlig zu Recht die Machtkonzentration in den Händen der Alleinherrscher und Staatsparteien und fordert *checks and balances*, das heißt ein System der institutionellen Gegengewichte, das der Willkür entgegenwirkt, Grundrechte garantiert und den Debattenraum offenhält. Doch die Tyrannei, die aus den Eigentumsverhältnissen herrührt, verschleiert er und unterschlägt die offenkundige Tatsache, dass Eigentum die zentrale Machtressource in unserer Gesellschaft ist. Selbst der Sozialliberalismus eines John Rawls,[16] der das Problem ungleicher Chancen und Vermögen durchaus anerkennt, geht der Erkenntnis aus dem Weg, dass das Eigentum einiger weniger an den Produktionsmitteln und die daraus resultierende soziale Ungleichheit Demokratie und politische Rechte beständig aufheben. Wenn etwa fünfzig Personen in Deutschland so viel Vermögen besitzen wie vierzig Millionen Menschen zusammen,[17] dann ist jedes allgemeine Wahlrecht in der Praxis Makulatur, denn politische Entscheidungen werden, wie wir alle wissen, von Medien, Thinktanks und Öffentlichkeitskampagnen geprägt – und hier ist Geld

---

16 John Rawls, *Eine Theorie der Gerechtigkeit*, Frankfurt/Main: Suhrkamp 1979.
17 Stefan Bach, Andreas Thiemann und Aline Zucco, »Looking for the Missing Rich«, Berlin: Deutsches Institut für Wirtschaftsforschung 2018, online verfügbar unter: {https://www.diw.de/documents/publikationen/73/diw_01.c.575768.de/dp1717.pdf}, vgl. Florian Diekmann, »45 Deutsche besitzen so viel wie die ärmere Hälfte der Bevölkerung«, in: *Der Spiegel* (23. Januar 2018), online verfügbar unter: {https://www.spiegel.de/wirtschaft/soziales/vermoegen-45-superreiche-besitzen-so-viel-wie-die-halbe-deutsche-bevoelkerung-a-1189111.html}.

der zentrale Faktor. Das Internet hat daran nichts geändert, im Gegenteil. Die Skandale um Cambridge Analytica zeigen, dass die öffentliche Meinung über die sozialen Netzwerke sogar noch effizienter als bisher manipuliert werden kann. Wenn die Ungleichheit und die Sehnsucht nach Veränderung wachsen, aber Reformen aufgrund der Macht der Vermögenden nicht möglich sind, sucht sich dieses Verlangen andere Wege. Und hier ist das Projekt der extremen Rechten gegenüber dem der Linken eindeutig im Vorteil: Es ist insofern »realistisch«, als es mit viel geringeren Widerständen konfrontiert ist. Den Kern der bürgerlichen Ordnung – die Konzentration des Eigentums in den Händen weniger – berührt die extreme Rechte nicht. Ihr Programm beschränkt sich darauf, die im Staatsapparat angelegten autoritären und rassistischen Anteile zu verschärfen. Rechte »Revolutionen« sind Vertiefungen der Macht.

Es ist bizarr, dass das ganze bürgerliche Denken um das Eigentum[18] und seine Mehrung kreist, seine politische Dimension jedoch kaum reflektiert: Das Eigentum begründet nicht nur starke partikulare Interessen, sondern ist vor allem eine Machtressource. Wir alle wundern uns, warum im Kampf gegen den Klimawandel so wenig passiert. Dabei liegt die Antwort auf der Hand: Eine grundlegende Konversion des Wirtschaftsmodells berührt die Interessen des Kapitals. Es ist die politische Macht der großen Vermögen, die verhindert, dass im gesellschaftlichen Interesse gehandelt werden kann.

---

18 Wenn in diesem Buch von Eigentum die Rede ist, geht es nicht um das eigene Auto oder die Wohnung, in der man lebt. Gemeint sind auch nicht die fünfzig Hektar einer deutschen Bäuer*in oder der Handwerksbetrieb, sondern jenes Eigentum, das Reichtum ohne eigene Arbeit produziert: Fonds, große Immobilienvermögen und Milliardenerbschaften.

Und das ist schließlich der Grund, warum in diesem Buch über einen anderen Zombie gesprochen werden soll: den Sozialismus. Kaum etwas scheint toter als er, leblos taumeln seine Anhänger*innen, unverständliche Satzfetzen vor sich hinstammelnd, umher. Und noch viel zombiehafter war das untergegangene System. Gesichtslose Massen zogen wie fremdgesteuert unter Tribünen vorüber, auf denen blasse, alte Männer zitternd winkten: »The rule of the living dead.«

Warum sollte man einen Begriff verwenden, der so abschreckende Erinnerungen aufruft? Meiner Ansicht nach gibt es zwei sehr gute Gründe dafür. Zum einen birgt die Geschichte der sozialistischen Bewegungen einen enormen Erfahrungsschatz, und die Bezugnahme auf sie zwingt uns dazu, uns mit der Komplexität und Widersprüchlichkeit gesellschaftlicher Transformation auseinanderzusetzen, die unter anderen Vorzeichen vermutlich ganz ähnliche Probleme verursachen würde. Zum anderen war die sozialistische Bewegung aber auch die einzige Kraft, die erkannte, welche Bedeutung der Eigentumsfrage zukommt. Wenn es stimmt, dass »Geld die Welt regiert«, dann ist Gemeineigentum zwar noch keine Lösung, aber eine unverzichtbare Voraussetzung für alle demokratischen Lösungen: ein Hebel zur Bearbeitung gesellschaftlicher Probleme.

Die Frage, welcher Sozialismusbegriff heute noch Verwendung finden könnte, durchzieht dieses Buch. Vorweggeschickt werden sollte aber schon hier, dass ich Sozialismus nicht mit einer »Rückkehr zum starken Staat« gleichsetze. Weder ist der neoliberale Staat der Gegenwart schwach – in der Finanzkrise hat er innerhalb kürzester Zeit Billionen US-Dollar mobilisiert –, noch war der Staat jemals ein Garant für demokratisch-egalitäre Verhältnisse. Sozialismus wird in diesem Buch vielmehr als dreifache Bewegung verstanden: 1) als Stärkung des Gemeineigentums, das sich eben längst nicht nur in staatlicher Hand befinden kann; 2) als Demokratisierung, was vor allem die gesellschaftliche Gestaltung von Produktion, Konsum und Entwicklung meint; 3) als Kritik des Eigentumsbegriffs zugunsten von Nutzungsregeln ohne Eigentumsverfügung. Auf diese Punkte werde ich später zurückkommen.

Die Ausgangsthese dieses Buches lautet, dass wir vor einem Epochenbruch stehen. Klimawandel, Digitalisierung und Veränderungen im geopolitischen Machtgefüge werden die Welt in den kommenden Jahren radikal verändern. Fraglich ist, ob es zu einem *change by design* oder *by disaster* kommt, also ob eine geplante Transformation gelingt oder die Menschheit nach Naturkatastrophen und Kriegen notgedrungen anders leben müssen wird als heute. Und ob diese Veränderungen von Eigentümereliten gestaltet werden, deren Priorität darin bestehen dürfte, Komfortzonen für die oberen fünf Prozent der Weltbevölkerung einzurichten (wie es sich mit der Migrationspolitik ja längst abzeichnet), oder ob solidarisch-demokratische Regeln und universelle Rechte durchgesetzt werden können. Wird die Ökonomie auch weiterhin als quasinatürlicher, privater Prozess betrachtet, in dem der demokratische Gleichheitsanspruch plötzlich nicht mehr gilt, wird die Menschheit nach dem tragischen 20. Jahrhundert in den nächsten großen Zyklus der Katastrophen eintreten. Die liberale Demokratie wird dann immer stärker zu einem Zombie mutieren, zu einem System, in dem Regierungen die sich beschleunigende Zerstörung nur verwalten und wir zwar regelmäßig zum politischen Personal befragt werden, aber auf die grundlegenden Prozesse keinen Einfluss haben. Auch deshalb ist die Gefahr eines Umschlags der liberalen Demokratie in faschistische Diktaturen so groß: Ein System, das einen Schleier über die tiefer liegenden ökonomischen Herrschaftsverhältnisse legt, befeuert die Suche nach verschwörungstheoretischen Erklärungen für die nicht mehr zu übersehende Krise.

Wir sind die Untoten des Kapitals. Die Eigentumsfrage bleibt der zentrale Hebel, um sich aus dieser Fremdbestimmung zu befreien. Trotz ihrer Irrungen und Verbrechen war die sozialistische Bewegung des 20. Jahrhunderts die einzige Kraft, die diese Verknüpfung von Eigentum, Macht und politischer Unfreiheit erkannt hat.

Was ist links?

Irgendwann in den achtziger Jahren – zwischen dem Aufstieg der Grünen, der sowjetischen Hinwendung zu den »Gattungsfragen« (Wettrüsten und Umweltzerstörung) und der neoliberalen Metamorphose der Linksparteien[19] – setzte sich in der politischen Öffentlichkeit die Ansicht durch, dass die Unterscheidung zwischen links und rechts hinfällig geworden sei und wir uns stattdessen auf Sachfragen und pragmatische Lösungen konzentrieren sollten.

Seitdem hat sich manches getan, das meiste allerdings nicht zum Besseren. Während die Hälfte der Weltbevölkerung vom globalen, zwischen 1980 und 2016 erzielten Wirtschaftswachstum 12 Prozent erhielt, blieben beim reichsten Hundertstel der Weltbevölkerung 27 Prozent hängen. Besonders dramatisch war die Entwicklung in den USA. Dort konnte das reichste Hundertstel seinen Anteil an den Einkommen

---

[19] Gewöhnlich wird diese neoliberale Wende der Sozialdemokratie, Anthony Giddens »drittem Weg« und dem Schröder-Blair-Papier von 1999 zugesprochen. Tatsächlich erfasste sie einige Jahre zuvor aber auch die Kommunistische Partei Italiens, die mächtigste kommunistische Partei Westeuropas, und einen großen Teil der kommunistischen Staatseliten in Osteuropa.

von 10 auf 20 Prozent verdoppeln, während der Anteil der unteren Hälfte der Bevölkerung von 20 auf 12 Prozent fiel.[20] Nach diesen Zahlen verdient das obere eine Prozent doppelt so viel wie die unteren 50 Prozent der US-Amerikaner*innen zusammen. In etwa demselben Zeitraum wurden laut einer Oxfam-Studie Spitzensteuersätze, Unternehmens- und Erbschaftssteuern im globalen Durchschnitt fast halbiert.[21] Die öffentlichen Haushalte wurden durch diese Steuerpolitik systematisch trockengelegt, der Reichtum privatisiert. Trotzdem musste die Allgemeinheit einspringen, als 2008 die Spekulationsblasen der Finanzwirtschaft platzten und ein Kollaps des internationalen Bankwesens drohte.

Auch bei den »Gattungsfragen« ist wenig Positives zu berichten. Das Ende der Systemkonkurrenz hat weder das Wettrüsten noch die Umweltzerstörung gebremst. Die geopolitische Konfrontation spitzt sich zu, die kapitalistischen Weltmächte USA, China, EU und Russland tragen zwar keine Systemkonkurrenz mehr aus, aber steuern immer deutlicher auf kriegerische Konflikte zu. Aus den lokalen Umweltkatastrophen der achtziger Jahre ist ein globaler Kollaps ökologischer Systeme geworden. Und statt eines lösungsorientierten Pragmatismus ist vor allem der Rechtsextremismus auf dem Vormarsch. Umso komplexer sich die Probleme präsentieren, desto größer wird das Bedürfnis nach

---

20 Kevin Gallagher/Richard Kozul-Wright, *A New Multilateralism for Shared Properity. Geneva Principles for a Global Green New Deal*, Genf: Konferenz der Vereinten Nationen für Handel und Entwicklung 2019, S. 17f., online verfügbar unter: {https://www.bu.edu/gdp/files/2019/04/A-New-Multilateralism-GDPC_UNCTAD.pdf}; vgl. Facundo Alvaredo et al., *Die weltweite Ungleichheit. Der World Inequality Report 2018*, München: C.H. Beck 2018.

21 Oxfam, *Public Good or Private Wealth*, Oxford: Oxfam 2019, S. 62, online verfügbar unter: {https://www.oxfam.de/system/files/bp-public-good-or-private-wealth-210119-en_web.pdf}.

simplen Rezepten, die zwar keine Lösungen sind, aber zumindest Entschlossenheit demonstrieren.

Offenbar war es also nicht besonders hilfreich, dass die Linke den Anspruch aufgegeben hat, einen großen Gegenpol zu repräsentieren. Seitdem die globalen Klassenwidersprüche nicht mehr von links thematisiert werden, hat sich bei der Bearbeitung der »Menschheitsprobleme« nicht besonders viel getan. Doch daran schließt natürlich sofort die Frage an, wofür dieses »links« heute eigentlich steht.

Die historische Unterscheidung zwischen den politischen Lagern war immer vage und doch eindeutig. Rechts saßen im französischen Parlament des 18. Jahrhunderts jene Abgeordneten, die dem König nahestanden und die herrschende Ordnung repräsentierten, also der Adel; links das Bürgertum, das die gesellschaftlichen Machtverhältnisse infrage stellte, also den Einfluss des Adels zurückdrängen und die Rechtsgleichheit zwischen den Ständen durchsetzen wollte. Während sich diese Linke anfangs vor allem aus republikanischen Liberalen zusammensetzte, rückten in dem Maße, wie die Gleichstellung des Bürgertums greifbarer wurde, andere Fragen in den Mittelpunkt. So wurde die Agenda im Verlauf des 19. Jahrhunderts um Forderungen erst der arbeitenden Klassen, dann der Frauen und der Kolonisierten erweitert.

In den Debatten über den Aufstieg des Rechtspopulismus haben viele Autor*innen in den vergangenen Jahren die vermeintliche Abkehr vom historischen Erbe der Linken für die politische Entwicklung verantwortlich gemacht. Der sozialdemokratische Publizist Nils Heisterhagen sprach vom »postmodernen Irrtum«, Bernd Stegemann, Spiritus Rector von Sahra Wagenknechts Aufstehen-Initiative, meinte, soziale Bewegungen hätten die Linke in die »Moralfalle« geführt, und der US-Politologe Mark Lilla machte die Identitätspolitik gar für Trumps Wahlsieg verantwortlich.[22] Tatsächlich jedoch war die Erweiterung der Emanzipationsperspektiven immer ein Merkmal und eine Stärke der Linken. Ausgehend von der Erkenntnis, dass gesellschaftliche Verhältnisse nicht in Stein gemeißelt sind, hat sich die Linke die universelle Emanzipation *aller* Menschen aus Herrschafts- und Unfreiheitsbeziehungen auf die Fahnen geschrieben. Auch wenn Marxist*innen es nicht besonders gern hören, weil sie ihre Position als wissenschaftliche Abkehr vom Idealismus begreifen: Ihre Haltung war immer auch moralisch grundiert. Oder wie die queerfeministische Theoretikerin Bini Adamczak es formuliert hat: »›Freiheit, Gleichheit, Solidarität‹ sind eine normative Orientierung [... der] Revolutionen des 20. Jahrhunderts. Diese Revolutionen versuchen jeweils einen dieser Begriffe zu realisieren. Dabei sind sie auf spezifische Weise erfolgreich, scheitern aber zugleich. Die Revolution von 1917 fokussierte auf Gleichheit, die Revolution von 1968 auf Freiheit, erstere auf Einheit, letztere auf Differenz. Die Solidarität wird in beiden Revolutionen angerufen, aber wieder vergessen.«[23]

Die Linke war somit dreierlei: ein Begriff in Bewegung, eine mit heftiger Repression konfrontierte Minderheit und ein auf längere Sicht erstaunlich erfolgreiches Projekt. Ihr

---

22 Vgl. Nils Heisterhagen, *Kritik der Postmoderne: Warum der Relativismus nicht das letzte Wort hat*, Wiesbaden: Springer VS 2018; Bernd Stegemann, *Die Moralfalle – Für eine Befreiung linker Politik*, Berlin: Matthes & Seitz 2018; Mark Lilla, *The Once and Future Liberal: After Identity Politics*, New York: HarperCollins 2017.

23 »Die Zweiteilung der Welt überwinden. Ein Gespräch mit Bini Adamczak über Revolutionen, Leidenschaft und Geschlecht«, in: *Malmoe* (7. Juni 2019), online verfügbar unter: {https://www.malmoe.org/2019/06/07/die-zweiteilung-der-welt-ueberwinden/?fbclid=IwAR2t8RgKRUM-7eeulOzCQHKdlSqyB7WEzHesyq6G__B96pLiRFd6QSRi80}.

zentraler Widerspruch zur Rechten bestand darin, dass ihr Anliegen universalistisch war: Alle Menschen haben das Recht, sich aus Knechtschaft und Unterdrückung zu befreien. Bei der Rechten hingegen sind Werte exklusiv: Solidarität gibt es nur mit dem eigenen Volk oder der eigenen »Rasse«, Freiheit ist die Gründung eines Nationalstaates, und der Gleichheit werden insofern enge Grenzen gesetzt, als die Machtbeziehungen zwischen Männern und Frauen, Führer*innen und Untergebenen, Weißen und Nicht-Europäer*innen als naturgegeben oder sogar erstrebenswert gelten.[24]

Zugegebenermaßen verschwimmt diese Differenzierung im politischen Alltag. Als ein Ausläufer der globalen Migrationsbewegungen 2015 Deutschland erreichte, verteidigte so mancher Konservativer die unveräußerlichen Rechte der syrischen und eritreischen Habenichtse entschlossener als Linke, die die Solidarität national eingrenzen wollten, und was die Beurteilung der russischen Politik angeht, klingen Liberale bisweilen herrschaftskritischer als so mancher Sozialist, der den autoritären Charakter des Putin-Regimes aus retrokommunistischer Nostalgie zu relativieren sucht. Das ändert jedoch nichts an der zugrunde liegenden Definition. Der Kern des linken Projekts ist die soziale (nicht nur rechtliche) Emanzipation aller Menschen aus Unterdrückungsverhältnissen. Karl Marx goss das vor bald zwei Jahrhunderten in den immer noch erstaunlich aktuellen und berührenden Satz, der »kategorische Imperativ« bestehe darin, »alle Ver-

---

24 Paradoxerweise verbindet sich das rechte Faible für die Unveränderlichkeit von Machtbeziehungen mit einer Faszination für technische Machbarkeit. Während Geschlechteridentitäten, Nationalkulturen und soziale Ungleichheit im rechten Weltbild als Konstanten »menschlicher Natur« verstanden werden, ist man zu jeder Anpassung der Lebensweise an die Erfordernisse von Staat und Weltmarkt bereit.

hältnisse umzuwerfen, in denen der Mensch ein erniedrigtes, ein geknechtetes, ein verlassenes, ein verächtliches Wesen ist«.[25]

Was aber bedeutet das in einer Zeit, in der der Emanzipationsbegriff durch ökologische, feministische und antirassistische Perspektiven erweitert worden ist? Für welche »normativen« Positionen steht die Linke im 21. Jahrhundert? Eine Antwort auf diese Fragen läuft immer Gefahr, zu banal oder zu allgemein, zu unscharf oder zu konkret zu werden; jede Liste hat Lücken oder ist ausufernd. Trotzdem will ich auf den nächsten Seiten kurz skizzieren, was meiner Ansicht nach heute jene »normativen Ziele« sind, die ein linkes Projekt definieren.

(1) »Gutes Leben für alle«

Dass die Linke sich im 19. Jahrhundert vom Liberalismus schied, hatte mit der Erkenntnis zu tun, dass bürgerliche Freiheitsrechte wenig wert sind, wenn sie keine materielle Entsprechung besitzen. Die Vorstellung, dass Lohnarbeiter*innen und Unternehmer*innen, Mieter*innen und Hauseigentümer*innen als Gleiche Verträge abschließen, ist aus linker Perspektive nichts als materiell interessierte Ideologie. Wer nichts besitzt außer seiner Haut, entscheidet nicht frei, sondern unter Zwang; umgekehrt hat derjenige, der Einkommen oder Obdach geben kann, sehr handfeste Machtmittel in der Hand, um das Leben anderer in seinem Sinne zu gestalten.

Linker Politik muss es deshalb immer an erster Stelle um

---

[25] Karl Marx, »Zur Kritik der Hegelschen Rechtsphilosophie«, in: MEW, Bd. 1, Berlin (Ost): Dietz 1976, S. 385.

die materiellen Voraussetzungen für ein würdiges Leben gehen. Für die bürgerliche Aufklärung war die Abwesenheit von Bürgerkrieg und willkürlicher Gewalt schon Voraussetzung genug; für die Linke gehören Nahrungsmittel und Kleidung, eine intakte Natur oder die Bereitstellung kollektiver Infrastrukturen dazu. Sie sind die fundamentalen Bedingungen jeder Freiheit.

Allerdings hat sich der Materialismusbegriff im 20. Jahrhundert verschoben. Der fordistische Klassenkompromiss, der darauf beruhte, dass Unternehmen, die massenhaft Waren herstellen, Käufer für ihre Produkte benötigen, sorgte dafür, dass Konsum und gutes Leben zu Synonymen wurden. Neue gesellschaftskritische Strömungen, allen voran die Frankfurter Schule,[26] haben das Zombiehafte der Konsumentenexistenz deutlich gemacht. Auch wenn stoffliche Güter die Voraussetzung für alles sind, ist der Konsumismus, der in erster Linie die Realisierung des Wertes sichert, Ausdruck kapitalistischer Entfremdung. Die Warengesellschaft ist selbst ein materielles Hindernis für das gute Leben.

Als nicht ganz einfach erwies sich auch die Debatte um die Rolle der Arbeit. Für die sozialistische Bewegung war die Lohnarbeit Ausgangspunkt des politischen Handelns – was insofern plausibel war, als die Arbeit den wichtigsten Ort gesellschaftlicher Kooperation darstellt, historisch das Selbstbewusstsein der unteren Klassen begründete und lange Zeit *die* antagonistische Kraft gegen das Kapital repräsentierte. Doch dieser Bezug war immer auch problema-

---

26 Vgl. Theodor W. Adorno/Max Horkheimer, *Dialektik der Aufklärung*, Amsterdam: Querido 1947; Herbert Marcuse, *Der eindimensionale Mensch. Studien zur Ideologie der fortgeschrittenen Industriegesellschaft*, Neuwied: Luchterhand 1967; Erich Fromm, *Haben oder Sein. Die seelischen Grundlagen einer neuen Gesellschaft*, Stuttgart: Deutsche Verlagsanstalt 1976.

tisch. Der produktivistische Arbeitsdiskurs unterschlug nämlich die nicht entlohnte, insbesondere von Frauen geleistete Haus-, Sorge- und Subsistenzarbeit.[27] Die Kämpfe in den siebziger Jahren gegen das Fließband und die tayloristische Arbeitsorganisation erinnerten daran, was die meisten Gewerkschaften vergessen hatten: dass Lohnarbeit auch bei guten Löhnen und gewerkschaftlicher Mitsprache fremdbestimmt bleibt und Emanzipation dementsprechend erst jenseits der Arbeit wirklich beginnt.[28] Zudem verlor die Lohnarbeit durch das Entstehen globaler Wertschöpfungsketten und durch die Prekarisierung der Beschäftigung einen Teil ihrer strategischen Macht.

Die Forderung nach einem »guten Leben für alle« müsste sich deshalb entschlossener als in der sozialistischen Bewegung des 20. Jahrhunderts gegen die Lohnarbeit selbst richten. »Gute Arbeit« und verlässliche »Normalarbeitsverhältnisse«, wie Gewerkschafter sie propagieren,[29] sind Voraussetzung dafür, dass Menschen überhaupt wieder Kontrolle über ihr Leben erhalten. Doch auch für »gute Arbeit« gilt: »Das Reich der Freiheit beginnt in der Tat erst da, wo

---

27 Zur feministischen Kritik des Arbeitsbegriffs und der Werttheorie vgl. u. a. Mariarosa Dalla Costa/Selma James, *Die Macht der Frau und der Umsturz der Gesellschaft*, Berlin: Merve 1978; Veronika Bennholdt-Thomsen et al., *Frauen die letzte Kolonie*, Reinbek bei Hamburg: Rowohlt 1983; Silvia Federici, *Caliban und die Hexe*, Wien: Mandelbaum 2017.

28 Zur Kritik der Lohnarbeit vgl. u. a. Mario Tronti, *Arbeiter und Kapital*, Frankfurt/Main: Verlag Neue Kritik 1974; André Gorz, *Abschied vom Proletariat. Jenseits des Sozialismus*, Frankfurt/Main: Europäische Verlagsanstalt 1980 und ders., *Kritik der ökonomischen Vernunft. Sinnfragen am Ende der Arbeitsgesellschaft*, Berlin: Rotbuch 1989.

29 Vgl. Hans-Jürgen Urban, *Gute Arbeit in der Transformation*, Hamburg: VSA 2019; Bernd Riexinger, *Neue Klassenpolitik*, Hamburg: VSA 2018.

das Arbeiten, das durch Not und äußere Zweckmäßigkeit bestimmt ist, aufhört; es liegt also der Natur der Sache nach jenseits der Sphäre der eigentlichen materiellen Produktion.«[30]

(2) »Eine Gesellschaft der Solidarität«

Karl Polanyi, der als Kulturanthropologe, Ökonom und christlicher Sozialist in mehreren Hinsichten ein Häretiker war, skizziert in *Great Transformation*, wie die »Befreiung« der Märkte von sozialen und politischen Schranken im Verlauf des 19. Jahrhunderts eine unaufhaltsame Zerstörung in Gang setzte, an deren Ende zwei Weltkriege standen. Dass Polanyi heute in so vielen Ländern wieder rezipiert wird, hat nicht zuletzt mit der Aktualität dieser Beschreibung zu tun.[31] Auch im 21. Jahrhundert hat die Entgrenzung der Märkte einen Siegeszug der politischen Monster ausgelöst. So hat die neoliberale Globalisierung zwar die internationale Abhängigkeit vergrößert, zugleich aber auch, wie es der Politologe Joachim Hirsch formuliert hat, den »nationalen Wettbewerbsstaat« in die Welt gesetzt, der um die Herstellung optimaler Investitionsbedingungen ringt und damit den Nationalismus befeuert.[32] Die Deregulierung der Arbeit wie-

---

30 Karl Marx, *Das Kapital*, Bd. 3, in: MEW, Bd. 25, Berlin (Ost): Dietz 1983, S. 822.
31 Zur bemerkenswerten Polanyi-Renaissance vgl. u. a. César Rendueles, *Soziophobie. Politischer Wandel im Zeitalter der digitalen Utopie*, Berlin: Suhrkamp 2015; Gareth Dale, *Reconstructing Karl Polanyi. Excavation and Critique*, London: Pluto Press 2016; Klaus Dörre et al. (Hg.), *Große Transformation? Zur Zukunft moderner Gesellschaften*, Wiesbaden: Springer VS 2019.
32 Vgl. Joachim Hirsch, *Der nationale Wettbewerbsstaat. Staat, Demokratie und Politik im globalen Kapitalismus*, Berlin: ID-Verlag 1995.

derum hat eine scharfe Unterscheidung zwischen drinnen und draußen, zwischen Festangestellten und Prekären etabliert, was für die rassistische Spaltung in Einheimische und Migranten*innen wie eine Blaupause wirkt.

Vor diesem Hintergrund ist das Erstarken der extremen Rechten eben keine »Wertekrise«, sondern steht in direktem Zusammenhang mit der Ausbreitung der Marktlogik. »In einem von vertikalen Ungleichheiten geprägten Postwachstumskapitalismus, der mobilisierungsfähige intellektuelle Überzeugungssysteme für solidarisches Handeln marginalisiert, machen sich Klassenverhältnisse und Verteilungskämpfe bevorzugt im Modus der Konkurrenz, über eine permanente Scheidung der Gewinner von den Verlierern sowie mittels kollektiver Abwertungen und Ausgrenzung sozialer Großgruppen bemerkbar«, heißt es in einer Studie von Sophie Bose, Klaus Dörre und anderen über die Verbreitung völkischer Überzeugungen in Deutschland.[33] »Sofern realistische Alternativen fehlen, tendieren selbst Beschäftigte in gesicherten Verhältnissen dazu, den Kampf um Statuserhalt oder -verbesserung mit Hilfe von Ressentiments auszutragen.«

Ganz ähnlich argumentiert Wilhelm Heitmeyer, der seit den neunziger Jahren zu »gruppenbezogener Menschenfeindlichkeit« forscht.[34] Auch er macht den Marktliberalismus insofern für das Erstarken des Rechtsextremismus verantwortlich, als der verschärfte Wettbewerb eigennutzorientiertes Handeln fördert und soziale Bindungen und emotionale Stabilität zersetzt. Zudem befeuere die Ökonomisierung den Drang

---

33 Klaus Dörre/Sophie Bose et al., »Arbeiterbewegung von rechts. Motive und Grenzen einer imaginären Revolte«, in: *Berliner Journal für Soziologie* 28 (2018), S. 55-89, hier S. 58f., online verfügbar unter: {https://link.springer.com/content/pdf/10.1007%2Fs11609-018-0352-z.pdf}.

34 Wilhelm Heitmeyer, *Autoritäre Versuchungen. Signaturen der Bedrohung 1*, Berlin: Suhrkamp 2018.

nach sozialer Distinktion und trage zum Gefühl politischer Machtlosigkeit bei.

Solidarität ist jene soziale Praxis, die sich dieser Zerstörung des Zwischenmenschlichen widersetzt. Der Atomisierung und Verlassenheit stellt sie das Gemeinsame und Verbindende entgegen. Eine der einfachsten politischen Definitionen lautet deshalb: Links ist, was gesellschaftliche Gegenkräfte gegen die Markt-, Konkurrenz- und Inwertsetzungslogik mobilisiert und Solidarität organisiert.

(3) Demokratisierung

Auch wenn der Stalinismus dieses Erbe verschüttet hat, war die Linke ihrem Wesen nach immer eine Demokratisierungsbewegung. Der Kampf um politische Freiheitsrechte richtete sich gegen die Privilegien der oberen Klassen, die demokratische Deliberation der vielen ist Ausdruck des Gleichheitspostulats. Im Widerstand gegen den Feudalismus war dieser Zusammenhang zwischen linkem Egalitarismus und Demokratie noch offenkundig, löste sich mit den bürgerlichen Revolutionen dann jedoch auf. Diese etablierten nämlich eine »Verbindung von Staat und Demokratie«, in der das »einfache Volk lediglich partizipieren sollte«, wie es der Sozialwissenschaftler Alex Demirović formuliert hat. »Revolutionäre Veränderung wird auf die lange Bahn öffentlich ausgetragenen Streits geschickt, auf diese Weise in einen Prozess der Evolution überführt und die Demokratie in den Rahmen langfristig bestehender Kräfteverhältnisse und des politischen Staats eingepasst.«[35] Das, was wir als Demokratie bezeich-

---

35 Alex Demirović (Hg.), *Transformation der Demokratie – demokratische Transformation*, Münster: Westfälisches Dampfboot 2016, S. 278.

nen, beruht also keineswegs auf Volkssouveränität, sondern ist ein System, das den Konflikt zwischen Reichen und Besitzlosen institutionalisiert, um größere Brüche zu verhindern. Aus diesem Grund hat die Linke die liberale Demokratie seit dem 19. Jahrhundert als eine Form bürgerlicher Herrschaft attackiert. Die Tragödie der revolutionären Bewegungen bestand darin, dass sie in ihrem Kampf gegen die Macht der Reichen bereit war, sämtliche Freiheiten zu suspendieren, und innerhalb kürzester Zeit Diktaturen errichtete, die noch weit hinter die liberalen Demokratien zurückfielen.

Auch deshalb verstanden sich große Teile der Neuen Linken ab den sechziger Jahren als »antiautoritär« und kritisierten vor allem die Formen der Politik. Gegen hierarchische Führung und Repräsentation schrieb man sich die Basisdemokratie auf die Fahnen. Doch auch das hat sich als ambivalent erwiesen. Längst hat der Neoliberalismus die Bürgerpartizipation für sich entdeckt, rechtsextreme Parteien werben für plebiszitäre Modelle und setzen auf soziale Bewegungen. Das alles macht die Forderung nach radikaler Demokratie nicht falsch, aber zeigt doch, wie ungenügend die Parteien- und Institutionenkritik der letzten Jahrzehnte war.

Wenn die Demokratieforderung von links neu besetzt werden soll, muss stattdessen die Erkenntnis im Vordergrund stehen, dass Demokratie und die Stärkung des Gemeineigentums zusammengehören, weil große Vermögen (neben der Staatsgewalt) die wichtigste Machtressource in modernen Gesellschaften darstellen.[36] Der Feminismus und die antiautoritäre Bewegung haben seit den sechziger Jahren dafür gesorgt, dass die sogenannten privaten Räume – Beziehungen,

---

36 Der Philosoph Boaventura de Sousa Santos spricht in diesem Sinne von »einer Insel der Demokratie in einem Archipel der Despotien« und fordert eine »Demokratisierung der Demokratie«; vgl. ders., *Pensar el Estado y la sociedad*, Buenos Aires: Waldhuter 2009, S. 44.

Familien, Kindererziehung, Wohnformen – demokratisiert worden sind. Wie eine uneinnehmbare Festung wirkt hingegen weiterhin das Wirtschaftsleben. Das ist der Grund, warum die Debatte um »Räte-«, »soziale« und »Wirtschaftsdemokratie« wieder ins Zentrum linker Politik rücken muss.[37] Diesen Ansätzen ging es mit unterschiedlichen Schwerpunkten darum, die »Volkssouveränität«, die in der bürgerlichen Gesellschaft auf die Sphäre der Politik beschränkt bleibt, auf das sozioökonomische Leben auszuweiten. Wirtschafts- und Sozialräte sind Einrichtungen zur demokratischen Gestaltung von Ökonomie und Arbeitsleben. In einem solchen Zusammenhang hat denn auch die Kritik der repräsentativen Politik wieder eine Funktion: Ein imperatives Mandat, das es ermöglicht, Abgeordnete abzusetzen, wenn diese das erteilte Mandat nicht umsetzen, würde die Macht jener politischen Spezialist*innen beschneiden, die heute nur »ihrem Gewissen verpflichtet« sind und dementsprechend als Puffer zwischen den Interessen ökonomischer Gruppen und denen der Bevölkerung dienen.

---

37 Vgl. Fritz Naphtali (Hg.), *Wirtschaftsdemokratie. Ihr Wesen, Weg und Ziel*, Berlin: Verlagsgesellschaft des Allgemeinen Deutschen Gewerkschaftsbundes 1928; Max Adler, »Demokratie und Rätesystem«, in: ders., *Ausgewählte Schriften*, herausgegeben von Norbert Leser und Alfred Pfabigan, Wien: Österreichischer Bundesverlag 1981; Karl Korsch, *Schriften zur Sozialisierung*, Frankfurt/Main: Europäische Verlagsanstalt 1969; Ernst Däumig, »Der Rätegedanke und seine Verwirklichung«, in: Udo Bermbach (Hg.), *Theorie und Praxis der direkten Demokratie*, Opladen: VS Verlag für Sozialwissenschaften 1973; Wolfgang Abendroth, *Antagonistische Gesellschaft und Demokratie*, Neuwied/Berlin: Luchterhand 1967; Cornelius Castoriadis, *Arbeiterräte und selbstverwaltete Gesellschaft*, Frankfurt/Main: Verlag Neue Kritik 1974; Hannah Arendt, *Über die Revolution*, München: Piper 1974; Alex Demirović, »Rätedemokratie und das Ende der Politik«, in: *Prokla* 155 (2009), S. 181-206; Hartmut Meine et al., *Mehr Wirtschaftsdemokratie wagen*, Hamburg: VSA 2011.

(4) Jenseits der Geschlechter

Wohl keine andere Bewegung hat die Gesellschaft in den vergangenen Jahrzehnten so erfolgreich verändert wie der Feminismus. Frauen haben nicht nur das Wahlrecht, den Zugang zu Bildungssystemen und relative Selbstbestimmung erkämpft, sondern auch eine ökonomische Teilhabe, die vor einem Jahrhundert unvorstellbar gewesen wäre. Diese Erfolge sind prekär und unvollendet: Der *Global Gender Gap Report* des Weltwirtschaftsforums, der die wirtschaftliche, politische und Bildungsteilhabe von Frauen bewertet (wobei der Wert 1 der absoluten Geschlechtergleichheit entspräche, bei 0 hingegen sämtliche Ressourcen nur von Männern kontrolliert würden), kommt für das Jahr 2018 auf eine globale Ungleichheit von 0,68. Bei der ökonomischen Teilhabe liegt Deutschland übrigens nur auf Platz 36, weit abgeschlagen hinter den Spitzenreitern Laos, Barbados, Bahamas, Benin und Burundi.[38] Das spiegelt sich auch im Gender Pay Gap – Frauen bekommen in Deutschland für die gleichen Arbeiten etwa 20 Prozent weniger. Noch viel entscheidender ist allerdings die unterschiedliche Entlohnung weiblich kodierter Tätigkeiten. Die Durchschnittslöhne in den »männlichen« Berufen der Metall- und Elektroindustrie liegen mindestens 30 bis 50 Prozent höher als die in den »weiblichen« Pflegeberufen. Und auch offene Gewalt bleibt Teil des Geschlechterverhältnisses. Laut Bundeskriminalamt wird im Durchschnitt jeden dritten Tag eine Frau durch ihren (Ex-)Partner getötet, etwa 110 000 Frauen werden allein in Deutschland jährlich Opfer von Gewalt.[39] Die Philosophin Kate Manne

---

38 Weltwirtschaftsforum, *The Global Gender Gap Report 2018*, Genf: Weltwirtschaftsforum 2018, S. 9 f. und 13.

39 Vgl. Bundeskriminalamt, *Partnerschaftsgewalt. Kriminalstatistische Auswertung, Berichtsjahr 2017*, Wiesbaden: Bundeskriminalamt 2018,

hat dargelegt, warum männliche Gewalt in Beziehungen eine gesellschaftliche »Funktion« erfüllt. Während der Sexismus, so Kate Manne, die Aufgabe übernehme, patriarchalische Verhältnisse ideologisch zu rechtfertigen und zu naturalisieren, setze misogyne Gewalt die Macht über Frauen im Alltag durch. Sie richtet sich gegen diejenigen, die der ihnen zugedachten Rolle nicht entsprechen oder gegen diese aufbegehren, und wirkt damit disziplinierend.[40]

Links wäre aber nicht nur, für Gleichberechtigung und ein Ende dieser Gewaltverhältnisse zu sorgen, sondern die binäre Geschlechterordnung selbst infrage zu stellen, wie es der queere Feminismus einfordert.[41] In der Gender-Forschung hat sich längst die Erkenntnis durchgesetzt, dass es sich beim Körpergeschlecht um ein ganzes Set an Merkmalen handelt – äußere und innere Geschlechtsorgane, Hormone, Selbstwahrnehmung usw. –, die sich zwar mit den Begriffen »maskulin« und »feminin« beschreiben lassen, bei jedem Menschen jedoch anders kombiniert sind und deren Bedeutungen sich im Verlauf eines Lebens auch verändern. Für den queeren Feminismus ist deshalb nicht nur die Zuschreibung sozialer Rollen, sondern auch das Körpergeschlecht durch Sprache »konstruiert«. Dementsprechend geht es bei den Debatten

---

S. 24, online verfügbar unter: {https://www.bka.de/SharedDocs/Downloads/DE/Publikationen/JahresberichteUndLagebilder/Partnerschaftsgewalt/Partnerschaftsgewalt_2017.html;jsessionid=5C94CA56E96C1A273F99143F54CC8F98.live2301?nn=63476}.

40 Kate Manne, *Down Girl. Die Logik der Misogynie*, Berlin: Suhrkamp 2019.

41 Zu den Grundlagen eines dekonstruktivistischen Feminismus vgl. Judith Butler, *Das Unbehagen der Geschlechter*, Frankfurt/Main: Suhrkamp 2003, sowie dies., *Die Macht der Geschlechternormen und die Grenzen des Menschlichen*, Frankfurt/Main: Suhrkamp 2009; Donna Haraway, *Die Neuerfindung der Natur. Primaten, Cyborgs und Frauen*, Frankfurt/Main, New York: Campus 1995.

um Transsexualität auch nicht, wie oft suggeriert wird, nur um das Identitätsproblem einer kleinen Minderheit: Hier werden für alle die Möglichkeiten erweitert, eine eigene Lebensweise jenseits feststehender Geschlechterbilder zu entfalten.

(5) Globale, universelle Rechte: Antirassismus

Die Globalisierungstheorien der Jahrtausendwende prophezeiten, nicht zuletzt in Anschluss an Antonio Negris und Michael Hardts Buch *Empire*, den Bedeutungsverlust der Nationalstaaten.[42] Die These ist zwar nach wie vor populär, hat sich aber als falsch erwiesen: In der Finanzkrise wurden die Nationalstaaten gerade von den *global players* des Finanzsektors in Bewegung gesetzt, um den Kollaps der Geldsysteme zu verhindern, in der chinesisch-amerikanisch-europäischen Konkurrenz um Ressourcen und geopolitische Stützpunkte fordern Unternehmen seit einigen Jahren eine aktivere Industriepolitik »ihrer« Regierungen, und seit Ausbruch der Corona-Pandemie soll der Staat richten, was der Markt nicht regeln kann.[43] Der Nationalstaat bleibt also auch im transnationalen Kapitalismus unverzichtbar: zur Finanzierung von Krisenprogrammen und Industriekonversion, zur nicht zuletzt militärischen Absicherung von Handelswegen und Rohstoffversorgung, zur Vergesellschaftung von Spekulationsverlusten, zur Regulierung sozialer Konflik-

---

42 Antonio Negri/Michael Hardt, *Empire. Die neue Weltordnung*, Frankfurt/Main, New York: Campus, 2002.
43 Vgl. Giovanni Arrighi, *The Long Twentieth Century. Money, Power, and the Origins of Our Times*, London/New York: Verso 2010, Stefan Schmalz, *Machtverschiebungen im Weltsystem. Der Aufstieg Chinas und die große Krise*, Frankfurt/Main, New York: Campus 2018.

te und natürlich auch weiterhin zur Herstellung von Rechtssicherheit zwischen Vertragspartnern. In diesem Sinne hat es, anders als von Zygmunt Bauman, Manuel Castells, Saskia Sassen oder Antonio Negri prophezeit,[44] seit Beginn des neoliberalen Zeitalters keine Schwächung des Staates, sondern eine Verlagerung seiner Prioritäten gegeben. Während der Wohlfahrtsstaat, der als Antwort auf die sozialen Kämpfe des 19. und 20. Jahrhunderts entstand, demontiert worden ist, hat man die staatlichen Kontroll-, Sicherheits- und Gewaltapparate ausgebaut.[45]

Doch auch wenn der Nationalstaat keineswegs ein Auslaufmodell repräsentiert und schon allein deswegen für Linke nach wie vor ein zentraler Ort der Auseinandersetzung bleibt, weil soziale und demokratische Rechte bislang nur hier institutionell verankert werden können, ist es gleichzeitig richtig, dass wir in einem ökonomischen System leben, das nur als globaler Zusammenhang verstanden werden kann. Der Kapitalismus entwickelte sich im 15. Jahrhundert mit der bewaffneten Erschließung von Handelsrouten und der Kolonisierung ganzer Kontinente. Es ist keine moralische, sondern eine historische Feststellung, dass die Geschichte der Märkte mit Sklaverei und Rassismus untrennbar verknüpft ist.[46]

---

44 Zygmunt Bauman, *Der Mensch im Globalisierungskäfig*, Frankfurt/Main: Suhrkamp 2003; Manuel Castells, *Das Informationszeitalter*, 3. Bde., Opladen: Leske + Budrich 2001-2003; Saskia Sassen, *Denationalization: Territory, Authority and Rights in a Global Digital Age*, Princeton: Princeton University Press 2005.

45 Vgl. zur kritischen Staatsdebatte Ulrich Brand/Christoph Görg (Hg.), *Zur Aktualität der Staatsform. Die materialistische Staatstheorie von Joachim Hirsch*, Baden-Baden: Nomos 2018; Joachim Hirsch, *Materialistische Staatstheorie*. Transformationsprozesse des kapitalistischen Staatensystems, Hamburg: VSA 2005.

46 Zur Sozialgeschichte des Kapitalismus vgl. Fernand Braudel, *Sozial-*

Dieser globale Charakter des Systems ist heute ausgeprägter als je zuvor. Streiks in lateinamerikanischen Automobilfabriken machen sich innerhalb weniger Tage als Lieferengpässe in Europa bemerkbar, alte Handys und andere Elektrogeräte landen als Müllexport im Süden,[47] und der Klimawandel, der im Wesentlichen von einem Zehntel der Weltbevölkerung verursacht wird – die reichsten zehn Prozent sind für die Hälfte der globalen Emissionen verantwortlich, die ärmsten fünfzig Prozent gerade einmal für drei Prozent[48] –, trifft die untere Hälfte der Weltbevölkerung am stärksten.

Das bedeutet im Umkehrschluss, dass nur solche Positionen als links gelten können, die den globalen Charakter der Verhältnisse zum Ausgangspunkt ihrer Politik machen und sich der Versuchung widersetzen, Solidarität national einzugrenzen. In den globalen Klassenverhältnissen, mit denen

---

geschichte des 15. bis 18. Jahrhunderts, 2. Bde., München: Kindler 1985 und 1986; ders, *Die Dynamik des Kapitalismus*, Stuttgart: Klett-Cotta 1991; Sven Beckert, *King Cotton. Eine Globalgeschichte des Kapitalismus*, München: C.H. Beck 2014; Mike Davis, *Die Geburt der Dritten Welt*, Hamburg/Berlin: Assoziation A 2004; Heide Gerstenberger, *Markt und Gewalt*, Münster: Westfälisches Dampfboot 2016; Zur Geschichte des Rassismus vgl. Frantz Fanon, *Schwarze Haut, weiße Masken*, Wien: Turia + Kant 2014; Achille Mbembe, *Kritik der schwarzen Vernunft*, Berlin: Suhrkamp 2014; Ibrahim X. Kendi, *Gebrandmarkt. Die wahre Geschichte des Rassismus in Amerika*, München: C.H. Beck 2017.

47 Der auf einer Müllkippe in Ghana gedrehte Dokumentarfilm *Welcome to Sodom* (2018) zeigt, was »Recycling« unter Weltmarktbedingungen heute bedeutet. Unter infernalischen Arbeitsbedingungen verwerten Tausende Slumbewohner*innen den europäischen Elektroschrott, um die Rohstoffe zu sortieren. Real existierende Kreislaufwirtschaft.

48 Oxfam, *Extreme Carbon Inequality*, London 2015, S. 4, online verfügbar unter: {https://www.oxfam.de/system/files/oxfam-extreme-carbon-inequality-20151202-engl.pdf}.

wir es zu tun haben, spielt der Rassismus eine zentrale Rolle. Er erklärt, naturalisiert und legitimiert soziale Spaltung und Ausbeutung, dient als gesellschaftliche Sollbruchstelle und bindet Teile der unteren Klassen in eine global ausdifferenzierte Herrschaft ein. Ohne Antirassismus und ein Verständnis vom Wirken rassistischer Strategien lassen sich universelle Rechte deshalb nicht verteidigen.

(6) Eine radikale ökologische Wende

Die »materiellste« Voraussetzung für sozialen Fortschritt ist heute allerdings die ökologische Konversion der Produktions- und Lebensweise. Dabei geht es längst nicht nur um den Klimawandel. Einer Studie des Weltbiodiversitätsrates IPBES zufolge sind eine Million Arten vom Aussterben bedroht.[49] Umweltforscher*innen betonen darüber hinaus, dass auch beim Stickstoffzyklus die »planetarischen Grenzen« erreicht, bei der Übersäuerung der Meere, beim globalen Frischwasserverbrauch und bei der Landnutzung diese biophysikalischen Grenzen nah sind.[50] Schon 2016 war der ökologische Fußabdruck der Menschheit etwa 1,7 Mal so groß wie die Aufnahmekapazität der Natur, seitdem dürfte sich dieses Verhältnis weiter verschlechtert haben.[51]

---

49 Intergovernmental Platform on Biodiversity and Ecosystem Services, *Global Assessment Summary for Policymakers*, 2019, S. 12, online verfügbar unter: {https://www.ipbes.net/news/ipbes-global-assessment-summary-policymakers-pdf}.

50 Johan Rockström et al., »Planetary Boundaries: Exploring the Safe Operating Space for Humanity«, in: *Ecology and Society* 14/2 (2009), online verfügbar unter: {https://www.ecologyandsociety.org/vol14/iss2/art32/}.

51 Global Footprint Network, Open Data Platform, online verfügbar

Obwohl fast täglich derartige Berichte veröffentlicht werden, bleibt die notwendige »Nachhaltigkeitsrevolution« aus. Bemerkenswerterweise spielt der Bildungsstand der Konsument*innen oder die Politik der jeweiligen Regierungen bei den Umweltbelastungen keine besonders große Rolle. Ein direkter Zusammenhang besteht hingegen zur ökonomischen Position einer sozialen Gruppe oder Gesellschaft. Als globale Faustformel kann gelten: Umso weiter oben, desto größer der ökologische Fußabdruck. Die in Globalen Hektar (GH) pro Person berechnete Umweltbelastung eines US-Bürgers betrug 2016 im Durchschnitt 8,1 GH pro Person, eines Deutschen 4,84 GH pro Person. In der Schweiz, laut Environmental Performance Index 2018 das ökologischste Land der Welt,[52] lag der Wert bei 4,64 GH pro Person, das viel gescholtene China gehörte mit 3,62 GH pro Person nach wie vor zum Mittelfeld. In Chile, dem Land mit dem höchsten Wirtschaftswachstum in Lateinamerika, betrug die durchschnittliche Umweltbelastung der Bevölkerung 4,31 GH pro Person und in Costa Rica 2,68 GH pro Person. Als »nachhaltig« galt 2016 ein Fußabdruck von 1,63 GH pro Person, ein Wert, den unter anderem Indien (1,17 GH pro Person), Afghanistan (0,73 GH pro Person) und Eritrea (0,5 GH pro Person) erreichten.[53] Wenn man zugesteht, dass Massenelend wie in Afghanistan oder Eritrea keine Strategie zur Lösung von Umweltproblemen sein kann, sollten uns jene achtzig Länder interessieren, in denen die Menschen laut Vereinten Nationen einen »hohen« oder »sehr hohen

---

unter: {http://data.footprintnetwork.org/index.html#/compare Countries?type=EFCpc&cn=5001&yr=2016}.
52 Environment Performance Index, »2018 EPI Results«, online verfügbar unter: {https://epi.envirocenter.yale.edu/epi-topline?country=&order=field_epi_rank_new&sort=asc}.
53 Global Footprint Network, Open Data Platform.

Lebensstandard« genießen.[54] Unter ihnen gibt es nur zwei Staaten mit einem nachhaltigen ökologischen Fußabdruck: Eines der beiden ist Kuba mit 1,78 GH. Das liegt nicht etwa an der guten Umweltpolitik des Landes, sondern an der sozioökonomischen Struktur. Hohe Investitionen in das Gesundheits- und Bildungssystem sichern eine allgemeine Versorgung, gleichzeitig ist der individuelle Konsum extrem eingeschränkt.

Doch es ist nicht nur so, dass die Industriestaaten des Nordens auf Kosten des Südens leben, wie in den Postwachstums-Debatten betont wird.[55] Derselbe Zusammenhang lässt sich auch innerhalb von Gesellschaften beobachten. Einer Erhebung des Umweltbundesamtes zufolge liegen der Gesamtenergieverbrauch und damit auch die Klimaemissionen von Gutverdiener*innen (mit mehr als 3000 Euro monatlich) in Deutschland im Durchschnitt fast doppelt so hoch wie die von Menschen mit einem Einkommen unter 1000 Euro pro Monat.[56] Bemerkenswert dabei ist, dass Bildungsstand

---

54 Der Human Development Index wird von der UNO regelmäßig auf Grundlage von Lebenserwartung, Ausbildungsniveau und Geldeinkommen der Bevölkerung errechnet. Durch die starke Berücksichtigung privater Geldeinkommen schneiden Länder mit gut funktionierender Subsistenzwirtschaft oder starken öffentlichen Infrastrukturen in diesem Index schlechter ab als monetarisierte Marktgesellschaften; vgl. Entwicklungsprogramm der Vereinten Nationen, *Human Development Report 2019*, online verfügbar unter: {http://hdr.undp.org/sites/default/files/hdr2019.pdf}.

55 Vgl. Stephan Lessenich, *Neben uns die Sintflut. Die Externalisierungsgesellschaft und ihr Preis*, Berlin: Hanser Berlin 2016, Ulrich Brand/Markus Wissen, *Imperiale Lebensweise. Zur Ausbeutung von Mensch und Natur im globalen Kapitalismus*, München: Oekom 2017.

56 Umweltbundesamt, *Repräsentative Erhebung von Pro-Kopf-Verbräuchen natürlicher Ressourcen in Deutschland (nach Bevölkerungsgruppen). Texte 39/2016*, Dessau 2016, S. 13, online verfügbar unter:

und politische Überzeugungen offenbar nicht den Einfluss auf den Konsum haben, den viele unterstellen: Der Gesamtenergieverbrauch von Akademiker*innen liegt um ein Drittel höher als der von Menschen mit Hauptschulabschluss; die Bevölkerung in Ostdeutschland verbraucht im Durchschnitt deutlich weniger als die im »innovativen« Süddeutschland. Ganz ähnlich auch bei den soziokulturellen Milieus: Zwar haben die »gehobenen Milieus«, sprich das obere Bürgertum, den höchsten Energieverbrauch, doch gleich dahinter folgen die »kritisch-kreativen Milieus«, die zwar über ein ausgeprägtes Umweltbewusstsein verfügen, aber auch gern Fernreisen unternehmen, sowie fast gleichauf »der bürgerliche Mainstream«. Weniger umweltbelastend leben hingegen »traditionelle Milieus«, die die Sparsamkeit der Nachkriegszeit bis heute nicht abgelegt haben, die »Jungen«, deren Einkommen noch nicht hoch genug sind, und die »prekären Milieus«, die sich den Ressourcenkonsum dauerhaft nicht leisten können.[57] Da das Jahresdurchschnittseinkommen von Männern deutlich über dem von Frauen liegt, ist Umweltbelastung im Übrigen auch eine Geschlechterfrage: Frauen konsumieren im Durchschnitt weniger Energie und Ressourcen.

In vielen europäischen Ländern haben Linke in den vergangenen Jahren darüber gestritten, ob in Anbetracht der besonders unter männlichen Arbeitern erstarkenden Rechten die »soziale Frage« und nicht ökologische Themen in den Vordergrund gestellt werden müsste. Die angeführten statistischen Zahlen legen nahe, dass es genau andersherum ist: Klassengegensätze und ökologische Krise sind auch in den

---

{https://www.umweltbundesamt.de/sites/default/files/medien/378/publikationen/texte_39_2016_repraesentative_erhebung_von_pro-kopf-verbraeuchen_natuerlicher_ressourcen.pdf}.
57 Ebd., S. 13 f.

Industrieländern untrennbar miteinander verschränkt. Reiche tragen viel stärker zum Klimawandel und zur Naturzerstörung bei, Arme werden viel massiver unter den Folgen zu leiden haben, weil sie weniger Ressourcen besitzen, um sich zu schützen.

Links ist deshalb nur eine Politik, die Schnittstellen zwischen ökologischen und sozialen Kämpfen aufzeigt. Es gilt, einen Begriff von Wohlstand und gutem Leben zu entwickeln, der eine Perspektive jenseits des fordistischen Paktes aus Wertschöpfung und Konsumismus eröffnet.

II. Nach Tschewengur

Tschewengur

Manchmal kehrt das Totgeglaubte mit ungeheurer Wucht zurück – in der Literatur zum Beispiel, wenn Autor*innen entdeckt werden, die zu Lebzeiten kaum Beachtung fanden. Der sowjetische Schriftsteller Andrej Platonow verfasste seinen Roman *Tschewengur* in den Jahren 1927 bis 1929. Das Buch, das vom Aufbau der neuen sozialistischen Gesellschaft erzählt, gilt heute als eines der wichtigsten und eigenwilligsten Werke der russischen Literaturgeschichte, ein ganzer Forschungszweig beschäftigt sich mit Platonow. Wie viele andere große Romane der jungen Sowjetunion konnte auch *Tschewengur* erst Jahrzehnte nach seiner Fertigstellung in Russland erscheinen: Michail Bulgakows *Meister und Margarita* blieb bis 1966, Anatoli Rybakows *Die Kinder vom Arbat* bis 1987 und Boris Pasternaks *Doktor Schiwago* (ebenso wie *Tschewengur*) bis 1988 unter Verschluss, als der sozialistische Staat bereits am Ende war. Das Erbe des Stalinismus wirkte offenbar auch nach dem sogenannten »Tauwetter« unter Staatschef Chruschtschow so stark fort, dass eine alternative Geschichtsschreibung die Fundamente des Systems erschüttert hätte.

Platonows Roman schildert die Geschichte der fiktiven, etwa 500 Kilometer südlich von Moskau gelegenen Ortschaft Tschewengur. Der junge Kommunist Sascha Dwanow wird in das Dorf geschickt, um über den Fortgang der Revolution zu berichten, doch was Platonow, Sohn eines Eisenbahnarbeiters und überzeugter Bolschewik, seinen Protagonisten in der Provinz entdecken lässt, erinnert an die Gemälde von Hieronymus Bosch. Die revolutionäre Szenerie ist von herumirrenden Hungergestalten und Fanatikern gezeichnet, religiöse Mystik, Euphorie und der Propagandasprech der Parteibroschüren mischen sich in den Köpfen der Bevölkerung zu einem seltsamen Gedankenbrei. Ein Bolschewik irrt auf einem Pferd namens Proletarische Kraft durch die Steppe und sucht das Grab seiner Angebeteten: der ermordeten Rosa Luxemburg. Elf Kommunist*innen, die nicht zufällig wie eine Apostelgemeinschaft auftreten, versuchen die lokale Klassengesellschaft zu überwinden, indem sie die Dorfbourgeoisie niedermetzeln und gleichzeitig »Fußproletariat« ansiedeln – in der Steppe eingesammelte Hungerflüchtlinge. Diese Menschen, die als »Übrige« bezeichnet werden,

> waren von vornherein ohne Gabe auf die Welt gekommen: […] weil die Eltern sie nicht aus dem Überfluss der Körper gezeugt hatten, sondern aus ihrer nächtlichen Schwermut und der Schwäche ihrer traurigen Kräfte – es war das gemeinsame Vergessen zweier im Verborgenen, heimlich auf der Welt lebender Menschen; wenn sie zu offensichtlich und glücklich gelebt hätten, wären sie vernichtet worden von den wirklichen Menschen, die als Staatsbevölkerung galten und in den eigenen Höfen übernachteten. Verstand mussten die Übrigen nicht haben, Verstand und lebhaftes Gefühl konnten nur in den Menschen sein, die einen freien Vorrat des Körpers besaßen und die Wärme der Ruhe über ihrem Kopf, aber die Eltern der Übrigen hatten nur Reste eines Körpers, der zerrieben war von der Arbeit und ausgebrannt von ätzendem Leid.[1]

Die Charakterisierung der »Übrigen« erinnert an Zombies, aber im revolutionären Russland ist man zuversichtlich, dass bald alles besser werden wird, und stürzt sich in Geschäftigkeit. Prokofi, ehemaliger Bettler, ordnet freiwillige Samstagarbeit an, bei der die Dorfarmen »Häuser und Gärten umsetzen« sollen, Tschepurny, sein Führungsgenosse, hebt den Subbotnik wieder auf, weil er die Häuser selbst für einen

---

1 Andrej Platonow, *Tschewengur*, Berlin 2018, S. 372 f.

Teil des Problems hält. Seiner Meinung nach sollte das Proletariat diese »Spuren seiner Unterdrückung [...] in unnütze Teile zerlegen und ohne jedes Obdach in der Welt leben, einer den andern nur mit dem lebendigen Körper wärmend«. Er setzt darauf, dass die Revolution gar keine Häuser mehr benötigen wird, denn »es war ungewiss, ob es im Kommunismus einen Winter geben oder ob immer sommerliche Wärme bleiben würde, war doch die Sonne gleich am ersten Tag des Kommunismus aufgegangen, also stand die gesamte Natur auf Seiten Tschewengurs«.

Platonows Roman ist grausam, spöttisch, aber merkwürdigerweise nicht denunziatorisch. Die Menschen glauben an die Zukunft, ein unstillbares Verlangen nach Liebe und Transzendenz liegt über der Steppe. Und die Natur betritt die Bühne wie ein weiterer Akteur: »Die Nebel starben wie Träume unter dem scharfen Blick der Sonne. Die Erde schlief entblößt und qualvoll wie eine Mutter, von der die Zudecke herabgeglitten ist. Über dem Steppenfluss, aus dem umherirrende Menschen Wasser tranken, hing in stillem Wahn noch die Dunkelheit, und die Fische schwammen in Erwartung des Lichts mit vorquellenden Augen an der Oberfläche des Wassers.«[2] Platonow, der schon in den zwanziger Jahren den Bau von Solaranlagen zur Energiegewinnung propagierte, war ein Pionier des Ökosozialismus und sah früh die Gefahr einer ökologischen Tragödie heraufziehen, die ihren Ursprung darin hat, dass »sich der Mensch langsamer ändert, als er die Welt ändert«.[3]

Gläubige Revolutionäre, wahnsinnige Bürokraten und die

---

[2] Ebd., S. 257f.

[3] Andrej Platonow, *Dshan oder Die erste sozialistische Tragödie*, Berlin: Quintus 2019, S. 280; vgl. auch Michael Leetz, »›Der erste, der wirklich alles verstanden hat.‹ Andrej Platonow, der Schriftsteller der Zukunft«, in: *Sinn und Form* 6 (2016), S. 790-799.

große Mutter Erde – wie konnte ein Kommunist, der sich der Revolution mit Haut und Haaren verschrieben hatte und als Bewässerungsingenieur aufs Land gegangen war, einen Roman schreiben, der sich wie ein bolschewikischer LSD-Trip liest? Platonows Literatur hat viele Bedeutungsebenen, doch wenn der Text etwas vermittelt – und das eindringlicher als alle theoretischen Debatten jener Zeit –, dann ist es eine Vorstellung davon, was es bedeutet, eine Gesellschaft radikal verändern zu wollen. Aus *Tschewengur* spricht das Entsetzen, das die Revolutionär*innen erfasst haben muss, als sie bemerkten, in welch hoffnungslose Lage sie sich manövriert hatten. Platonow verteidigt die Notwendigkeit des Bruchs, aber er malt das Bild einer Revolution, die eher an das dystopische Täuferreich im Münster der Jahre 1534/35 als an einen sozialistischen Emanzipationsentwurf erinnert.

Aus heutiger Sicht liest sich der Roman wie eine Abrechnung mit dem Kommunismus, doch die erste Generation der Bolschewiki, zu denen auch Platonow zählte, war, was die Einschätzung eines revolutionären Bruchs angeht, vermutlich sehr viel weniger naiv, als es im Rückblick den Anschein haben mag. Die Oktoberrevolution von 1917 war vor allem ein Versuch gewesen, die Geschichte zu beschleunigen. Man hatte die bürgerliche Regierung gestürzt, weil man davon überzeugt gewesen war, dass ein solcher Bruch auch in Mitteleuropa Veränderungen erzwingen würde.

Doch die Bolschewiki blieben isoliert und mussten plötzlich eine Transformationsstrategie improvisieren. *Tschewengur* illustriert in grellen Bildern, wie sich die Lage für sie darstellte: Die Vorstellungen und Beziehungen der Menschen waren die alten geblieben, die Not größer denn je, die religiöse Mystik schlüpfte geschmeidig in neue Gewänder, und an die Stelle der alten Kulaken traten Emporkömmlinge, die wie der Kader Prokofi sehr schnell begriffen, wie sich unter den neuen Machtverhältnissen der soziale Aufstieg vorantreiben ließ. Das Surreale in *Tschewengur* ist letztlich eine recht materialistische Einschätzung der verzweifelten Situation.

Ein linker Green New Deal?

Was hat das mit dem vorangegangenen Kapitel zu tun? Es ist ein Hinweis darauf, dass radikale Brüche noch keine radikalen Veränderungen garantieren. Die entscheidende Frage ist immer, wie sich normative Ziele in eine Politik der ersten Schritte umsetzen lassen.

In den USA und Großbritannien haben sich Linke in den letzten Jahren den Begriff des Green New Deal zu eigen gemacht, um auf die Notwendigkeit eines großen Transformationsprojekts zu verweisen, das zwar noch keine Revolution, aber doch deutlich mehr als eine Summe von Reformen ist. Der Begriff ist nicht unproblematisch, denn größere Verbreitung fand er erstmals 2007 durch den neoliberalen Kolumnisten Thomas Friedman, der ihn in einem Artikel in der *New York Times* verwendete, um für eine Politik der Innovationsförderung zu werben: »Saubere Technologien kommen den amerikanischen Stärken entgegen«, schrieb Friedman, »weil man für Veränderungen wie jene, die Lokomotiven leichter und intelligenter machen, Wissen – und nicht billige Arbeitskräfte – benötigt. Deshalb ist die Anwendung sauberer Technologien für alles, was wir entwickeln und bauen, eine Möglichkeit für den Wiederaufstieg der USA zur Industriemacht.«[4] Der Green New Deal war ursprünglich nicht

---

4 Thomas L. Friedman, »Power of Green«, in: *The New York Times* (15. April 2007), online verfügbar unter: {https://www.nytimes.

mehr als ein Plädoyer für eine energieeffizientere Industriepolitik.

Schwierig ist zweitens aber auch der Bezug auf den historischen New Deal der dreißiger Jahre. Im Rückblick wird oft unterstellt, die sozialen und wirtschaftspolitischen Veränderungen jener Zeit seien ein persönliches Verdienst Präsident Franklin D. Roosevelts gewesen. In Wirklichkeit jedoch stellte die Reformagenda der Demokratischen Partei eine Antwort auf die Kämpfe dar, die die USA nach dem Börsenkrach von 1929 erschütterten. Die Wirtschaft wurde von einer großen Depression geplagt, Dürre, Austrocknung und Überschuldung vertrieben Hunderttausende Farmerfamilien von ihren Höfen, die Great Migration der afroamerikanischen Bevölkerung, die Flucht vor dem institutionalisierten Rassismus in den Südstaaten, hielt an und sorgte für neue Massenarmut im Norden – das alles führte zu einer Zuspitzung von Arbeitskämpfen und Protesten, die vom politischen System schließlich mit Lohnerhöhungen, Sozialpolitik und einer Beschränkung der Bankenmacht beantwortet wurde.

Problematisch am Begriff des Green New Deal ist drittens, dass er die Illusion nährt, die notwendige »Nachhaltigkeitsrevolution« könne durch ein staatliches Ausgabenpaket eingeleitet werden. Ein Konjunkturprogramm für den Dienstleistungs- und Umweltsektor wird jedoch die Umweltbelastungen nicht verringern. Der Ausbau neuer Infrastrukturen reduziert nur die Emissionen, wenn er mit dem entschlossenen Rückbau anderer Sparten einhergeht.

Dennoch scheint es mir richtig, den Begriff des New Deal von links zu besetzen. Viel Aufmerksamkeit in diesem Zu-

---

com/2007/04/15/opinion/15iht-web-0415edgreen-full.5291830.html}.

sammenhang erhielt die linke Demokratin Alexandria Ocasio-Cortez, die es mit einer basisdemokratischen Wählerinitiative 2019 in das Repräsentantenhaus des US-Kongresses schaffte und dort eine Resolution einbrachte, mit der die Regierung zu einem sozialökologischen Ausgabenpaket verpflichtet werden sollte.[5] Daran anknüpfend kündigte der Präsidentschaftskandidat Bernie Sanders für den Fall seiner Wahl ein 16,3 Billionen US-Dollar starkes Investitions- und Konversionspaket an.[6] Aber noch deutlich ausgearbeiteter war das Programm, mit dem die Labour Party 2019 zu den britischen Unterhauswahlen antrat. Die britische Sozialdemokratie nahm sich nicht weniger als eine ökologisch-solidarische Transformation des Kapitalismus vor: die komplette Dekarbonisierung bis 2030, den Ausbau erneuerbarer Energien, die Schaffung Hunderttausender Jobs im Umweltsektor, die Stärkung des demokratischen Gemeineigentums, den Aufbau eines guten öffentlichen Verkehrssystems, die Unterstützung von Entwicklungsländern beim Schutz vor dem Klimawandel, den Ausbau öffentlicher Infrastrukturen und die Öffnung Großbritanniens für Klimaflüchtlinge.[7] Vermutlich war noch nie ein Wahlprogramm einer europäischen Partei ökologisch so ambitioniert wie das von Labour 2019.

Was also wären konkrete Reformen, um den oben genannten Zielen – vom guten Leben für alle bis zur ökologischen

---

5 Die Resolution ist online verfügbar unter: {https://www.congress.gov/bill/116th-congress/house-resolution/109/text}.

6 Lisa Friedman, »Bernie Sanders's ›Green New Deal‹: A $ 16 Trillion Climate Plan«, in: *The New York Times* (22. August 2019), online verfügbar unter: {https://www.nytimes.com/2019/08/22/climate/bernie-sanders-climate-change.html}.

7 Labour Party, »The Green New Deal Explained«, online verfügbar unter: {https://www.labourgnd.uk/gnd-explained}.

Konversion – näher zu kommen? Vieles steht bereits in den Programmen von Gewerkschaften und linken Parteien, aber weil es selten zur Kenntnis genommen wird, will ich, auch wenn ich Gefahr laufe, Bekanntes zu wiederholen und Wichtiges zu vergessen, skizzieren, was das wäre: ein linker Green New Deal, der den weiter oben genannten normativen Zielen verpflichtet ist.

(1) *Work less and public services ...*

Wenn es wahr ist, dass ein gutes Leben nicht nur auf Freiheitsrechten, sondern darüber hinaus auf der Versorgung mit materiellen Gütern und einer Existenz jenseits der Arbeit beruht, dann waren die Bedingungen hierfür noch nie so gut wie heute. Die Automatisierung ermöglicht uns, mehr mit weniger Aufwand als früher herzustellen.

Doch im Zusammenhang mit der Digitalisierung wird nicht über diese Chancen, sondern darüber diskutiert, wie viele Menschen in den kommenden Jahren in die Armut abrutschen werden. Manche Forscher gehen in Anbetracht der Tatsache, dass Computer mittlerweile Autos steuern und Übersetzungen erstellen, davon aus, dass die Hälfte aller Jobs gefährdet ist. Andere halten dagegen, dass technologische Entwicklungen zumindest bisher immer neue Beschäftigungseffekte ausgelöst haben.[8]

---

8 Vgl. exemplarisch Carl Benedikt Frey/Michael Osborne, *The Future of Employment: How Susceptible Are Jobs to Computerisation?*, Oxford University 2013, online verfügbar unter: {https://www.oxfordmartin.ox.ac.uk/downloads/academic/The_Future_of_Employment.pdf}; Oliver Stettes, »Keine Angst vor Robotern: Beschäftigungseffekte der Digitalisierung – eine Aktualisierung früherer IW-Befunde«, in: *IW-Report* 11 (2018), Köln; Siegfried Timpf, »Beschäf-

Aus dem Blick gerät bei den Debatten über die »Industrie 4.0«, dass der eigentliche Rationalisierungsschub schon lange im Gang ist und vor allem die globale Landwirtschaft erfasst hat. Lebten 2010 noch 30,8 Prozent der Weltbevölkerung als Bäuer*innen, waren es 2017 nur noch 26,5 Prozent.[9] Beschleunigt wird dieser Prozess dadurch, dass aufgrund der Liberalisierung des Welthandels jede afrikanische Maisbäuer*in mit dem Produktionsniveau nordamerikanischer oder europäischer Landwirte konkurrieren muss. Es sind diese von der Produktivitätsentwicklung »überflüssig« gemachten Kleinbäuer*innen, die heute migrieren – und zwar nicht in erster Linie in den globalen Norden, sondern in die Elendsquartiere von Riesenstädten wie Kinshasa im Kongo oder Dhaka in Bangladesch, wo an die zwanzig Millionen Menschen praktisch ohne jene Infrastruktur überleben müssen.[10]

Die eigentliche Klassenfrage des 21. Jahrhunderts lautet daher, wie eine *globale* Umverteilung von Reichtum und Arbeit vorangebracht werden kann. Schwer zu beantworten ist sie nicht zuletzt deshalb, weil das politische Bewusstsein auch der Betroffenen nationalstaatlich strukturiert bleibt und Vereinbarungen nur innerhalb oder zwischen Staaten verbindlich sind.

Doch zumindest innerhalb einzelner Staaten liegt auf der

---

tigungswirkungen der Digitalisierung und kein Ende der Arbeit?«, Düsseldorf 2017, online verfügbar unter: {https://www.boeckler.de/pdf/timpf_beschaeftigungswirkungen_4.pdf}.

9 Vgl. Internationale Arbeitsorganisation, »Employment by Sector – ILO Modelled Estimates«, 2018, online verfügbar unter: {https://www.weltagrarbericht.de/fileadmin/files/weltagrarbericht/Weltagrarbericht/10B%C3%A4uerlicheIndustrielleLW/ILOEmploymentSector2017.xlsx}.

10 Vgl. Mike Davis, *Planet der Slums*, Hamburg/Berlin: Assoziation A 2011.

Hand, was eine »Politik des guten Lebens« angesichts der zu erwartenden Veränderungen bedeuten würde. Wenn dieselbe Menge Güter mit weniger Arbeit hergestellt wird, heißt das, dass *alle* weniger arbeiten können, ohne etwas zu verlieren. Der Ökonom John Maynard Keynes, beileibe kein Linker, prognostizierte bereits im Jahr 1930 die 15-Stunden-Woche.[11] Dass in unserer Gesellschaft Automatisierung nicht zu einer Befreiung von schwerer oder stupider Arbeit, sondern zu Arbeitslosigkeit und Armut führt und damit die Bereitschaft erhöht, noch stupidere und schwerere Arbeit auszuüben, ist kein Naturgesetz. Es ist einzig und allein eine Verteilungsfrage. Mit dem Anbruch der »Wissensgesellschaft« erlangte diese Frage eine ganz neue Dimension. Wissen hat die bemerkenswerte Eigenschaft, dass es sich »geteilt«, also nicht eingehegt durch private Eigentumstitel, (sprich: »kollektiviert«) am besten entfaltet – weshalb öffentliche Bibliotheken in der Kulturgeschichte immer eine zentrale Rolle gespielt haben. Die Automatisierung bewirkt nun, dass der gesellschaftliche Reichtum immer weniger durch die konkrete Arbeit Einzelner und immer mehr durch technisches Know-how hergestellt wird. Anders ausgedrückt: Der *general intellect*, das allgemeine Menschheitswissen, wird zum wichtigsten Produktionsfaktor, und dementsprechend kann der hergestellte Reichtum auch mit größerem Recht als bisher gesellschaftlich beansprucht werden. Die Einführung einer Maschinensteuer, wie sie sogar der Multimilliardär Bill Gates befürwortet, scheint nur auf den ersten Blick ein Fortschritt in diese Richtung zu

---

11 John Maynard Keynes, »Wirtschaftliche Möglichkeiten für unsere Enkelkinder«, in: *Wachstumseuphorie und Verteilungsrealität. Wirtschaftspolitische Leitbilder zwischen Gestern und Morgen*, herausgegeben von Norbert Reuter, Marburg: Metropolis 2007, S. 135-147, hier S. 143.

sein.[12] Tatsächlich unterscheidet sie sich in der Wirkung nicht von einer klassischen Besteuerung des Kapitals durch Gewinn-, Unternehmens-, Vermögens- oder Finanztransaktionssteuern. Alle diese Kapitalsteuern sorgen ebenso wie hohe Spitzensteuersätze für eine Redistribution des Reichtums. Im Unterschied zur Umsatzsteuer oder zu einheitlichen Steuersätzen, welche die unteren Klassen überdurchschnittlich belasten, sind sie erprobte Instrumente, um die Vermögensmehrung der wenigen zu bremsen und die Lebensbedingungen der vielen zu verbessern.

Als Wunderwaffe für das Automatisierungszeitalter gilt vielen Autor*innen auch das bedingungslose Grundeinkommen, das wie eine negative Einkommenssteuer ohne Bedürftigkeitsprüfung an alle Bürger*innen ausgezahlt würde.[13] Das Grundeinkommen hätte mehrere Vorteile: Es würde den kollektiven Anspruch der »Wissensgesellschaft« auf den neu geschaffenen Reichtum sichtbar machen, den Verlierer*innen der Modernisierung Sicherheit geben, die Sozialbürokratie überflüssig machen und Arme vor der Willkür von Sachbearbeiter*innen schützen. Pflege- und Sorgearbeiten würden zumindest indirekt entlohnt, und die Menschen hätten mehr Zeit, um sich sozial oder kulturell zu betätigen.

Das bedingungslose Grundeinkommen hat aber auch fun-

---

12 Gates betrachtet die Steuer als Möglichkeit, um den Wegfall von Einkommenssteuern zu kompensieren (vgl. »Bill Gates fordert Roboter-Steuer«, in: *Frankfurter Allgemeine Zeitung* [19. Februar 2017]).
13 Vgl. u. a. Richard D. Precht, *Jäger, Hirten, Kritiker. Eine Utopie für die digitale Gesellschaft*, München: Goldmann 2018; Rutger Bregman, *Utopien für Realisten*, Reinbek bei Hamburg: Rowohlt 2017; Nick Srnicek/Alex Williams, *Die Zukunft erfinden: Postkapitalismus und eine Welt ohne Arbeit*, Berlin: Edition Tiamat 2016; Paul Mason, *Postkapitalismus. Grundrisse einer kommenden Ökonomie*, Berlin: Suhrkamp 2016; Erik Olin Wright, *Reale Utopien: Wege aus dem Kapitalismus*, Berlin: Suhrkamp 2017.

damentale Probleme: Im Unterschied zur progressiven Einkommens-, Kapital- und Unternehmenssteuer ändert es nichts an der Ungleichheit. Die entscheidende Frage ist, wie das Grundeinkommen finanziert würde: durch eine drastische Anhebung der Umsatzsteuer, wie es beispielsweise der Drogeriemarkt-Unternehmer Götz Werner fordert, die die unteren Klassen viel stärker belastet als Gutverdiener*innen (weil Arme proportional gesehen mehr von ihrem Einkommen für den Konsum ausgeben als Reiche), oder aber durch Steuern auf Vermögen und Kapital. Dazu kommt weiterhin, dass das Grundeinkommen, anders als viele Befürworter*innen hoffen, keineswegs emanzipierte, kreative oder sozial verantwortliche Subjekte hervorbringt. Die vergleichsweise sanktionsarmen Sozialleistungen in der Bundesrepublik der siebziger und achtziger Jahre wirkten ähnlich wie ein Grundeinkommen. Sie waren zweifelsohne besser als das Hartz-IV-System, aber sie garantierten ihren Empfänger*innen keine aktive Teilhabe an der Gesellschaft, sondern dienten als sozialtechnokratisches Instrument der Armutsverwaltung. Das bedingungslose Grundeinkommen könnte je nach Ausgestaltung also völlig unterschiedliche Wirkungen entfalten.

An dieser Stelle sollte man sich vergegenwärtigen, was linke Sozialpolitik von rechtem »Assistenzialismus« unterscheidet:[14] Die entscheidende Differenz besteht wohl darin, dass

---

14 Am Beispiel der lateinamerikanischen Linksregierungen hat es dazu in den letzten Jahren eine interessante Debatte gegeben, die man auch in Deutschland zur Kenntnis nehmen sollte. Besonders bemerkenswert erscheinen mir Jairo Estrada, »Zur politischen Ökonomie der Sozialpolitik in Lateinamerika«, in: Raul Zelik/Aaron Tauss (Hg.), *Andere mögliche Welten?*, Hamburg: VSA 2013, sowie Decio Machado/Raúl Zibechi, *Die Macht ergreifen, um die Welt zu ändern? Eine Bilanz der lateinamerikanischen Linksregierungen*, Berlin: Bertz und Fischer 2019.

Letztere vereinzelt, entmündigt oder Klientelbeziehungen schafft. Demgegenüber muss es das Ziel emanzipatorischer Sozialpolitik sein, solidarisches Verhalten und Strukturen zu fördern und Subalterne zu ermächtigen. Wie sähe eine in diesem Sinne progressive Politik des guten Lebens aus? Sie müsste erstens für eine deutliche Verkürzung der Arbeitszeiten sorgen, die den abhängig Beschäftigten Kontrolle über ihr Leben zurückgibt.[15] Zweitens müsste diese Politik eine egalitäre Verteilung des gesellschaftlichen Reichtums anstreben. Ob ein Grundeinkommen, das den einzelnen Konsumenten stärkt, hierfür das geeignete Instrument darstellt, ist zumindest zweifelhaft. Was hingegen unbedingt zu linker Sozialpolitik gehört, ist eine sanktionsfreie bedarfsgerechte Grundsicherung, die eine menschenwürdige Teilhabe ermöglicht. Darüber hinaus sollte eine Politik des guten Lebens auf entgeltfreie soziale und materielle Infrastrukturen setzen, die ein gesellschaftliches Bewusstsein fördern. Das britische Foundational Economy Collective hat in seinem Buch *Die Ökonomie des Alltagslebens* vorgeschlagen, die »materielle« und »providentielle Fundamentalökonomie« in den Mittelpunkt der politischen Debatte zu stellen, da die gemeinhin als unproduktiv erachteten sozialen und materiellen Infrastrukturen den wichtigsten Beitrag zum allgemeinen Wohlstand einer Gesellschaft leisten.[16] In seinem Vor-

---

15 Das wäre im Übrigen auch ökologisch sinnvoll. Einer neuen britischen Studie zufolge müsste man die Wochenarbeitszeit in Großbritannien auf neun Stunden, in Deutschland sogar auf sechs Stunden verkürzen, um die Treibhausgas-Emissionen auf ein nachhaltiges Niveau zu reduzieren; vgl. Philipp Frey, *Ecological Limits of Work: Carbon Emissions, Carbon Budgets and Working Time*, Crockham Village: Autonomy 2019.
16 Foundational Economy Collective, *Die Ökonomie des Alltagslebens. Für eine neue Infrastrukturpolitik*, Berlin: Suhrkamp 2019.

wort hat Wolfgang Streeck das als den »alltäglichen Kommunismus« bezeichnet, »der unserem alltäglichen Kapitalismus unterliegt und ihn überhaupt erst ermöglicht«.[17] Ein linker Green New Deal muss hier ansetzen. Die Stärkung kollektiver öffentlicher Infrastrukturen hat den Vorteil, dass sie unterschiedliche Milieus miteinander verbindet und im Unterschied zu individuellen Geldzahlungen erlaubt, den sozialökologischen Umbau gezielt voranzutreiben. Die Politolog*innen Anne Steckner und Mario Candeias sprechen von einer »entgeltfreien sozialen Infrastruktur«, zu der »eine bedingungslose sozialökologische Grundversorgung, etwa in den Bereichen Energie, Trinkwasser, Mobilität, Internet etc. sowie kostenlose Gesundheitsversorgung, Bildung und Weiterbildung und ein Recht auf bezahlbares Wohnen« gehören. Hier könnte

> zur Kasse gebeten werden, wer viel verbraucht: also ein entgeltfreies Trinkwasserkontingent pro Kopf, aber Verteuerung des privaten Swimmingpools; entgeltfreier öffentlicher Nahverkehr, aber Aufschläge für häufige Flugreisen, entgeltfreier Zugang zum Internet und zu digitalen Gütern, aber Preissteigerungen für riesige Datentransfers etc. Notwendige Gesundheitsversorgung, Erstausbildung und bestimmte Zeiten der Weiterbildung sollten für alle kostenfrei zur Verfügung stehen. Bezahlbarer (auch innerstädtischer) Wohnraum kann über eine Mischung aus Mietpreisregulierung, sozialem Wohnungsbau, Förderung nicht profitorientierten kollektiven Eigentums und einer entsprechenden Liegenschaftspolitik erreicht werden. Eine solche Orientierung auf kollektiven Konsum moderner Lebensmittel im Sinne eines (kommunalen) »Infrastruktursozialismus« wäre die Grundlage für individuelle Freiheit jenseits von Existenzängsten – und somit für eine sozialökologische Lebensweise. Die entgeltfreien, öffentlichen und kollektiven Konsumformen radikal auszuweiten hieße auch, das Geld als »Kuppler zwischen dem Bedürfnis und dem Gegenstand« und damit die individuelle Geldbörse weniger relevant werden zu lassen, die Kultur des Marktes zurückzu-

---

17 Ebd., S. 7.

drängen, das Öffentliche und Gemeinsame in den Vordergrund zu rücken.[18]

(2) Gleichheit!

Was fördert Solidarität und gesellschaftlichen Zusammenhalt? In einer bahnbrechenden Studie schrieb der Sozialhistoriker Edward P. Thompson 1963 die Geschichte der britischen Arbeiterklasse neu. Für ihn war die Klasse nicht einfach aus ökonomischer Ausbeutung »entstanden«, sondern hatte sich durch die Alltagspraxis der Betroffenen selbst erschaffen.[19] Arbeiter*innen gründeten Solidarkassen gegen Krankheiten und Arbeitsunfälle, protestierten gegen hohe Brotpreise oder organisierten ihre eigenen Bildungsprogramme in Kulturvereinen. Die Stärke der europäischen Arbeiterbewegungen im 20. Jahrhundert beruhte auf der Existenz dieser Solidarmilieus, ihr politischer Bedeutungsverlust war nicht zuletzt dem Zerfall dieser sozialen und kulturellen Alltagspraxis geschuldet. Bemerkenswert ist dabei, dass der Neoliberalismus dieses Milieu seit den achtziger Jahren zwar vehement attackiert hat, es aber bereits zuvor durch die Wohlfahrtsbürokratien seines Inhalts beraubt worden war. Die sozialtechnokratische Verwaltung von oben zerstörte jenes gesellschaftliche »Gewebe«, das die soziale Teilhabe der unteren Klassen überhaupt erst auf die Tagesordnung gesetzt hatte.

---

18 Anne Steckner/Mario Candeias, »Geiz ist gar nicht geil. Über Konsumweisen, Klassen und Kritik«, in: *Standpunkte* 11 (2014), S. 1-4, hier S. 4, online verfügbar unter: {https://www.rosalux.de/filead min/rls_uploads/pdfs/Standpunkte/Standpunkte_11-2014.pdf}.

19 Edward P. Thompson, *Die Entstehung der englischen Arbeiterklasse*, 2. Bde., Frankfurt/Main: Suhrkamp 1987; ders., *Plebejische Kultur und moralische Ökonomie. Aufsätze zur englischen Sozialgeschichte des 18. und 19. Jahrhunderts*, Frankfurt/Main: Suhrkamp 1980.

Wenn diese Beobachtung stimmt, dann muss es ein zentraler Aspekt progressiver Politik sein, eine kulturelle Praxis und soziale Milieus zu fördern, in denen sich eigenständige und kritische Strukturen »von unten« entfalten können. Das bedeutet, Bedingungen herzustellen, in denen Menschen aufeinander zugehen. Die viel beachtete Metastudie der Gesundheitsforscher*innen Kate Pickett und Richard Wilkinson stellt hier einen einfachen Zusammenhang her:[20] In Gesellschaften mit größerer sozialer Gleichheit ist die Bevölkerung nicht nur durchschnittlich gesünder (weil Status-Stress/Abstiegsängste als besonders belastend empfunden werden und chronische Erkrankungen verursachen),[21] sondern auch solidarischer. Wilkinson und Pickett erklären das mit der Wechselwirkung, die sich aus sozialer Gleichheit und dem Vertrauen in andere ergibt, denn Grundvertrauen ist wiederum Voraussetzung für Hilfsbereitschaft und Solidarität.[22]

Die erste und wichtigste Maßnahme ist die entschlossene Bekämpfung all jener Strategien, die die gesellschaftliche Entsolidarisierung als Programm betreiben – also insbesondere aller Spielarten des Rassismus. Progressive Politik, die den Zusammenhalt fördern will, muss durch und durch antiras-

---

20 Kate Pickett/Richard Wilkinson, *The Spirit Level: Why More Equal Societies Almost Always Do Better,* London: Penguin 2009.

21 Pickett und Wilkinson stellen auch einen Zusammenhang zwischen Status-Stress, Übergewicht und der kürzeren Lebenserwartungen von Angehörigen der unteren Klassen fest. Ein hoher Pegel des Stresshormons Cortisol kann zu Insulinresistenz, zu Stoffwechsel- oder Herz-Kreislauf-Erkrankungen führen. Die überdurchschnittlich hohe Zahl an Stoffwechselerkrankungen in den unteren Klassen der Industrieländer ist demnach nicht nur ein Einkommens- oder Bildungsproblem, sondern hat auch mit den Veränderungen des Stoffwechsels bei Menschen zu tun, die unter sozialen Hierarchien besonders stark leiden.

22 Ebd., S. 49-62.

sistisch sein: Antidiskriminierungsgesetze und -programme, die Einrichtung von Untersuchungs- und Beschwerdekommissionen, die Überarbeitung von Schulbüchern und Lehrplänen, eine inklusive, antisegregationistische Schulpolitik und viele andere längst bekannte Maßnahmen würden dieser Spaltungslinie entgegenwirken.

Ein zweites wichtiges Feld sind Reformen, die für mehr materielle Gleichheit und soziale Sicherheit sorgen. Die bereits erwähnte Besteuerung großer Vermögen und hohe Spitzensteuersätze haben sich im 20. Jahrhundert als ausgesprochen wirksames Mittel zur Verringerung der Ungleichheit erwiesen und wurden in der Hochphase der Systemkonkurrenz auch von der politischen Rechten befürwortet.[23] So lag der Spitzensteuersatz in den USA unter dem Republikanischen Präsidenten Dwight D. Eisenhower bei 91 Prozent; in Deutschland wurde bis 1997 eine Vermögenssteuer erhoben, die heute nur deshalb außer Kraft ist, weil das Bundesverfassungsgericht die zu niedrige Bewertung der Immobilienvermögen bemängelte, also einen handwerklichen Fehler feststellte. Jahrzehntelang fungierten progressive Steuersätze, Kapital- und Vermögenssteuern als Werkzeuge, um Klassengegensätze zu beschränken und kollektive Dienstleistungen zu finanzieren.

Ein weiteres sehr wirksames Instrument zur Stärkung der sozialen Gleichheit wäre die Bürgerversicherung. Sie beruht darauf, dass alle Menschen auf Grundlage ihres Gesamteinkommens, also auch der Kapitalgewinne, in Solidarkassen einzahlen. Wie sehr die Versicherungssysteme durch die Einbeziehung von Dividenden, Mieten und Beamtenpensionen

---

23 Ausführlich dazu Emmanuel Saez/Gabriel Zucman, *Der Triumph der Ungerechtigkeit. Steuern und Ungleichheit im 21. Jahrhundert*, Berlin: Suhrkamp 2020.

gestärkt würden, zeigt ein Blick nach Österreich, wo es bislang nur eine einzige, staatliche Rentenkasse gibt, in die (mit Ausnahme der Beamtenschaft) alle Bürger*innen einzahlen. Ergebnis: Die Durchschnittsrenten liegen in der Alpenrepublik um 54 Prozent höher als in Deutschland.[24] Die Bürgerversicherung wäre ein einfaches Instrument, um dem Zwei-Klassen-Gesundheitssystem und Altersarmut einen Riegel vorzuschieben.

In eine ähnliche Richtung wirkt aber auch schon die Erhöhung des kommunalen und genossenschaftlichen Wohnungsbestandes. In Wien, wo sich fast zwei Drittel der Wohnungen in kommunaler Hand befinden oder durch öffentliche Förderung mit einem dauerhaften Mietendeckel ausgestattet sind (anders als in Deutschland hat die Mietpreisbindung dort nach dem Förderzeitraum Bestand), sorgt das gemeinwirtschaftliche Wohnungseigentum bis weit in die Mittelschicht hinein für soziale Absicherung.[25] Wollte man sich an dieser Stadtpolitik orientieren, müsste man bei der Liegenschaftspolitik der Kommunen ansetzen und dafür sorgen, dass sozialer, genossenschaftlicher und gemeinnütziger Wohnungsbau bei der Vergabe von Bauland bevorzugt wird.[26] Auch gesetzlich geregelte Mietobergrenzen, wie sie in den zwanziger Jahren eingeführt und in West-Berlin bis 1988 Bestand hatten, sind erprobte Instrumente, um Wohnraum vor Spekulation zu schützen und die Teilhabe einkom-

---

24 Sogar das wirtschaftsliberale *Handelsblatt* vermeldete am 20. November 2018: »Österreich ist ein Vorbild für unser Rentensystem«.
25 Vgl. Hilmar Höhn, »Bauen für eine demokratische Stadt. Dossier der Hans-Böckler-Stiftung«, Düsseldorf 2019, online verfügbar unter: {https://www.boeckler.de/pdf/p_01_dossier_03_2019.pdf}.
26 Andrej Holm/Sabine Horlitz/Inga Jansen, *Neue Wohnungsgemeinnützigkeit. Voraussetzungen, Modelle und erwartete Effekte*, Berlin: Rosa-Luxemburg-Stiftung 2017.

mensschwacher Bevölkerungsteile am Stadtleben zu garantieren.

Wenn es ein Merkmal progressiver Sozialpolitik ist, Armut nicht zu verwalten, sondern Subalterne zu ermächtigen, dann müsste es allerdings viel stärker als im 20. Jahrhundert darum gehen, öffentliches und genossenschaftliches Eigentum zu demokratisieren, um Korruptionsskandale wie bei der gewerkschaftseigenen Neuen Heimat oder die Herausbildung intransparenter Verwaltungsbürokratien wie bei den meisten städtischen Wohnungsbaugenossenschaften zu erschweren. Ein Beispiel, wie dies aussehen könnte, ist das deutsche Mietshäuser-Syndikat, in dem sich mittlerweile etwa 150 Hausprojekte zusammengeschlossen haben. Die Besonderheit des Modells besteht darin, dass die Käufer*innen Mieter*innen in ihren Häusern bleiben, aber diese selbst verwalten. Der Verkauf der Immobilie wird dadurch erschwert, dass die örtliche Mietergruppe und der Dachverband jeweils die Hälfte der Immobilie halten und sich gegenseitig blockieren, falls sich in einem der beiden Gremien eine Mehrheit für eine Re-Privatisierung des Mietshauses finden sollte. Das Modell zeigt, dass es für eine demokratische Vergesellschaftung des Eigentums »von unten« auch unter den heutigen Bedingungen Ansatzpunkte gibt.

Ein linker Green New Deal müsste solche solidarisch-demokratischen Initiativen gezielt fördern und rechtlich absichern. In der Wohnungsfrage hat es das in der Vergangenheit – keineswegs nur unter linken Vorzeichen – übrigens immer wieder gegeben: Die im Wohnraumförderungsgesetz erwähnte »organisierte Gruppenselbsthilfe«, bei der fehlendes Eigenkapital durch Eigenleistung ersetzt wird, ist in Deutschland eine altbekannte Praxis gemeinschaftlichen Wohnungsbaus. Sie wurde gesetzlich verankert, um nach dem Krieg den Wohnungsbau von Vertriebenen vor allem in Norddeutschland zu fördern, erlebte Anfang der achtziger Jahre aber eine unverhoffte Renaissance in den Innenstadtbezirken West-Berlins, als Hausbesetzer*innen bei der Sanierung ihrer Häuser vom Senat gefördert wurden.[27] An dem Beispiel zeigt sich, dass viele Werkzeuge einer emanzipatorischen und ermächtigenden Sozialpolitik nicht neu erfunden werden müssen.

(3) Die Rückkehr demokratischer Planungsdebatten

Das Konzept der »Wirtschaftsdemokratie«, wie es Ende der zwanziger Jahre im Umfeld des Allgemeinen Deutschen Gewerkschaftsbundes maßgeblich von Sozialdemokraten wie Fritz Naphtali oder Rudolf Hilferding entwickelt wurde, beruht auf der These, dass der Kapitalismus, »bevor er gebrochen wird«, erst einmal »gebogen« werden kann.[28] Seitdem

---

27 Interessant ist auch, wie es in West-Berlin zur Rückkehr der »Gruppenselbsthilfe« kam: Ende der siebziger Jahre regte sich Widerstand gegen die Abrisspläne des sozialdemokratischen Senats, und etwa 400 Häuser wurden besetzt. Nach dem Sturz der SPD versuchte die neue christdemokratische Stadtregierung, die Jugendbewegung zu spalten, indem man verhandlungsbereiten Jugendlichen langfristige Mietverträge anbot. Hunderte Häuser wurden in kommunales oder genossenschaftliches Eigentum überführt, von denen zwanzig Jahre später einige allerdings – unter einer SPD/PDS-Regierung – wieder privatisiert wurden. Eines der damals entstandenen Projekte, das sich bis heute gehalten hat, ist die Luisenstadt-Genossenschaft, in der sich zwanzig selbstverwaltete Miethäuser zusammengeschlossen haben. Die »Gruppenselbsthilfe« prägt das Stadtleben in Berlin-Kreuzberg bis heute – ein konkreter Reformerfolg, der mit der parteipolitischen Zusammensetzung des Senats offenkundig nichts zu tun hatte.
28 Fritz Naphtali, *Wirtschaftsdemokratie. Ihr Wesen, Weg und Ziel*, Berlin: Verlagsgesellschaft des Allgemeinen Deutschen Gewerkschaftsbundes 1928; Alex Demirović (Hg.), *Wirtschaftsdemokratie neu denken*, Münster: Westfälisches Dampfboot 2018. Wolfgang Abendroth

hat sich der Horizont der gewerkschaftlichen Demokratisierungsdebatte allerdings auf die betriebliche Mitbestimmung verengt. (In der Montanindustrie müssen Aufsichtsräte seit 1951, in anderen Großunternehmen mit mehr als 2000 Beschäftigen seit 1976 paritätisch besetzt werden.) Das ist insofern problematisch, als sich die Entsendung von Gewerkschafter*innen in Führungsgremien als sehr effektiver Mechanismus zur Einbindung von Beschäftigen in die Konzernlogik und zur Entfremdung von Betriebsräten von ihren Gewerkschaften erwiesen hat.[29] Wenn man an den Begriff der Wirtschaftsdemokratie anknüpfen will, dann muss man deutlich machen, dass es nicht um Co-Management geht, sondern darum, ökonomische Prozesse gesellschaftlich zu gestalten. Hierfür gibt es heute zwei sehr konkrete Ansatzpunkte: In der Finanzkrise 2008 sorgten ausgerechnet die Banken dafür, dass Verstaatlichungen wieder auf die Tagesordnung gesetzt wurden. Milliardenschwere Rettungspakete, die in offenem Widerspruch zur Austeritätsdoktrin standen und den Marktmechanismus außer Kraft setzten, wurden beschlossen, die Hypo Real Estate komplett, die Commerzbank teilweise verstaatlicht. Vor diesem Hintergrund stellt sich die Frage, warum das Gemeineigentum zwar als geeignetes Mittel zu Wahrung von Eigentümer- und Gläubigerinteressen, nicht aber zur Umsetzung gesellschaftlicher Ziele betrachtet wird.

Ein zweiter Anknüpfungspunkt für eine Demokratisie-

---

kritisierte den Begriff von links, plädierte aber ebenfalls für einen Kampf um eine gesellschaftliche »soziale Demokratie«; vgl. Wolfgang Abendroth, *Die deutschen Gewerkschaften. Weg demokratischer Integration*, Heidelberg: Rothe 1954; ders., »Zur Funktion der Gewerkschaften in der westdeutschen Demokratie«, in: *Gewerkschaftliche Monatshefte* 3/11 (1952), S. 641-648.

29 Frank Deppe et al., *Kritik der Mitbestimmung*, Frankfurt/Main: Suhrkamp 1972.

rung der Wirtschaft ist die im Zusammenhang mit dem Klimawandel entbrannte Debatte über die ökologische Konversion. Die Probleme der Automobilindustrie und die Transformation des Energiesektors haben der staatlichen Industriepolitik eine Renaissance beschert. Bisher wird allerdings allgemein akzeptiert, dass Entscheidungen nicht demokratisch, sondern in von Unternehmerverbänden dominierten Arbeitsstäben gefällt werden. Die 2018 von der Bundesregierung eingesetzte »Kommission für Wachstum, Strukturwandel und Beschäftigung«, die eine Strategie für den Kohleausstieg in Deutschland erarbeitet hat, ist ein gutes Beispiel dafür. Bei ihr handelte es sich um ein politisches Planungsgremium, das eben nicht demokratisch, sondern exekutiv durch die Regierung besetzt wurde. Neben den vier Vorsitzenden stammten sieben Mitglieder aus der Industrie, fünf aus der Wissenschaft, jeweils drei von Umweltverbänden und Gewerkschaften. Weitere fünf waren Vertreter der Braunkohleregionen, dazu kam eine CSU-Politikerin, die auf Drängen des Innenministers berufen wurde, obwohl Bayern vom Kohleausstieg gar nicht betroffen ist.[30]

Die Zusammensetzung der Kommission veranschaulicht die Grenzen der Demokratie in Deutschland: Soziale und ökologische Interessen waren in dem Gremium durchaus repräsentiert, doch die Unternehmen und die ihnen nahestehenden Parteien sicherten sich eine breite Mehrheit. An dieser Stelle könnte ein linker Green New Deal ansetzen: Umweltverbände, Gewerkschaften und soziale Bewegungen könnten auf eine Demokratisierung der Verfahren drängen und auch andere Aspekte der Klima- und Industriepolitik,

---

30 Vgl. Verena Kern und Friederike Meier, »Das sind die Mitglieder der Kohlekommission«, Klimareporter (7. Juni 2018), online verfügbar unter: {https://www.klimareporter.de/deutschland/das-sind-die-mitglieder-der-kohlekommission}.

zum Beispiel den Umbau des Verkehrssektors, offensiv zu einer Frage demokratischer Planung machen. Das wäre keine Garantie dafür, dass die Entscheidungen am Ende fortschrittlicher ausfielen – in der Frage des Kohleausstiegs hätten sich die Gewerkschaft IG Bergbau, Chemie, Energie und die Umweltverbände vermutlich gegenseitig blockiert. Aber es hätte doch immerhin eine gesellschaftliche Debatte über die ökologisch-ökonomische Frage erzwungen und einen demokratischen Anspruch deutlich gemacht.

Ein weiterer Ansatzpunkt für eine linke Demokratisierungspolitik ist der Mediensektor. In der bürgerlichen Erzählung sind die privaten Medienkonzerne Garanten der Presse- und Meinungsfreiheit, tatsächlich jedoch sorgen sie für extreme politische Ungleichheit, da sie den Eigentümer*innen großer Vermögen enorme Macht über die öffentliche Meinung verleihen. Die Unternehmen Rupert Murdochs, der Familie Springer oder Hubert Burdas, aber auch die Verbindungen zwischen Werbekunden und Medien führen das Gleichheits- und Demokratieversprechen der liberalen Gesellschaft jeden Tag ad absurdum. Eine demokratische Meinungsbildung wird faktisch erst möglich, wenn diese Macht partikularer Interessen zurückgedrängt wird.

Weil staatliche Kontrolle, wie alle historischen Erfahrungen zeigen, demokratische Prozesse jedoch nicht minder beschneidet, müsste eine linke Medienpolitik die Meinungspluralität dadurch herzustellen versuchen, dass sie sich die Entwicklung eines »Ökosystems« aus öffentlichen, kommunitären und lokalen Medien auf die Fahnen schreibt. Die dafür brauchbaren Instrumente sind längst bekannt: Mit dem Aufbau öffentlich-rechtlicher Anstalten suchten die Alliierten den Rundfunk nach 1945 in Deutschland vor dem direkten Zugriff der Staatsmacht zu schützen. Die Aufsichtsgremien der Anstalten wurden mit Vertreter*innen von

Parteien, Gewerkschaften, Sozialverbänden und Kirchen besetzt. Dass diese Verbände die Bevölkerung heute nicht mehr wirklich repräsentieren und die Rundfunkanstalten ihre eigenen, verkrusteten Machtapparate ausgebildet haben, stellt das zugrunde liegende Konzept nicht infrage. Öffentlich-rechtliche Anstalten und Körperschaften (zu denen auch Universitäten und gesetzliche Krankenkassen gehören) sind gute Instrumente, um demokratische Selbstverwaltung mit öffentlichem Eigentum zu verbinden. Es stimmt, dass diese Einrichtungen radikal re-demokratisiert werden müssen; bei den Medienanstalten ginge es wohl auch darum, den Unterhaltungscharakter zugunsten des Bildungs- und Informationsauftrags zurückzudrängen. Doch die rechtspopulistische Kritik am »Staatsfunk« geht an der Sache völlig vorbei, denn die privaten Medienkonzerne sind noch weitaus weniger demokratisch kontrolliert als öffentlich-rechtliche Medien.

Als Gegengewicht zu den großen Anstalten bräuchte es zudem zivilgesellschaftliche Medien, die wie die Bürgerradios mit öffentlichen Geldern gefördert werden. Jürgen Habermas brachte 2010 eine öffentliche Co-Finanzierung von Zeitungen ins Gespräch,[31] in Österreich gibt es seit 1975 eine Förderung für einheimische Printprodukte.[32] Der Aufbau einer pluralen, weder Konzerneigentümer*innen noch dem Staat verpflichteten Medienlandschaft wäre eine zen-

---

31 Jürgen Habermas, »»Keine Demokratie kann sich das leisten««, in: *Süddeutsche Zeitung* (19. Mai 2010).
32 Die österreichische Presseförderung, die zur Unterstützung des einheimischen Verlagswesens eingeführt und als Vertriebszuschuss an Zeitungen, Zeitschriften und Verlage gezahlt wird, ist insofern wenig sinnig, als sie in erster Linie gewinnorientierten Regionalzeitungen zugutekommt. Denkbar wäre allerdings auch eine Förderung von gemeinnützigen Medienprojekten auf Grundlage von Qualitätskriterien, ähnlich wie sie im Wissenschaftsbereich vergeben wird.

trale Voraussetzung für eine egalitäre Verteilung politischer Macht.

(4) Feministische Gesetze?

Auch was die Geschlechterverhältnisse angeht, liegt eigentlich auf der Hand, worin eine linke Reformagenda bestehen muss. Eine erste Maßnahme könnte ein Gesetz gegen ungleiche Bezahlung sein. In Island gibt es seit 2008 eine Regelung, die Unternehmen mit mehr als 25 Beschäftigten dazu verpflichtet, mittels eines eigenen Zertifikats Lohngleichheit nachzuweisen.

In Deutschland wird heute vor allem über den Vorschlag diskutiert, ob die Vorstände börsennotierter Unternehmen zu einer Frauenquote gezwungen werden sollten. Für die große Mehrheit der Frauen vermutlich relevanter wäre hingegen eine Reform, die die Ungleichbezahlung weiblich kodierter Arbeit beenden und die Löhne für Pflege- und Sorgearbeiten dem Einkommensniveau in der Industrie angleichen würde. Ein Schritt in diese Richtung wäre die Anhebung des gesetzlichen Mindestlohns, der im Sozialbereich besonders schnell greift; eine weitere Maßnahme könnte darin bestehen, öffentliche Ausschreibungen, die bei Sozial- und Pflegetätigkeiten eine zentrale Rolle spielen, an Lohnstandards zu koppeln. Die Corona-Pandemie hat allen vor Augen geführt, wie dringlich solche Maßnahmen sind, denn ein Großteil der Jobs, die sich als »systemrelevant« erwiesen haben, werden von Frauen verrichtet und sind extrem schlecht bezahlt.

Grundlage linker Reformpolitik muss weiterhin sein, alle Anreize zu beseitigen, die eine geschlechtsspezifische Arbeitsteilung begünstigen. Die Erkenntnis, dass ein flächendeckendes und kostenloses Angebot von Kindertagesstätten und Ganztagsschulen einen Beitrag hierzu darstellt, ist mittlerweile auch im Mainstream angekommen. Wichtig wäre weiterhin die Abschaffung des Ehegattensplittings, das die Stellung des Besserverdienenden (und damit in der Regel der Männer) stärkt, und eine Neuregelung des Elterngeldes, damit es nicht länger einen Anreiz für Paare gibt, an der üblichen Rollenverteilung – die schlechter verdienende Partner*in übernimmt den Großteil der Babypause – festzuhalten.

Zu einem feministischen Reformprojekt gehört gewiss auch der Ausbau des Angebots an Frauenhäusern und Programmen gegen männliche Gewalt, kostenlose Selbstverteidigungskurse für Mädchen an Schulen, die Abschaffung der Paragrafen 218 und 219a oder eine gesetzlich vorgeschriebene Quotierung der Wahllisten. Nichts spricht dagegen, sexistisch herabwürdigende Werbung aus dem öffentlichen Raum zu verbannen, so wie es bei gewaltverherrlichenden Darstellungen geschieht. Und richtig sind auch alle Veränderungen, die die Dichotomie zwischen den Geschlechtern unterlaufen. Die Abschaffung der Begutachtungspflicht, der sich »transidente« Menschen heute noch unterwerfen müssen, wäre ein erster Schritt.

(5) Internationalisierung der Sozialpolitik, Recht auf Migration

In einer nationalstaatlich verfassten Welt gibt es für die Veränderung transnationaler sozialer Beziehungen besonders wenig Ansatzpunkte. Das ist auch der Grund, warum dem Recht auf Migration eine so zentrale Rolle zukommt. Migration und die Kämpfe um Aufenthaltsrecht und Staatsbürgerschaft sind Ausdruck des Widerspruchs zwischen globalen ökonomischen Strukturen und der nationalen politischen Form. Migration ist eine subalterne Taktik der sozialen Teilhabe, die die nationale Form unterläuft. Ein linker Green New Deal muss deshalb darauf abzielen, Grenzen für Menschen zu öffnen, und gleichzeitig die Spielräume für das Kapital beschneiden, sich den nationalstaatlichen Beschränkungen zu entziehen.

Ein zweiter Ansatzpunkt für eine Internationalisierung der Sozialpolitik ist der Multilateralismus, also verpflichtende zwischenstaatliche Abkommen. Die von der Konferenz der Vereinten Nationen für Handel und Entwicklung erarbeiteten *Geneva Principles for a Global Green New Deal* skizzieren, welchen Nachhaltigkeits- und sozialen Zielen multilaterale Vereinbarungen verpflichtet sein müssten.[33]

Eine nationalstaatliche Umsetzung solcher Prinzipien ist das von NGOs und Gewerkschaften geforderte Lieferkettengesetz, das Unternehmen zwingen würde, auch bei Zulieferfirmen für die Einhaltung von Umwelt- und Sozialstandards zu sorgen.[34] Ein solches Gesetz würde es beispielsweise bengalischen Textilarbeiterinnen erlauben, in Deutschland zu klagen, wenn Zara oder KiK Produkte verkaufen, die unter menschenunwürdigen Bedingungen im Auftrag der Textilketten hergestellt wurden.

Sofort umsetzbar sind auch verbindliche »Klimagerechtigkeits«-Zahlungen. Wenn es zutrifft, dass der Klimawandel

---

33 Kevin Gallagher/Richard Kozul-Wright, *A New Multilateralism for Shared Prosperity. Geneva Principles for a Global Green New Deal*, Genf: Konferenz der Vereinten Nationen für Handel und Entwicklung 2019.

34 Vgl. Initiative Lieferkettengesetz, »Gegen Gewinne ohne Gewissen hilft nur noch ein gesetzlicher Rahmen. Warum wir jetzt ein Lieferkettengesetz brauchen«, Berlin 2019, online verfügbar unter: {https://www.bund.net/fileadmin/user_upload_bund/publikationen/ttip_und_ceta/initiative_lieferkettengesetz_basisflyer.pdf}.

von den oberen Klassen im globalen Norden verursacht wird, aber die unteren Klassen im Süden besonders hart trifft, müssen die CO_2-Abgaben und Kapitalsteuern auch den dort Betroffenen zur Verfügung gestellt werden. Bereits heute gibt es Möglichkeiten, solche Zahlungen nicht korrupten politischen Eliten zu überlassen. UNDP und UNHCR, das Entwicklungsprogramm sowie das Flüchtlingshilfswerk der Vereinten Nationen, realisieren seit Jahrzehnten Projekte, die aus internationalen Fonds finanziert werden und bei denen direkt mit gesellschaftlichen Organisationen der betroffenen Länder kooperiert wird. Ein Klimagerechtigkeitsfonds könnte ähnlich operieren und lokale Schutzmaßnahmen in Ländern des globalen Südens finanzieren. Als Orientierung könnte aber auch der sogenannte Yasuní-Fonds dienen, den die ecuadorianische Regierung und internationale Organisationen 2007 ins Gespräch gebracht haben. Das südamerikanische Land plante damals, auf eine Erschließung der Ölvorkommen im Amazonasbecken zu verzichten, wenn sich die internationale Staatengemeinschaft im Gegenzug darauf verpflichtete, dem Land 3,5 Milliarden der auf 16 Milliarden US-Dollar geschätzten Einnahmen aus der Förderung der Vorkommen in Form eines Sozial- und Entwicklungsfonds zur Verfügung zu stellen.[35] Der Fonds scheiterte daran, dass die Industriestaaten am Ende nur etwa 13 Millionen Euro, also etwa ein Tausendstel des Wertes der Ölvorkommen, einzahlten.[36]

Weitere Bestandteile eines transnationalen linken Green

---

[35] Alberto Acosta et al., »Leaving the Oil in the Ground. A Political, Economic and Ecological Initiative in the Ecuadorian Amazon«, in: *Americas Program Policy Report*, Washington: Center for International Policy 2009.

[36] »Ecuador erlaubt Ölbohrungen im Nationalpark«, in: *Spiegel Online* (16. August 2013), online verfügbar unter: {https://www.spiegel.de/

New Deal wären ein Exportverbot für Rüstungsgüter, die Bekämpfung von Steuerparadiesen oder der Schutz kleinbäuerlicher Landwirtschaft im Rahmen von Handelsverträgen.

(6) Dekarbonisierung

Vierzig Prozent der Treibhausgas-Emissionen in Deutschland werden von der Energiewirtschaft verursacht, wobei die fossilen Brennträger Kohle, Öl und Gas trotz der Energiewende nach wie vor etwa die Hälfte zur Stromerzeugung beitragen.[37] Im Jahr 2017 gingen etwa fünfundzwanzig Prozent der deutschen Treibhausgas-Emissionen auf das Konto eines einzigen Unternehmens, nämlich des Stromerzeugers RWE. Das ist für eine linke Debatte auch insofern interessant, als sich der Konzern zu einem Viertel in kommunaler Hand befindet. Öffentliches Eigentum ist ganz offenbar keine Garantie für Gemeinnutz.

Vor diesem Hintergrund ist die Energiewende die dringendste Klimaschutzmaßnahme. Ein linker Green New Deal müsste aber auch die Klassenperspektive sichtbar machen. Die Treibhausgas-Emissionen des oberen einen Prozents sind aufgrund von Luxuskonsum und Reisen um ein Vielfaches höher als die der Durchschnittsbevölkerung; Arme können sich schlechter vor den Folgen des Klimawandels schützen (Hochwasser, steigende Lebensmittelpreise etc.).

---

wirtschaft/unternehmen/ecuador-erlaubt-oelbohrungen-im-yasuni-nationalpark-im-amazonas-a-916917.html}.

37 Bundesministerium für Wirtschaft und Energie, *Energiedaten: Gesamtausgabe*, Berlin: Bundesministerium für Wirtschaft und Energie 2019, S. 22 und 37, online verfügbar unter: {https://www.bmwi.de/Redaktion/DE/Downloads/Energiedaten/energiedaten-gesamt-pdf-grafiken.pdf?__blob=publicationFile&v=40}.

Es gilt aber auch, über gewerkschaftliche Organisationsmacht zu reden. Im Zusammenhang mit dem Kohleausstieg ist beispielsweise viel zu wenig reflektiert worden, dass der Energieversorger LEAG aus der Lausitz zu den wenigen Betrieben Ostdeutschlands gehört, in denen so etwas wie Arbeitermacht existiert: hoher Organisierungsgrad, großes Selbstbewusstsein der Beschäftigten, Aufstiegsmöglichkeiten von Nichtakademiker*innen.[38] Zum schnellen Kohleausstieg gibt es, gerade auch aus Perspektive der unteren Klassen, keine Alternative, doch sozialökologische Transformation würde bedeuten, die Verteidigung sozialer Rechte und die »Nachhaltigkeitsrevolution« so miteinander zu verschränken, dass die Strukturveränderungen solidarisch von der gesamten Gesellschaft (und nicht nur von Beschäftigten) getragen werden. Ein linker Green New Deal muss darauf hinarbeiten, dass Umweltbewegungen Arbeitskämpfe als Bestandteil gesellschaftlicher Veränderung begreifen und sich Gewerkschaften aus der sozialpartnerschaftlichen Umklammerung befreien, die sie an die Unternehmenslogik kettet. Ein konkretes Beispiel, wie das gelingen könnte, sind die Bündnisse zwischen Klimabewegung und Gewerkschaften zur Unterstützung von Arbeitskämpfen im öffentlichen Nahverkehr, wie sie sich 2019 formiert haben.[39]

---

38 Vgl. Sophie Bose et al., »Braunkohleausstieg im Lausitzer Revier. Sichtweisen von Beschäftigten«, in: Rosa-Luxemburg-Stiftung (Hg.), *Nach der Kohle*, Berlin: Rosa-Luxemburg-Stiftung 2019, S. 89-112, online verfügbar unter: {https://www.rosalux.de/fileadmin/rls_u ploads/pdfs/Studien/Studien_4-19_Nach_der_Kohle.pdf}.

39 Vgl. die sogenannte »Kasseler Erklärung der Betriebs- und Personalräte aus Nahverkehrsunternehmen zum Klimaschutz« vom 13. Juni 2019, online verfügbar unter: {https://verkehr.verdi.de/++file+ +5d08bb11dda4fb38863272c5/download/O%CC%88PNV_% 20Kasseler%20Erkla%CC%88rung%20der%20BR_PR%20Ar beitsbedingungen%20und%20Klimaschutz.pdf}.

Zu einer linken Energiewende gehört weiterhin, das bei den erneuerbaren Energien angelegte Potenzial zur Dezentralisierung der Stromproduktion als Mittel der Demokratisierung zu begreifen. Wenn Millionen Gebäudedächer als »Kraftwerksstandorte« zur Verfügung stehen, kann das die gesellschaftliche Kontrolle von Infrastrukturen erleichtern.[40] In den ersten Jahren der Energiewende war in vielen Gemeinden (interessanterweise vornehmlich im konservativen Südwesten Deutschlands) die Gründung von Energiegenossenschaften zu beobachten, in denen sich Anwohner*innen zusammenschlossen, um lokale Wind- oder Solarparks zu errichten. Mit der Novelle des Erneuerbare-Energien-Gesetzes von 2017 wurde das Entstehen solcher Genossenschaften erschwert, die bis dahin von den festen Einspeisevergütungen profitierten.

Der zweite große CO_2-Emittend in Deutschland ist der Verkehr, dessen Anteil aufgrund des Trends zu schwereren Fahrzeugen, der Zunahme des Flugverkehrs und der Expansion des internationalen Warenhandels seit 1990 deutlich gewachsen ist. Der Umstieg auf E-Autos ist wenig geeignet, um diese Emissionen deutlich zu verringern. Wenn sich der Energiemix weiter so entwickelt wie geplant, liegen die CO_2-Emissionen pro Kilometer eines Elektroautos im Jahr 2030 einer aktuellen Studie zufolge noch immer bei etwa sechzig Prozent der heutigen CO_2-Durchschnittsemission eines Benziners – und auch das nur, wenn das Auto 150 000 Kilometer gefahren ist. Bei der Herstellung von Elektroautos fallen nämlich, zumindest bislang, mehr Treibhausgase an als bei der konventioneller Pkw.[41] Selbst im Optimalfall,

---

40 Vgl. Agora Energiewende, *Energiewende. Was bedeuten die neuen Gesetze?*, Berlin: Agora Energiewende 2016, sowie dies., *Energiewende und Dezentralität*, Berlin: Agora Energiewende 2017, S. 20.

41 Institut für Energie- und Umweltforschung Heidelberg, *Klimabilanz*

wenn also das E-Auto ausschließlich mit erneuerbarer Energie geladen wird, fielen die Emissionen lediglich auf ein Niveau von vierzig Prozent pro Kilometer. Dazu kommt, dass der Abbau des für die Batterien benötigten Lithiums in den Fördergebieten (vor allem in Lateinamerika) hohe Umweltbelastungen verursacht.

Schnelle Erfolge bei der Senkung von Verkehrsemissionen ließen sich durch gesetzliche Obergrenzen für den Kraftstoffverbrauch, die in erster Linie Oberklasse-Fahrzeuge betreffen würden, oder durch Maßnahmen zur Regionalisierung von Wirtschaftskreisläufen erzielen. Dass belgische Tomaten nach Griechenland und türkisches Mineralwasser nach Deutschland exportiert werden, hat weder etwas mit Freiheit noch mit Effizienz zu tun. Auch eine Beschränkung des Flugverkehrs ist nicht nur denkbar, sondern würde weniger Menschen betreffen als gemeinhin angenommen. Einer Studie des britischen Verkehrsministeriums zufolge sind in Großbritannien zehn Prozent der Bevölkerung für die Hälfte der Auslandsflüge verantwortlich, während umgekehrt die Hälfte der Bevölkerung überhaupt nicht fliegt.[42] Obwohl Beschränkungen große gesellschaftliche Widerstände provozieren würden, müsste ein linker Green New Deal darauf abzielen, kollektive Infrastrukturen auf Kosten des Indivi-

---

von Elektroautos. Einflussfaktoren und Verbesserungspotenzial, Heidelberg: Institut für Energie- und Umweltforschung Heidelberg 2019, S. 55, online verfügbar unter: {https://www.agora-verkehrswende.de/fileadmin/Projekte/2018/Klimabilanz_von_Elektroautos/Agora-Verkehrswende_22_Klimabilanz-von-Elektroautos_WEB.pdf}.

42 Zitiert nach Niko Kommenda, »1 % of English Residents Take One-Fifth of Overseas Flights, Survey Shows«, in: *The Guardian* (25. September 2019), online verfügbar unter: {https://www.theguardian.com/environment/2019/sep/25/1-of-english-residents-take-one-fifth-of-overseas-flights-survey-shows}.

dualkonsums zu stärken. Um das zu vermitteln, müsste man deutlich machen, wie stark das Verkehrsmodell der Gegenwart auf der systematischen Abwälzung von Kosten beruht. Einer aktuellen Studie zufolge verursacht ein Pkw-Kilometer in Deutschland 10,8 Cent, ein Flugkilometer (Inlandsflug) sogar 12,8 Cent an Umwelt- und Unfallkosten, während die Vergleichskosten bei Bus und Bahn nur bei jeweils etwa 3 Cent liegen.[43] Anders ausgedrückt: Jeder Inlandsflug von Berlin nach München verursacht 65 Euro Kosten, die Easyjet, Lufthansa und andere Konzerne auf die Allgemeinheit abwälzen. Wenn in der Corona-Krise Fluglinien und Automobilkonzerne mit Steuergeldern gerettet werden, sollte man diesen Umstand in Rechnung stellen. Es handelt sich um Geschäftsmodelle, die auch im Normalbetrieb enorme Kosten auf die Allgemeinheit abwälzen.

Widersetzen sollte sich ein linker Green New Deal hingegen den Konsumentenappellen der Klimadebatte, die viel weniger Wirkung entfalten als eine politische Regulierung der Produktion. Allein das Unternehmen HeidelbergCement produzierte 2018 mit 82 Millionen Tonnen CO_2 fast genauso viel Treibhausgas-Emissionen wie alle deutschen Haushalte zusammen.[44] Vorgaben, die dort ansetzen, wo Emissionen

---

43 Heinrich-Böll-Stiftung/VCD, *Mobilitätsatlas*, Berlin 2019, S. 30.
44 Vgl. Kevin Knitterscheidt, »Dax-Konzerne auf Fünf-Grad-Kurs – So fällt die CO2-Bilanz der Großunternehmen aus«, in: *Handelsblatt* (9. Juli 2019), online verfügbar unter: {https://www.handelsblatt.com/unternehmen/management/klimaziele-dax-konzerne-auf-fuenf-grad-kurs-so-faellt-die-co2-bilanz-der-grossunternehmen-aus/24529784.html?ticket=ST-5403292-QrIEJbp4XrM2EUeM3Yyi-ap3}, und Umweltbundesamt, »Entwicklung der energiebedingten Treibhausgas-Emissionen nach Quellgruppen«, online verfügbar unter: {https://www.umweltbundesamt.de/sites/default/files/medien/384/bilder/dateien/2_abb_entw-energiebed-thg-emi_2019-03-19.pdf}.

verursacht werden, würden uns selbstverständlich alle betreffen, weil es dann bestimmte Formen des Konsums nicht mehr gäbe, doch sie würden für alle gelten und müssten gemeinsam umgesetzt werden.

Linksregierungen ... und rechte Reformen

Der Linken sind also offenbar weder die Ziele abhandengekommen, noch fehlt es ihr an konkreten Vorstellungen, was getan werden müsste. Es gibt normative Ziele, eine Politik der ersten Schritte, um diesen Zielen näher zu kommen, und für viele Forderungen durchaus auch Mehrheiten. Bei Umfragen in Deutschland äußerten sich beispielsweise zuletzt 60 Prozent der Befragten besorgt, dass das Gesundheitssystem eine Zwei-Klassen-Medizin produziere,[45] 72 Prozent sprachen sich für die Wiedereinführung der Vermögenssteuer aus,[46] 89 Prozent wünschten sich mehr kommunalen und sozialen Wohnungsbau,[47] 60 Prozent lehnten die Auslandseinsätze der Bundeswehr ab,[48] und 63 Prozent befürworteten den Klimaschutz auch auf Kosten des Wirtschafts-

---

45 Britta Beeger, »Bürger fürchten Zwei-Klassen-Medizin«, in: *Frankfurter Allgemeine Zeitung* (9. Oktober 2019).
46 ARD-Deutschlandtrend, »Mehrheit ist für eine Vermögenssteuer« (13. Dezember 2019), online verfügbar unter: {https://www.tages schau.de/inland/deutschlandtrend-1897.html}.
47 »Mehrheit der Deutschen lehnt Enteignungen ab«, in: *Zeit Online* (21. September 2019), online verfügbar unter: {https://www.zeit. de/wirtschaft/2019-04/wohnugnsmarkt-enteignung-mehrheit-um frage-wohnungsbau}.
48 »Deutsche lehnen stärkeres Engagement in der Welt ab«, in: *Spiegel Online* (20. Mai 2014), online verfügbar unter: {https://www.spie gel.de/politik/deutschland/umfrage-deutsche-lehnen-auslandseins aetze-der-bundeswehr-ab-a-970463.html}.

wachstums. Nur 24 Prozent räumten dem Wirtschaftswachstum Priorität gegenüber dem Klimaschutz ein.[49] Doch woran liegt es dann, dass die entsprechenden Veränderungen nicht nur ausbleiben, sondern als völlig utopisch erscheinen? Liegt es tatsächlich an der Unfähigkeit der Linken?

Eines der Standardargumente des politischen Diskurses lautet, linke Ideen seien schön, aber unrealistisch. Gemeint ist damit nicht, dass die Bürgerversicherung ungeeignet wäre, die Altersarmut zu bekämpfen oder eine Zwei-Klassen-Medizin zu verhindern, sondern, dass solche Reformen in Anbetracht der gesellschaftlichen Kräfteverhältnisse nicht durchsetzbar sind. Das ist das Kernproblem emanzipatorischer Politik: Diejenigen, die ein Interesse haben, die Privilegien der Reichen zu beschränken, besitzen ganz einfach nicht die Macht, um ihre Anliegen geltend zu machen.

Doch woher rührte dann in der Vergangenheit die Kraft zur Durchsetzung sozialer Rechte und demokratischer Teilhabe? Hat die Machtlosigkeit damit zu tun, dass Linke kaum noch irgendwo in Europa die Regierung stellen? Bevor man sich der Frage zuwendet, wie in Zukunft wieder etwas durchgesetzt werden kann, sollte man vielleicht einen Blick zurückwerfen und überprüfen, wie gesellschaftliche Emanzipation eigentlich in der jüngeren europäischen Geschichte funktionierte.

Als die Union de la Gauche, das Bündnis aus Sozialistischer Partei, linksrepublikanischer Mouvement des radicaux de gauche und Kommunist*innen 1981 in Frankreich die Wahlen gewann, war ich 13 Jahre alt. Es waren politische Zeiten, und die linken Wahlsiege in Südeuropa weckten bei vielen große Erwartungen. In den Städten Frankreichs wurde

---

49 ARD-Deutschlandtrend, »Klima toppt Wirtschaft« (20. September 2019), online verfügbar unter: {https://www.tagesschau.de/inland/deutschlandtrend-1807.html}.

auf Plätzen gefeiert, Régis Débray, der mit Che Guevara in Bolivien gekämpft hatte, wurde Berater von Präsident François Mitterrand, und nicht wenige hatten das Gefühl, die Revolte von 1968 habe mit einigen Jahren Verzögerung doch noch triumphiert.

Die Bilder vom Regierungsantritt Mitterrands finden sich noch heute im Internet und irritieren mit einer merkwürdig ambivalenten Symbolik. Auf dem Weg zur Amtseinführung lässt der frisch gewählte Präsident seinen Autokonvoi einige Kreuzungen entfernt vom Panthéon unvermittelt stoppen, steigt scheinbar spontan aus seiner Limousine aus und macht ein paar Schritte auf die am Straßenrand stehende Menge zu, um dann den Weg Richtung Ruhmeshalle einzuschlagen – jenes von König Ludwig XV. in Auftrag gegebene Monument des absolutistischen Frankreichs, das nach der Revolution 1789 zu einer säkularen Gedenkstätte umgewidmet wurde. Immer offenkundiger wird die Allegorie einer republikanischen Bürgerdemonstration: Die politischen Weggefährten Mitterrands haken sich, ihrem Präsidenten in einigen Metern Abstand folgend, an den Armen unter und bilden wie einst bei den Demonstrationen des Mai 1968 eine Kette. Am Panthéon schließlich lässt Mitterrand die Menge hinter sich zurück und steigt mit drei Rosen in der Hand in die Gruft hinab, in der die führenden Persönlichkeiten Frankreichs bestattet sind. Untermalt von Beethovens »Ode an die Freude«, damals noch nicht Hymne der Europäischen Gemeinschaft, sondern des größeren Europarates, legt der Präsident jeweils eine Rose auf die Gräber von Victor Schœlcher, Jean Jaurès und Jean Moulin. Eine bizarre Mischung der Zeichen – auf der einen Seite der aristokratische Habitus Mitterrands, auf der anderen die ausgewählten linken Ikonen: Schœlcher kämpfte als Abgeordneter im 19. Jahrhundert für die Abschaffung der Sklaverei, der Sozialdemokrat Jaurès wurde am Vorabend des Ersten Weltkrieges von einem fanatischen Nationalisten ermordet, der Widerstandskämpfer Moulin starb 1943, nachdem er vom Gestapo-Chef in Frankreich (und späteren BND-Informanten) Klaus Barbie persönlich gefoltert worden war, bei der Überstellung in ein Konzentrationslager.

Die Linksregierung, die im Mai 1981 in Frankreich die Amtsgeschäfte übernahm, schien es zunächst sehr ernst mit der politischen Wende zu meinen. Im Vorfeld der nur hauchdünn verlorenen Präsidentschaftswahlen von 1974 hatte Mitterrand eine umfassende Vergesellschaftung der Wirtschaft in Aussicht gestellt und einen rätesozialistischen Tonfall angestimmt: »Wie im Programm der Sozialistischen Partei nachzulesen, setzt die reale und vollständige Zerstörung aller Formen der Ausbeutung des Menschen durch den Menschen die Schaffung einer Wirtschaftsdemokratie voraus, deren Ausgangspunkt die kollektive Aneignung der großen Produktions-, Investitions- und Tauschmittel ist.«[50] Nun, acht Jahre später, erließ die neue Regierung immerhin ein umfassendes Programm von Sozial- und Wirtschaftsreformen:[51] Mindestlohn, Sozialhilfen und Renten wurden angehoben, ein Wohnungsbauprogramm auf den Weg gebracht, sieben große Industriekonzerne, 39 Banken und zwei Finanzinstitute ver-

---

50 Eigene Übersetzung nach: Lutz Raphael, *Jenseits von Kohle und Stahl: Eine Gesellschaftsgeschichte Westeuropas nach dem Boom*, Berlin: Suhrkamp 2019, S. 122.
51 Vgl. Claus Leggewie, »Der französische Reformblock aus Sozialistischer Partei, Linksgewerkschaften und neuen sozialen Bewegungen – Chancen für einen ›Neo-Korporativismus‹ in Frankreich?«, in: *Prokla* 54 (1984), S. 131-146; George Ross et al. (Hg.), *The Mitterrand Experiment*, Cambridge, Oxford: Polity Press 1987; Anthony Daley (Hg.), *The Mitterrand Era. Policy Alternatives and Political Mobilization in France*, Houndmills/London: Palgrave 1996; Etienne Schneider, *Raus aus dem Euro – rein die Abhängigkeit?*, Hamburg: VSA 2017.

staatlicht. Außerdem investierte die Regierung massiv in die Infrastruktur, schuf 55 000 neue Jobs im öffentlichen Dienst, kündigte eine stufenweise Arbeitszeitverkürzung auf 35 Stunden pro Woche an, beschloss Vermögens- und Unternehmenssteuern in Höhe von sieben Milliarden Francs (etwa einer Milliarde Euro) und eine Erhöhung der Staatsschulden zur Finanzierung von Investitionen – das Haushaltsdefizit wuchs von 19 auf 56 Milliarden Francs.[52]

Aus heutiger Sicht erscheinen diese Maßnahmen geradezu revolutionär: Nach der Nationalisierung wurden 31 Prozent des Industrieumsatzes und 95 Prozent der Kreditvergabe in Frankreich von Staatsunternehmen abgewickelt. Doch man sollte sich nicht täuschen – der hohe Staatsanteil war in den achtziger Jahren kein Alleinstellungsmerkmal sozialistischer Transformation, sondern diente in vielen Ländern auch einfach der kapitalistischen Modernisierung und der Bereicherung politischer Eliten. In Österreich befanden sich die meisten Schlüsselunternehmen, darunter zahlreiche Industriebetriebe, in öffentlicher Hand, in Italien stand Mitte der siebziger Jahre etwa die Hälfte der Wirtschaft unter staatlicher Kontrolle, wovon vor allem christdemokratische Politiker*innen finanziell massiv profitierten,[53] und selbst in der Bundesrepublik, wo der Ordoliberalismus die neoliberale Wende schon in den fünfziger Jahren vorweggenommen hatte,[54] waren bis zur Privatisierungswelle unter Helmut

---

52 Georges Saunier, »La Politique Économique de la gauche et le tournant de 1983«, 2017, online verfügbar unter: {https://jean-jaures.org/nos-productions/la-politique-economique-de-la-gauche-et-le-tournant-de-1983}.
53 Vgl. Friedhelm Gröteke, »Fässer ohne Boden«, in: *Die Zeit* (29. Oktober 1976).
54 Ausführlich zum neoliberalen Wesen der sozialen Marktwirtschaft in Deutschland vgl. Michel Foucault, *Geschichte der Gouvernementalität*, Bd. 2: *Die Geburt der Biopolitik*, Frankfurt/Main: Suhrkamp

Kohl praktisch alle Infrastrukturunternehmen Staatseigentum.[55] Ganz ähnlich war die Lage in Frankreich, wo die Regierung des Bürgerlichen Charles de Gaulle unmittelbar nach Kriegsende die großen Banken und den Automobilkonzern Renault nationalisiert hatte, um das einheimische Kapital zu stärken. Die Staatskonzerne wurden in Europa wie normale profitorientierte Unternehmen geführt und produzierten für den kapitalistischen Markt; zugleich sorgten sie für die Einbindung politischer Kader in die wirtschaftliche Elite.

In diesem Sinne führte denn auch Mitterrands Nationalisierungspolitik ab 1981 nicht zur Bildung von Räten und Wirtschaftsdemokratie, sondern verschrieb sich dem Ziel, die französische Industrie mit öffentlichen Geldern wieder konkurrenzfähig zu machen. Trotzdem reagierten nicht wenige Vermögenseigentümer*innen entsetzt und begannen aus Furcht vor Steuern und Währungsabwertung, ihr Geld außer Landes zu schaffen. Da Transaktionen zu diesem Zeitpunkt noch nicht digital abgewickelt werden konnten und der Staat die Devisenkontrollen verschärft hatte, wurde das Vermögen häufig in Koffern über die Grenze gebracht. Der illegale Devisenabfluss war so groß, dass der Franc im Oktober 1981 um 3 Prozent und im Juni 1982 um weitere 5,75 Prozent abgewertet werden musste. Weil gleichzeitig die internationalen Zinsen stark stiegen und (ganz ähnlich wie in Südeuropa während der Finanzkrise ab 2008) das Haushaltsdefizit explodierte, sah sich der sozialistische Premierminis-

---

2004; Joseph Vogl, *Das Gespenst des Kapitals*, Zürich/Berlin: Diaphanes 2010.

55 Vgl. Hans J. Bieling, *Liberalisierung und Privatisierung in Deutschland. Versuch einer Zwischenbilanz*, in: WSI Mitteilungen 10 (2008), online verfügbar unter: {https://www.boeckler.de/wsimit_2008_10_bieling.pdf}.

ter Pierre Mauroy schon nach einigen Monaten gezwungen, die geplanten Reformen zur Beruhigung »der Märkte«, sprich: der Vermögenseliten, auszusetzen. Die Einführung der 35-Stunden-Woche wurde aufgeschoben und die Unternehmen steuerlich entlastet, was in offenem Widerspruch zur angekündigten Erhöhung der Gewinnsteuern stand. Doch das Waffenstillstandsangebot der Regierung konnte nicht verhindern, dass der Druck auf die Linksregierung weiter zunahm. Spitzenmanager und der rechte Flügel der Sozialistischen Partei antichambrierten bei Mitterrand, um einen Kurswechsel zu erwirken, Unternehmen setzten Investitionen aus, die Presse klagte über eine angeblich katastrophale Versorgungslage. Nachdem die Linke bei den Kommunalwahlen im März 1983 empfindliche Verluste hatte hinnehmen müssen, stoppte die Regierung Mauroy ihre Reformvorhaben: Die Inflationsbekämpfung erhielt oberste Priorität, die Staatsausgaben wurden um 20 Milliarden Francs gekürzt, die Kommunistische Partei verließ die Regierung. Mit Streiks versuchte der Gewerkschaftsbund Confédération générale du travail noch einmal Gegendruck zu erzeugen, doch bemerkenswerterweise hatte die Einbindung der Linken in die Regierung die französischen Gewerkschaften nachhaltig geschwächt.[56]

Am Ende war die Entwicklung nicht aufzuhalten. Im Juli 1984 wurde Premierminister Mauroy durch den unternehmerfreundlichen Laurent Fabius ersetzt. In der Folge wurde die Kohle- und Stahlindustrie im Osten Frankreichs abgewickelt, schon bald setzte eine Reprivatisierung der – mit staatlichen Geldern modernisierten – Unternehmen ein. »Ihr pragmatischer ›Modernisierungskurs‹«, schreibt der Sozial-

---

56 Vgl. Guy Groux/Catherine Lévy, »Gewerkschaftskrise und Unternehmeroffensive in Frankreich«, in: *Prokla* 54 (1984), S. 106-130.

historiker Lutz Raphael über die neue Politik der Sozialist*innen,

> war begleitet von einer Änderung in der politischen Rhetorik. Die PS [Parti socialiste] propagierte nun die Tugenden des technokratischen Pragmatismus und der wirtschaftsfreundlichen Effizienz und verwies immer häufiger auf die Sachzwänge der neuen Austeritätspolitik. [...] Dies führte innerhalb von nur zehn Jahren dazu, dass die Wechselwähler in den mittleren Einkommensgruppen sowie in den Kategorien der *cadres* oder *professions intermédiaires* immer stärker in den Mittelpunkt der politischen Kommunikationsstrategie der PS rückten, zumal – und viel ausgeprägter als im Fall der Labour Party und der SPD – ihre Parteimitglieder aus den Reihen industrieferner Mittelschichten, vor allem des öffentlichen Dienstes stammten, während die Arbeiterschichten als sogenannte »Stammwählerschaft« eher vernachlässigt wurden.[57]

Die französische Linke wurde immer offenkundiger zu einem Projekt der *bobos*, der bourgeoisen Boheme.[58] Auf die Niederlage gegenüber dem Kapital folgte ein rasanter Anpassungsprozess an die wirtschaftspolitischen Prinzipien des Neoliberalismus.

1982 kam auch in Spanien eine Linksregierung ans Ruder, bei der die Erwartungen vielleicht sogar noch höher waren. Vierzig Jahre lang hatte der Franquismus, der 1936 einen Putsch angezettelt und mit Unterstützung Nazi-Deutschlands den Bürgerkrieg gewonnen hatte, das Land eisern regiert; etwa 140 000 Menschen waren hingerichtet und in Massengräbern verscharrt worden. Nun fuhr die Spanische Sozialistische Arbeiterpartei (PSOE), die eher zum linken Flügel der europäischen Sozialdemokratien gehörte, einen Erdrutschsieg ein und eroberte fast doppelt so viele Sitze

---

57 Raphael, *Jenseits von Kohle und Stahl*, S. 122.
58 Wie die Abkopplung der Linken von der Arbeiterschaft der rechtsextremen Front National das Terrain bereitete, beschreibt Didier Eribon in *Rückkehr nach Reims*, Berlin: Suhrkamp 2016.

im Madrider Parlament wie die größte Rechtspartei, die postfranquistische Alianza Popular.

Im Nachhinein oft vergessen ist allerdings der Umstand, dass sich der Regierungswechsel zu einem Zeitpunkt ereignete, als die Krise Spaniens zu eskalieren schien. Die Franco-Diktatur hatte das Land über Jahrzehnte isoliert, die Wirtschaft galt als rückständig, die fehlenden demokratischen Strukturen stellten das größte Hindernis für einen Beitritt zum europäischen Binnenmarkt dar. Zudem hatten sich unter dem Eindruck des Mai 1968, aber auch der antikolonialen Befreiungsbewegungen des Südens – Kuba, Algerien und Nicaragua waren wichtige Bezugspunkte für Teile der spanischen Linken[59] – viele Jugendliche radikalisiert und die Angst vor den Militärs verloren.

Vor diesem Hintergrund leiteten Teile des franquistischen Apparates nach dem Tod des Diktators 1975 einen Modernisierungsprozess ein. Ministerpräsident Adolfo Suárez, Vorsitzender der faschistischen Staatspartei Movimiento Nacional, handelte einen Pakt mit der Opposition aus, legalisierte 1976/77 die Linksparteien und setzte kurze Zeit später die Verabschiedung einer demokratischen Verfassung durch. Dieser Übergang, die sogenannte *transición*, wird von vielen Politikwissenschaftler*innen bis heute als vorbildlich be-

---

59 Die antikolonialen Befreiungsbewegungen des Südens wurden an den Rändern Europas viel stärker wahrgenommen, als es uns heute bewusst ist. Die baskische Untergrundorganisation ETA unterhielt bis in die achtziger Jahre gute Beziehungen zu den Regierungen Kubas und Algeriens, und die Bewegung für die Selbstbestimmung und Unabhängigkeit der Kanarischen Inseln (Movimiento por la Autodeterminación e Independencia del Archipiélago Canario) organisierte von Algerien aus sogar den bewaffneten Kampf für die Loslösung der Inselgruppe von Spanien. 1976 gründete die Organisation einen Radiosender, der von der algerischen Hauptstadt Richtung Kanaren sendete.

zeichnet. Bei genauerer Betrachtung weist sie allerdings den Makel auf, dass sie die Machtstrukturen der Diktatur in Staat und Wirtschaft unangetastet ließ und der Ultrarechten, die unter anderem die Kontrolle über die Justiz, die Guardia Civil und die Medien behielt, ein faktisches Vetorecht über die Reformen einräumte.

Dennoch sorgte die Modernisierung Spaniens zunächst für einen demokratischen Aufbruch. Generalstreiks und Massendemonstrationen waren an der Tagesordnung, eine vorrevolutionäre Stimmung breitete sich aus. Zwischen 1978 und 1981 dann eskalierte die Situation. Hunderte starben durch Polizeigewalt auf Demonstrationen oder in Haft, im Februar 1981 organisierten Teile von Guardia Civil und Armee einen Militärputsch, der deutlich machte, dass die Armee die Demokratisierung jederzeit wieder beenden konnte.[60] Der Wahlsieg der PSOE schien in dieser Situation wie ein Befreiungsschlag, der die Kontinuität des Franquismus brechen sollte. Diesen Reformprozess erlebte ich hautnah mit. Ab 1983 trampte ich mit Schulfreund*innen relativ regelmäßig in den Süden und schloss Freundschaft mit einem in Südfrankreich lebenden spanischen Studenten. Hendaye, die an der Mündung des Bidasoa gelegene französische Grenzstadt, ist wegen ihrer langen und wunderschönen Strandpromenade weltberühmt. Doch für den Ferienort hatten wir damals kaum einen Blick, denn in den achtziger Jahren operierte in der Gegend nicht nur die baskische ETA, sondern auch die sogenannten Antiterroristischen Befreiungsgruppen GAL. Dabei handelte es sich um rechte Todesschwadronen, die Jagd auf

---

60 Zur Legende eines friedlichen demokratischen Übergangs in Spanien siehe Xavier Casals, *La transición espanola*, Barcelona: Pasado y Presente 2016; Sophie Baby, *El mito de la transición pacífica*, Madrid: Ediciones Akal 2018; Raul Zelik, *Spanien. Eine politische Geschichte der Gegenwart*, Berlin: Bertz und Fischer 2018.

mutmaßliche ETA-Mitglieder machten und, wie sich später herausstellen sollte, im Auftrag der sozialistischen Regierung von Felipe González agierten. In Zusammenarbeit mit der Polizeiführung hatte Innenminister José Barrionuevo Auftragskiller aus dem Mafiamilieu angeheuert. Die Gewalt der GAL war recht wahllos: Die »Befreiungsgruppen« verübten Bombenanschläge auf Kneipen, erschossen Journalisten und entführten Verdächtige. Dreißig Personen verloren auf diese Weise ihr Leben. Einer von ihnen war ein Nachbar meines Freundes. Juan Carlos García Goena, der am 24. Juli 1987 durch eine Autobombe getötet wurde, hatte sich als Wehrdienstverweigerer nach Frankreich abgesetzt und war von den Auftragskillern der GAL offensichtlich mit einem ETA-Mitglied verwechselt worden. Dreißig Jahre später veröffentlichte die konservative Madrider Tageszeitung *El Mundo* eine Recherche, wonach das Attentat auf den Pazifisten García Goena von einem Mitarbeiter des spanischen Geheimdienstes CESID koordiniert worden war.[61]

Dass die PSOE-Regierung gemeinsam mit franquistischen Polizisten eine rechte Terrorgruppe aufbaute, versteht man nur, wenn man sich vergegenwärtigt, wie sehr die politische Gewalt die Auseinandersetzungen in Spanien damals dominierte. Ab 1978 gab es kaum eine Woche ohne Terroranschläge auf Armee, Polizei und Justiz, weshalb die Sozialdemokratie auch illegale Mittel für gerechtfertigt hielt, um die Ordnung wiederherzustellen. Dabei setzte sie allerdings nicht nur auf den Einsatz von Todesschwadronen. Auch die Zahl der in Untersuchungshaft Gefolterten nahm unter der PSOE deutlich zu. Eine von der baskischen Autonomieregierung Jahr-

---

61 Antonio Rubio, »García Goena, caso abierto 29 años después«, in: *El Mundo* (24. Juli 2016), online verfügbar unter: {https://www.elmundo.es/espana/2016/07/24/5793c972268e3ea62c8b45f4.html}.

zehnte später eingesetzte Forensikerkommission kam 2017 zu dem Ergebnis, dass zwischen 1960 und 2014 mehr als 4000 Personen im Baskenland gefoltert worden waren. Die meisten dieser Menschenrechtsverletzungen hatten sich *nach* dem Ende der Diktatur ereignet, und die Zahlen waren nach der Regierungsübernahme der PSOE 1982 spürbar gestiegen.[62]

Auch wenn diese Politik eine Reaktion auf den Linksterrorismus war, der zwischen 1978 und 1982 etwa 300 Menschen in Spanien das Leben kostete, verweisen die Zahlen doch darauf, wie ambivalent der Reformprozess unter der sozialdemokratischen Regierung verlief. Auf der einen Seite kam es zu einer rasanten gesellschaftlichen Öffnung: Der klerikale Mief der Diktatur wurde hinweggefegt, Frauen eroberten sich ein Selbstbestimmungsrecht über Körper und Leben, die Diskriminierung von Homosexuellen wurde nach und nach abgeschafft. Die PSOE führte eine Arbeitslosenversicherung ein, die vor allem das Los andalusischer Erntearbeiter*innen verbesserte, der Beitritt zur Europäischen Gemeinschaft erhöhte das Konsumniveau, das Bildungssystem wurde geöffnet. Doch das war nur die eine Seite der Medaille. Auf der anderen setzte die PSOE Strukturreformen durch, an denen sich die Rechte die Zähne ausgebissen hätte. Etwa eine Million Industriearbeitsplätze verschwanden, die Arbeitslosigkeit schnellte auf 25 Prozent hoch, und wie in Großbritannien kam es zu einer rasanten Fragmentierung der Gesellschaft. Die PSOE übernahm in diesem Prozess die Aufgabe, die kämpferischsten Teile der Arbeiterbewegung zu demobilisieren.

---

62 Francisco Etxeberria et al., *Proyecto de investigación de la tortura y malos tratos en el País Vasco entre 1960-2014*, Universidad del País Vasco 2017, online verfügbar unter: {https://www.irekia.euskadi. eus/uploads/attachments/10779/INFORME_FINAL_-_investiga cion_tortura_y_malos_tratos_18-12-2017.pdf}.

Dort, wo es Widerstand gegen Werksschließungen gab, ließ sie die Polizei mit großer Gewalt gegen Protestierende vorgehen. Eine von Streikenden besetzte Werft wurde 1984 unter Einsatz von Schusswaffen gestürmt, die Werksbibliothek sowie die Gewerkschaftsbüros zertrümmert – wobei bemerkenswerterweise die Räumlichkeiten der sozialdemokratischen Gewerkschaft Unión General de Trabajadores verschont blieben. 1984 und 1992 liberalisierte die PSOE das Arbeitsrecht, wodurch prekäre Beschäftigung für Jugendliche zum Regelfall wurde, und ihre Wirtschaftspolitik zog zwar eine Expansion des Konsums nach sich, die jedoch, ähnlich wie in den USA, nicht durch Lohnerhöhungen,[63] sondern durch Konsumkredite finanziert war. Die private Überschuldung, die Spanien in der Finanzkrise von 2008 schließlich auf die Füße fallen sollte,[64] war Bestandteil jenes neoliberalen, finanzgetriebenen Entwicklungsmodells, dessen Grundlagen die PSOE in den achtziger Jahren gelegt hatte.[65]

---

63 Die in Spanien traditionell niedrige Lohnquote fiel von 52 Prozent Ende der siebziger Jahre auf 46 Prozent Ende der achtziger Jahre; vgl. Jaume Viñas Coll, »El peso de los salarios sobre el PIB cae a su nivel más bajo desde 1989«, in: *Cinco Dias* (12. März 2018), online verfügbar unter: {https://cincodias.elpais.com/cincodias/2018/03/09/midinero/1520613690_542389.html}.

64 Die staatliche Schuldenquote lag in Spanien hingegen im Vorfeld der Finanzkrise 2007 mit 42,4 Prozent des BIP deutlich niedriger als in Deutschland, wo der entsprechende Wert 65,7 Prozent betrug (vgl. OECD, *Die OECD in Zahlen und Fakten 2014. Wirtschaft, Umwelt, Gesellschaft*, OECD-Publishing, S. 207, online verfügbar unter: {https://www.oecd-ilibrary.org/docserver/factbook-2014-de.pdf?expires=1582207136&id=id&accname=guest&checksum=6A85E8CFE5363D76E5697B66CFCFFAD7}). Das häufig zu hörende Argument, die südeuropäischen Staaten hätten »über ihre Verhältnisse« gelebt, stimmt offenkundig nicht. Auch die private Verschuldung für den Immobilienerwerb wurde von internationalen Organisationen wie der OECD lange Zeit ausdrücklich befürwortet.

65 Zur Kritik des ökonomischen Modells vgl. Isidro López/Emmanuel

Während die Linksregierung in Frankreich 1983/84 vor dem Widerstand der Reichen und Unternehmen kapitulierte, zeichnete sich die Regentschaft der spanischen Sozialist*innen dadurch aus, dass man offenbar schon im Vorfeld einen Pakt mit den Machteliten und Unternehmerverbänden geschlossen hatte. Die historische Mission der PSOE bestand darin, jene Bewegungen zurückzudrängen, die einen konsequenten Bruch mit dem Faschismus forderten. Die sozialdemokratische Politik folgte dem Motto aus Giuseppe Tomasi di Lampedusas Roman *Der Leopard*: Alles ändern, damit alles bleiben kann, wie es ist.

Wenn man die Geschichte der europäischen (Mitte-)Links-Regierungen seit den siebziger Jahren untersucht, fällt die Bilanz fast überall ähnlich aus. New Labour, unter ihrem Vorsitzenden Tony Blair bei Wahlen sehr erfolgreich, sorgte als Regierungspartei in Großbritannien dafür, die neoliberale Wende wirtschafts-, sozial- und außenpolitisch zu zementieren. Die konservative Ex-Regierungschefin Margaret Thatcher veranlasste das übrigens 2002 zu der Aussage, ihr größter Erfolg seien »Tony Blair und New Labour« gewesen. »Wir zwangen sie, ihre Ansichten zu ändern.«

Tatsächlich machte New Labour Thatchers Sozialkürzungen oder die Verschlechterung des Arbeitsschutzes nicht rückgängig, sondern brach mit den Gewerkschaften und profilierte sich als enger Verbündeter der US-Regierung. Mit Dokumenten, die als »Dodgy Dossier« bekannt wurden, produzierte die Labour-Regierung 2003 jene Falschinformationen, mit denen die von den US-Amerikanern geführte

---

Rodríguez, »The Spanish Model«, in: *New Left Review* 69 (2011), S. 5-28; César Rendueles/Jorge Sola, »Podemos and the Paradigm Shift«, in: *Jacobin* (13. April 2015), online verfügbar unter: {https://www.jacobinmag.com/2015/04/podemos-spain-pablo-iglesias-european-left/}.

Invasion des Irak im selben Jahr gerechtfertigt wurde. Selbstverständlich gab es auch die eine oder andere progressive Reform, doch von einem linken Politikwechsel konnte kaum die Rede sein.

Ganz ähnlich auch in Deutschland, wo das sozial- und außenpolitische Vermächtnis der rot-grünen Koalition der Jahre 1998 bis 2005 vor allem in Reformen bestand, an die sich die bürgerlichen Mitte-rechts-Regierungen nicht herangewagt hatten. Das Hartz-IV-System verschärfte die Sanktionen gegen Arbeitslose und sorgte für das Entstehen eines gewaltigen Niedriglohnsektors.[66] Während in Schweden nur 2,5 Prozent der Erwerbstätigen weniger als zwei Drittel des mittleren Stundenlohns verdienen, sind es in Deutschland mehr als 20 Prozent. Das hängt nicht zuletzt mit der Ausbreitung prekärer Beschäftigungsverhältnisse zusammen. Hatten 1998 in Deutschland nur etwa 250 000 Menschen ihr Geld als Leiharbeiter*innen verdient, so waren es nach den rot-grünen Arbeitsmarktreformen über eine Million, die längst auch in Kernsektoren zum Einsatz kamen, beispielsweise an den Bändern der Automobilkonzerne.[67] Laut der Zeitschrift *Wirtschaftswoche* gehörten 2016 in den BMW- bzw. Porsche-Werken in Leipzig nur 44 respektive 46 Prozent der Beschäftigten zur Stammbelegschaft; mehr als 30 Prozent waren als Leiharbeiter*innen angestellt.[68] Diese Politik dien-

---

66 Hans-Böckler-Stiftung, »Mehr Niedriglöhne als die europäischen Nachbarn«, in: *Böckler-Impuls* 10 (2013), S. 7, online verfügbar unter: {https://www.boeckler.de/43185_43193.htm}.

67 Institut für Sozialpolitik, »Überlassene Leiharbeitnehmer 1994-2018«, 2019, online verfügbar unter: {http://www.sozialpolitik-aktuell.de/tl_files/sozialpolitik-aktuell/_Politikfelder/Arbeitsmarkt/Datensammlung/PDF-Dateien/abbIV27.pdf}.

68 Harald Schumacher und Ulrike Duhm, »Der große Streit um Leiharbeit und Werkverträge«, in: *Wirtschaftswoche* (2. März 2016), online verfügbar unter: {https://www.wiwo.de/unternehmen/auto/arbeits

te »dem Wirtschaftsstandort« und den Konzernen. Für die Betroffenen ging sie mit Verunsicherung, dem Verlust der Selbstachtung und schweren psychischen Belastungen einher.[69]

Das zweite sozialpolitische Vermächtnis der rot-grünen Regierung bestand in der sogenannten Riester-Rente, die nichts anderes war als eine Teilprivatisierung des Rentensystems. Um die Lohnkosten für die Unternehmen zu senken, wurden die Arbeitgeberbeiträge zur Rentenversicherung gedeckelt; gleichzeitig begann der Staat, Zuschüsse beim Abschluss einer privaten Rentenversicherung zu zahlen. In der Folge stiegen die Unternehmensgewinne, außerdem profitierten die Versicherungskonzerne von Subventionen in Höhe von 4 Milliarden Euro jährlich.[70] Und das Nettorentenniveau? Ist seitdem von 53 Prozent auf 48 Prozent des durch-

---

markt-der-grosse-streit-um-leiharbeit-und-werkvertraege/130134 58.html}.
69 Das sozialpsychische Elend in Deutschland wird selten ausreichend reflektiert. Obwohl die Armutsquote beispielsweise in Spanien deutlich höher ist, ist die Straßenarmut in Berlin drastischer als in Madrid oder Barcelona. Das liegt sicher auch daran, dass familiäre Strukturen die Massenarmut in Spanien aufgefangen haben. Ein weiterer zentraler Aspekt ist allerdings, dass das deutsche Sozialsystem dem Einzelnen vermittelt, am eigenen Schicksal schuld zu sein. Während in Südeuropa die Banken für die Krise verantwortlich gemacht wurden, überwiegt in Deutschland die Überzeugung, versagt zu haben. Das liegt auch am Hartz-IV-System, das die Eigenverantwortung des Einzelnen betont.
70 Laut Bundesfinanzministerium betrug die staatliche Förderung für die Riester-Versicherten 3,8 Milliarden Euro. Da die staatlichen Zuschüsse das einzig stichhaltige Argument für den Abschluss einer Riester-Rentenversicherung sind, kann die Förderung als indirekte Subvention der Versicherungskonzerne gelten; vgl. Bundesministerium für Finanzen, »Statistische Auswertungen zur Riester-Förderung«, Berlin 2018, online verfügbar unter: {https://www.bundesfinanzministerium.de/Content/DE/Standardartikel/Themen/Steu

schnittlichen Jahresentgelts gesunken.[71] Außenpolitisch profilierte sich die rot-grüne Regierung dadurch, dass sie die erste deutsche Beteiligung an einem Angriffskrieg nach 1945 beschloss, wobei es ausgerechnet der grüne Außenminister Joschka Fischer übernahm, die Bombardierung Belgrads mit der »besonderen historischen Verantwortung Deutschlands« zu begründen.

Die Politik der europäischen Mitte-links-Regierungen ist also nicht weit von dem entfernt, was die Philosophin Nancy Fraser als »progressiven Neoliberalismus« kritisiert hat:

> Die US-amerikanische Form des progressiven Neoliberalismus beruht auf dem Bündnis »neuer sozialer Bewegungen« (Feminismus, Antirassismus, Multikulturalismus und LGBTQ) mit Vertretern hoch technisierter »symbolischer« und dienstleistungsbasierter Wirtschaftssektoren (Wall Street, Silicon Valley, Medien- und Kulturindustrie etc.). In dieser Allianz verbinden sich echte progressive Kräfte mit einer »wissensbasierten Wirtschaft« und insbesondere dem Finanzwesen. Wenn auch unbeabsichtigt leihen sie Letzteren dabei ihren Charme und ihr Charisma. Seither bemänteln – prinzipiell für sehr unterschiedliche Ziele einsetzbare – Ideale wie Diversität und Empowerment neoliberale Politiken, die zu einer Verheerung der alten Industrien mitsamt den Mittelklasse-Lebenswelten der in ihnen Beschäftigten geführt haben.[72]

---

ern/Weitere_Steuerthemen/Altersvorsorge/2018-02-07-Statistische-Auswertungen-Riester-Foerderung-2018.html}.

71 Zudem bleibt ein großer Teil der Bevölkerung unterhalb dieses Wertes, der für 45 Beitragsjahre berechnet ist, was besonders Frauen in der Regel nicht erreichen; vgl. Institut für Arbeit und Qualifikation der Universität Duisburg-Essen, *Sozialpolitik aktuell*, 2017, http://www.sozialpolitik-aktuell.de/tl_files/sozialpolitik-aktuell/_Politik felder/Alter-Rente/Datensammlung/PDF-Dateien/abbVII37_Gra fik_Monat_07_2017.pdf.

72 Nancy Fraser, »Vom Regen des progressiven Neoliberalismus in die Traufe des reaktionären Populismus«, in: Heinrich Geiselberger (Hg.), *Die große Regression. Eine internationale Debatte über die geistige Situation der Zeit*, Berlin: Suhrkamp 2017, S. 77-92, hier S. 79.

In Europa haben Diversität und Antirassismus unter den sozialdemokratischen Regierungen eine viel geringere Rolle gespielt als unter Clinton und Obama in den USA, doch auch in Europa wurden die Interessen von Unternehmen und vor allem des Finanzsektors auf Kosten der Beschäftigten massiv gestärkt, während sich der progressive Elan auf formale Rechte und symbolische Anerkennung konzentrierte. Nancy Frasers Hinweis ist, anders als oft unterstellt, kein Appell zu einer Abkehr von feministischen, antirassistischen oder queeren Forderungen, sondern ein Plädoyer für eine materialistische Wendung progressiver Politik: weniger Symbolpolitik, mehr reale Umverteilung des Reichtums und eine klare Positionierung gegen die Interessen der Vermögenseliten.

Doch der Niedergang der europäischen Sozialdemokratien kann nicht allein damit erklärt werden, dass sich Parteiführungen einem »progressiven Neoliberalismus« verschrieben haben. Während sich die PSOE, New Labour und die SPD aktiv für eine Politik der Unternehmerinteressen entschieden haben, folgte die Kehrtwende der französischen Sozialist*innen Anfang der achtziger Jahre einem Eingeständnis der Kräfteverhältnisse. Die Linksregierung im Frankreich der Jahre 1981 bis 1984 hatte dem Druck der Vermögenseigentümer*innen nichts entgegenzusetzen. Um den Verfall des Franc zu bremsen, hätte sie die Kapitalflucht stoppen müssen. Dafür hätte der Staat gegenüber den Vermögenseigentümer*innen ähnlich vorgehen müssen, wie er es bei illegaler Migration oder beim Erschleichen von Sozialleistungen tut: Er hätte mit scharfen Kontrollen und Strafen für die Durchsetzung von Regeln sorgen müssen. Das hätte wiederum den Widerstand der Kapitalseite weiter verschärft.

Dass der Niedergang des Reformismus nicht allein mit Fehlentscheidungen oder »Verrat« erklärt werden kann, zeigte sich auch 2015, als die Koalition der Radikalen Linken (Syriza) in Griechenland an die Regierung kam. Obwohl Syriza von einer breiten Protestwelle ins Amt getragen wurde und mit den sozialen Bewegungen eng verzahnt war, beschränkte sich die Politik der neuen Regierung schon bald darauf, die Vorgaben der »Troika« aus EU-Kommission, Europäischer Zentralbank (EZB) und Internationalem Währungsfonds (IWF) umzusetzen und die Sozialkürzungen fortzuführen. Warum? Syriza versuchte 2015 zunächst sehr entschlossen, einen Politikwechsel zu erzwingen, wurde aber von den Repräsentanten der Kapitalgeber, der EZB und dem IWF, gestoppt. Um die eigene Verhandlungsmacht zu stärken, führte Syriza im Juli 2015 ein Referendum über die verlangten Sparmaßnahmen durch, bei dem sich 61,3 Prozent der griechischen Bevölkerung gegen das Programm der Troika aussprachen. Daraufhin kündigte die Europäische Zentralbank an, die griechischen Finanzinstitute vom europäischen Geldverkehr abzutrennen. Weil der Internationale Währungsfonds gleichzeitig neue Kredite verweigerte und auch China nicht als Geldgeber zur Verfügung stand, wäre das griechische Geldsystem durch die EZB-Maßnahme zusammengebrochen. Das südeuropäische Land hätte zwar eine Notwährung emittieren, damit aber keine Importe bezahlen können. Da Griechenland infolge der europäischen Integration und der geringen Konkurrenzfähigkeit der eigenen Wirtschaft nicht nur von Industriegüter-, sondern auch von Lebensmittelimporten abhängig ist, wäre die Grundversorgung gefährdet gewesen. Um zumindest die Einfuhr von Medikamenten, Kraftstoff und Ersatzteilen sicherzustellen, hätte die Regierung staatliche Kapitalkontrollen erlassen müssen, was wiederum große Anreize für Schmuggel und Devisenspekulation geschaffen hätte. Der Ökonom James Galbraith, der an der Ausarbeitung des Exit-Plans des griechischen Finanzministeriums beteiligt war, kommt zwar zu der Einschätzung, dass eine souveräne Währungspolitik möglich gewesen wäre und durchaus eine Erholung der griechischen Wirtschaft nach sich hätte ziehen können.[73] Doch die sozialen Kosten dieser »nationalen Souveränität« wären hoch gewesen. Griechenland hätte eine lange Phase der Krise durchlaufen, und es steht in den Sternen, ob das Land danach tatsächlich über mehr wirtschaftliche Eigenständigkeit verfügt hätte als andere Staaten an der europäischen Peripherie, die – wie beispielsweise Montenegro oder Mazedonien – zwar nicht zur EU gehören, aber dennoch gewissermaßen als Satelliten um den europäischen Binnenmarkt kreisen. Vor diesem Hintergrund schwenkte Regierungschef Alexis Tsipras ohne weitere Rücksprache mit seiner Partei und den Bewegungen, die ihn ins Amt gebracht hatten, auf den Kurs der progressiv-neoliberalen Sozialdemokratien ein. Auch die griechische »Radikale Linke« besaß ganz einfach nicht die Macht, um linke Reformen durchzusetzen.[74]

---

[73] James Galbraith, *Welcome to the Poisoned Chalice: The Destruction of Greece and the Future of Europe*, New Haven/London: Yale University Press 2016, S. 190-199.

[74] Alternativlos war diese Entscheidung indes nicht. Wenn es sich, wie die Regierung von Alexis Tsipras behauptete, bei der Politik der EZB um einen »Finanz-Putsch« handelte, dann hätte die Regierung konsequenterweise zurücktreten müssen. Wenn die internationalen Finanzinstitutionen alle Reformspielräume verschließen, gäbe es für die Linke auch keinen Grund, Verwaltungspersonal für den Staat bereitzustellen. Mit einem solchen Schritt hätte zumindest die Demobilisierung der Gesellschaft möglicherweise verhindert werden können. Die Syriza-Führung gab jedoch der symbolischen Macht, »die Regierung zu stellen«, den Vorrang gegenüber der Macht einer mobilisierten Gesellschaft.

Wie gelingt eigentlich »sozialer Fortschritt«?

Der Satz, »sie dachten, sie seien an der Macht, dabei waren sie nur an der Regierung«, stammt zwar nicht, wie häufig kolportiert, von Kurt Tucholsky, beschreibt das Problem aber dennoch sehr treffend. Für die europäische Linke stellte das Regieren in den vergangenen vier Jahrzehnten sehr oft keine »Machtoption« dar. Jene (Mitte-)Links-Regierungen, die sich nicht von selbst darauf beschränkten, den Staat im Interesse des Kapitals zu verwalten, wurden innerhalb kürzester Zeit genau dazu gezwungen. Möglich war das, weil die gesellschaftlichen Machtressourcen höchst ungleich verteilt sind.

Eine linke Regierung hat es mit mindestens fünf großen Widerständen zu tun: Erstens können Vermögenseigentümer*innen sehr effizient dafür sorgen, die eigenen Anliegen als gesamtgesellschaftliche Interessen erscheinen zu lassen, denn sie verfügen über eine Vielzahl von Möglichkeiten, um die öffentliche und wissenschaftliche Debatte zu beeinflussen.[75] Eine Linksregierung, die beispielsweise Vermögenssteuern zur Finanzierung von Wohnungsbauprogrammen und kostenfreiem Nahverkehr erheben wollte, geriete sofort in das Sperrfeuer von Boulevardzeitungen und Wirtschaftsinstituten. Da sich Medienkampagnen auf Umfragewerte auswirken, geben Parteien, die die Regierungsmacht erlangen wollen, in der Regel schon im Voraus Forderungen auf, die solche Reaktionen auslösen könnten.

Zweitens sind Linksregierungen mit Widerstand aus dem Staatsapparat konfrontiert, da die Strukturen von Verwaltung, Justiz, Armee oder Polizei tendenziell konservativ ge-

---

[75] Auf die Wissenschaften kann beispielsweise durch die Einrichtung von Stiftungsprofessuren Einfluss genommen werden, die nach Ablauf der Förderzeit in der Regel als ordentliche Lehrstühle von der öffentlichen Hand weiterfinanziert werden.

prägt sind. Zwar bekommen auch bürgerliche Regierungen Probleme mit ihrem Apparat – die Ereignisse um den deutschen Verfassungsschutzpräsidenten Hans-Georg Maaßen oder der Fall des rechtsextrem unterwanderten Vereins Uniter, in dem sich Angehörige von militärischen Sondereinheiten organisieren, illustrieren das –, doch diese Widerstände drängen die Regierungen stets nach rechts.

Drittens sind Gesetze und internationale Abkommen trotz aller sozialen und demokratischen Fortschritte der vergangenen 150 Jahre nicht dazu geschaffen, die Interessen »der vielen« gleichberechtigt zu behandeln. So gibt es Gesetze gegen politische Streiks, aber nicht gegen eine konzertierte Kapitalflucht; der Rechtsstaat kennt klare Verfahren für die Zwangsräumung von Wohnungen, nicht aber für eine Bekämpfung von Hedgefonds, und die Verträge der Europäischen Union verpflichten ihre Mitgliedsstaaten zur »Haushaltsdisziplin«, nicht aber zur Bekämpfung von Armut.[76]

Viertens gibt es informelle Netzwerke ökonomischer und politischer Eliten, mit deren Hilfe sich ein gemeinsames Vorgehen schon mal informell im Kaminzimmer abstimmen lässt. Solche Netzwerke haben nichts mit den verschwörungstheoretischen Vorstellungen zu tun, die im Zusammenhang mit der Bilderberg-Konferenz gern ventiliert werden. Doch die Elitensoziologie hat sehr deutlich gezeigt, dass Führungsgruppen in Deutschland und anderswo sozial homogen zusammengesetzt sind und informelle Verbindungen für ihre Meinungsbildungsprozesse eine wichtige Rolle spielen.[77]

---

[76] Etienne Schneider hat in diesem Sinne der Ansicht widersprochen, der Euro sei eine »Fehlkonstruktion«. Vielmehr handele es sich um eine »perfekte Zwangsjacke« für alternative Wirtschaftspolitik; vgl. ders., *Raus aus dem Euro*, S. 66-88.

[77] Vgl. Michael Hartmann, Die globale Wirtschaftselite. Eine Legende, Frankfurt/Main, New York: Campus 2016, sowie ders., Eliten und

Fünftens schließlich stellt die Verfügung über Produktionsmittel selbst eine enorme Macht dar. Es gibt zwar kein Zentralkomitee der Unternehmer*innen, das eine gemeinsame Strategie beschließt, doch wenn man sich vergegenwärtigt, wie sehr Landesregierungen um den Bau einer Produktionsanlage buhlen, gewinnt man eine Vorstellung davon, wie durch Eigentum politische Macht ausgeübt wird.

Wenn nun aber die Transformationsmacht von Regierungen viel geringer war als gemeinhin angenommen, was war dann eigentlich der Motor der sozialen Emanzipation in den vergangenen 150 Jahren? Anhand von drei Reformwellen, die die Verhältnisse in Deutschland spürbar verändert haben, möchte ich eine Antwort skizzieren: der Einführung des Sozialversicherungssystems in den achtziger Jahren des 19. Jahrhunderts, der Durchsetzung der sogenannten »Sozialen Marktwirtschaft« nach 1945 und der gesellschaftlichen Liberalisierung nach 1968.

Die Einführung der Kranken-, Unfall- und Rentenversicherung durch die Regierung Bismarck gilt als Meilenstein beim Aufbau des deutschen Wohlfahrtsstaates. In der sozialhistorischen Forschung werden diese Reformen ziemlich einhellig als Reaktion auf den Aufstieg der sozialdemokratischen Arbeiterbewegung geschildert. Das ist insofern bemerkenswert, als die Sozialdemokratie zu diesem Zeitpunkt noch marginal war. Der gemäßigte Allgemeine Deutsche Arbeiterverein von Ferdinand Lassalle und die Sozialdemokratische Arbeiterpartei von August Bebel kamen bei den Reichstagswahlen von 1874 auf jeweils etwa 3 Prozent der Stimmen. Nach ihrer Vereinigung zur Sozialistischen Arbeiterpartei

---

Macht in Europa. Ein internationaler Vergleich, Frankfurt/Main, New York: Campus 2007.

Deutschlands stieg der Anteil zwar auf 9 Prozent,[78] doch die Linke war im Parlament nicht mehr als eine kleine Minderheit. Nichtsdestotrotz konnte sie die Regierungspolitik stärker beeinflussen als so manche etablierte Partei heute. Die Bereitschaft der kaiserlichen Regierung zu sozialen Zugeständnissen wuchs, weil man die *potenzielle* Macht der neuen Bewegung fürchtete. Die rasante Industrialisierung und der wachsende Organisationsgrad der Arbeiterschaft ließen befürchten, dass die Situation außer Kontrolle geraten könnte. Vor diesem Hintergrund entfaltete das Regime eine Strategie von Zuckerbrot und Peitsche. Auf der einen Seite verbot sie 1879 die sozialdemokratischen Organisationen, auf der anderen führte man die Sozialversicherungen ein. In einer von Bismarck verfassten Botschaft des Kaisers vom November 1881 heißt es: »Die Heilung der sozialen Schäden ist nicht ausschließlich im Wege der Repression sozialdemokratischer Ausschreitungen, sondern gleichmäßig auf dem der positiven Förderung des Wohles der Arbeiter zu suchen.«[79] In diesem Sinne wurden die Sozialversicherungen als gegenrevolutionäre Maßnahmen verstanden, die den aristokratischen und militaristischen Charakter des preußischen Obrigkeitsstaates nicht infrage stellen, sondern sichern sollten. Das Machtverhältnis wurde gewahrt, indem Forderungen der unteren Klassen teilweise aufgegriffen wurden. Oder wie es im Gesetzesentwurf für die Unfallversicherung von 1881 heißt: Die Verfassung soll »auch in den besitzlosen Klassen der Bevölkerung [...] die Anschauung pflegen, daß der Staat nicht blos eine nothwendige, sondern auch eine wohlthätige Einrich-

---

78 Wolfgang Abendroth, *Sozialgeschichte der europäischen Arbeiterbewegung*, Frankfurt/Main: Suhrkamp 1975, S. 51.
79 Zitiert nach Manfred Schmidt, *Sozialpolitik in Deutschland. Historische Entwicklung und internationaler Vergleich*, Wiesbaden: VS Verlag für Sozialwissenschaften, S. 28f.

tung sei«. Zu diesem Zweck müsse die Bevölkerung »dahin geführt werden, den Staat nicht als eine lediglich zum Schutz der besser situirten Klassen der Gesellschaft erfundene, sondern als eine auch ihren Bedürfnissen und Interessen dienende Institution aufzufassen«.[80] Der Motor des Bismarck'schen Reformprozesses war die Rebellion der arbeitenden Klassen, und entscheidend war am Ende nicht die institutionelle Macht der Sozialdemokratie, sondern das Potenzial der Bewegung, unregierbare Verhältnisse herzustellen. Keine progressive Regierung, sondern die Organisation der unteren Klassen und die Angst vor ihnen legte das Fundament für den deutschen Sozialstaat.

Als zweites Schlüsselereignis bei der Durchsetzung des Wohlfahrtsstaates in Deutschland gilt die Einführung der »Sozialen Marktwirtschaft« 1948. In der Geschichtserzählung der Bundesrepublik wird sie, in den Worten des ordoliberalen Ökonomen Alfred Müller-Armack, als Modell verstanden, um »das Prinzip der Freiheit auf dem Markt mit dem des sozialen Ausgleichs zu verbinden«, und Wirtschaftsminister Ludwig Erhard (CDU) zugeschrieben, der 1948 die Währungsreform durchsetzte. Auch hier ist der reale Zusammenhang allerdings deutlich komplexer. Zwar beendete Erhard die Rationierung und leitete die Rückkehr zu freien Märkten ein, doch die sozialen Elemente der Nachkriegsordnung waren der Krise des marktliberalen Modells, Arbeitskämpfen und der geopolitischen Konstellation geschuldet.[81]

---

80 Erich von Woedtke (Hg.), *Unfallversicherungsgesetz*, Berlin: De Gruyter 1884, S. 2.
81 Uwe Fuhrmann, *Die Entstehen der »Sozialen Marktwirtschaft« 1948/1949*, Konstanz, München: UVK 2017; vgl. Michael Schumann/Richard Detje, »Demokratisierung der Wirtschaft ›von unten‹«, in: Hartmut Meine et al. (Hg.), *Mehr Wirtschaftsdemokratie wagen!*, Hamburg: VSA 2009.

Unmittelbar nach 1945 war die Stimmung in Deutschland wie auch im Rest Europas ausgesprochen marktkritisch. Der Börsencrash von 1929 hatte den Aufstieg der NSDAP in Gang gesetzt (die im Verlauf der Krise von 2,6 Prozent bei den Wahlen 1928 auf 37,4 Prozent im Juli 1932 zulegte), die Austeritätspolitik von Reichskanzler Heinrich Brüning die wirtschaftliche Depression verschärft. Die Verbindungen der Industriebarone zum nationalsozialistischen Regime waren offenkundig. Der Krieg war für viele von ihnen ein lukratives Geschäft gewesen. Vor diesem Hintergrund hatten kapitalismuskritische Positionen in fast allen Parteien nach 1945 großes Gewicht. Während die Sozialdemokratie für eine Vergesellschaftung der Schlüsselindustrien und den Aufbau einer Wirtschaftsdemokratie plädierte, propagierten Teile der Union einen »christlichen Sozialismus« und forderten, wie im 1947 beschlossenen Ahlener Programm, eine Vergesellschaftung der Schlüsselindustrien.[82] Selbst die Ordoliberalen um Müller-Armack – deren Freiburger Schule zu den Vätern des Neoliberalismus gehört – grenzten sich vom Laissez-faire-Kapitalismus ab. Dass sie den Begriff »Marktwirtschaft« verwendeten, hatte nicht zuletzt damit zu tun, dass der Begriff im Unterschied zu »Kapitalismus« als unbelastet galt. Gleichzeitig wollten die Ordoliberalen damit aber auch veranschaulichen, dass es eines Staates bedürfe, der der Kartellbildung und der Inbesitznahme der Institutionen durch die Monopole entgegenwirkt.[83]

---

82 CDU, »Ahlener Programm. Zonenausschuss der CDU für die britische Zone«, 3. Februar 1947, online verfügbar unter: {https://www.kas.de/c/document_library/get_file?uuid=76a77614-6803-0750-c7a7-5d3ff7c46206&groupId=252038}.

83 Zur Abgrenzung der unterschiedlichen Liberalismuskonzepte vgl. Brigitte Young, »Ordoliberalismus, Neoliberalismus, Laissez-faire-Liberalismus«, in: Joscha Wullweber/Antonia Graf/Maria Behrens

Diese kapitalismuskritische Grundstimmung schlug sich auch in den ab November 1946 verabschiedeten Länderverfassungen nieder. Vor allem in Hessen und Nordrhein-Westfalen eröffneten die Landesverfassungen sozialistische Perspektiven. Erst der Eingriff der US-Besatzungsmacht drängte diesen Einfluss zurück und brachte den verfassunggebenden Prozess der Bundesrepublik in ein anderes Fahrwasser. Die Ausarbeitung des Grundgesetzes wurde, anders als die von gesellschaftlichen Organisationen geprägten Debatten um die Länderverfassungen, einer Expertenkommission überantwortet, die die Forderung nach sozialer und ökonomischer Demokratisierung weitgehend ausklammerte. Trotzdem blieb auch das Grundgesetz insofern Ausdruck eines Kompromisses zwischen Wirtschaftsliberalismus und sozialistischen Forderungen, als es die Entscheidung über die zukünftige Wirtschaftsform Deutschlands offenließ.[84] Das ist der Hintergrund der Enteignungsparagrafen (§ 14,2-3 und § 15) im Grundgesetz. Die deutsche Verfassung sieht, wie Wolfgang Abendroth nicht müde wurde zu betonen, einen demokratischen Weg zu sozialistischen Gemeineigentumsformen ausdrücklich vor.

Das Projekt der Ordoliberalen bestand nach 1945 nun darin, diese sozialistischen Tendenzen zurückzudrängen und eine »freie« Marktwirtschaft durchzusetzen. Erhard kümmerte sich zunächst darum, die von den Alliierten etablierte Regulierung von Preisen und der Produktion aufzuheben, das Zuteilungssystem von Lebensmitteln zu beenden und den vorhandenen Geldüberhang durch eine Währungsreform

---

(Hg.), *Theorien der Internationalen Politischen Ökonomie*, Wiesbaden: VS Springer 2014, S. 33-48.

84 Vgl. Wolfgang Abendroth, *Das Grundgesetz. Eine Einführung in seine politischen Probleme*, Stuttgart: Neske 1988.

zu beseitigen. (Bis dahin war die Geldmenge nicht durch entsprechende Warenangebote gedeckt gewesen, was dazu führte, dass Zigaretten und andere knappe Güter als Ersatzgeld verwendet wurden.)

In einer lesenswerten Untersuchung hat der Historiker Uwe Fuhrmann gezeigt, dass Erhards Politik 1947 und 1948 auf heftigen Widerstand stieß.[85] Millionen Menschen beteiligten sich an Streiks und Massenprotesten, bei denen es nicht nur um die schlechte Versorgungslage oder um die Demontage von Industrien, sondern auch um weiter reichende politische Forderungen ging: Verlangt wurden unter anderem eine umfassende Entnazifizierung der Firmenleitungen, mehr betriebliche Mitbestimmung und die Einführung einer Wirtschaftsdemokratie, die eine gesellschaftliche Gestaltung des ökonomischen Lebens ermöglichen sollte. Charakteristisch für die Kämpfe war weiterhin auch, dass sie offenbar häufig von Hausfrauen angezettelt wurden. Spontane Arbeitsniederlegungen zwangen die sozialdemokratischen Gewerkschaftsführungen, die fürchteten, die Verbindung zur Basis zu verlieren, zur Durchführung regionaler Generalstreiks. In Anbetracht dieser Massenproteste reagierten die Ordoliberalen um Ludwig Erhard schließlich mit der Flucht nach vorn – sie setzten die auch von Teilen der CDU kritisch betrachtete Währungsreform und die Rückkehr zur Marktwirtschaft durch. Die Ausgabe der neuen D-Mark führte zunächst zu massiven Preiserhöhungen und einer dramatischen Verschlechterung der Versorgungslage, was die sozialen Konflikte weiter eskalieren ließ: Im Oktober 1948 kam es bei einer Protestkundgebung in Stuttgart zu Tumulten, die US-Besatzungsmacht reagierte mit dem Ein-

---

85 Fuhrmann, *Die Entstehen der »Sozialen Marktwirtschaft« 1948/1949*.

satz von Panzern. Zwei Wochen später folgte ein Generalstreik in der britisch-amerikanischen »Bizone«. Die wichtigste Forderung in diesen Kämpfen war die Einführung sozialpolitischer Maßnahmen, mit denen die Versorgung der unteren Klassen sichergestellt und den Marktmechanismen Grenzen gesetzt werden sollten. Genau das jedoch lehnten die Ordoliberalen um Ludwig Erhard ab.

Auch diskursiv stammt das Adjektiv »sozial« keineswegs von Erhard, sondern von den Gewerkschaften, die der »freien« Marktwirtschaft der Ordoliberalen das Konzept einer »sozialen« Ordnung entgegensetzten. Erst aufgrund dieses Drucks verwendete Erhard erstmals den Begriff und machte ihn sich dann angesichts der anhaltenden Proteste im Herbst 1948 offensiv zu eigen. Fuhrmann resümiert: »Es waren vor allem seine politischen Widersacher (das heißt die entschiedenen Gegner des Strategischen Dispositivs ›freie Marktwirtschaft‹, welche die ›soziale Marktwirtschaft‹ im Diskurs hielten und für seine Ausbreitung sorgten. Unter der Fahne der ›sozialen Marktwirtschaft‹ forderten Erik Nölting (SPD), der DGB, Albin Karl (DGB/SPD), die CDU-Sozialausschüsse und schließlich Oswald Nell-Breuning politische Kurskorrekturen.«[86] Das Dispositiv der »sozialen« Marktwirtschaft war also ein Versuch, die neue Wirtschaftspolitik zu legitimieren.

Dass es in der Folge zu Maßnahmen kam, die den Markt auch in der Realität sozialpolitisch abfederten, war erneut diesen Kämpfen geschuldet. Fast alle sozialen Errungenschaften der Nachkriegsjahre gehen auf das Konto von Gewerkschaften und Streiks. Das Montan-Mitbestimmungsgesetz von 1951, mit dem sich die Beschäftigten die paritätische Mitbestimmung in den Bergbau- und Stahlunternehmen si-

---

86 Ebd., S. 281.

cherten,[87] wurde durch die Vorbereitung eines großen Stahl- und Kohlestreiks 1950/51 erkämpft. Die Lohnfortzahlung im Krankheitsfall folgte 1956/57 nach einem 114 Tage langen Streik in der Metallindustrie Schleswig-Holsteins, das Rentensystem mit seinen dynamischen, lohnbezogenen Steigerungsraten wurde 1957 mit Sozialprotesten durchgesetzt. Bei all diesen Auseinandersetzungen spielte immer auch die Sorge eine Rolle, die Bundesrepublik könnte im Systemwettstreit mit der DDR an Zustimmung verlieren.

Als dritter Meilenstein des gesellschaftlichen Fortschritts in Westdeutschland kann schließlich der Aufbruch ab 1967/68 gelten, der vor allem die Alltagskultur grundlegend veränderte. Antiautoritäre Erziehung, emanzipiertere Geschlechter- und Beziehungskonzepte, eine nachholende Entnazifizierung, die Öffnung der Bildungssysteme für Kinder aus Arbeiterfamilien und der Ausbau des Wohlfahrtstaates – all dies gehört in diesen Zusammenhang. Auch hier ist die hegemoniale Geschichtserzählung um Personalisierung bemüht und misst Willy Brandts Regierungserklärung von 1969 (»Mehr Demokratie wagen«) zentrale Bedeutung für den gesellschaftlichen Aufbruch bei. Doch nicht umsonst sprachen die Student*innen und Lehrlinge von sich selbst als Außerparlamentarischer Opposition: Jugendliche rebellierten gegen die herrschende Arbeitsdisziplin oder experimentierten mit gemeinschaftlichen Formen des Zusammenlebens, Frauen widersetzten sich den Familien- und Beziehungsmodellen, der Umgang mit Sexualität wurde offener, Selbstorganisierung und die Politisierung des Privaten eröffneten neue Felder der Politik.[88] Vor diesem Hintergrund wäre zu disku-

---

87 Werner Milert/Rudolf Tschirbs, *Vom Wert der Mitbestimmung. Betriebsräte und Aufsichtsräte in Deutschland seit 1945*, Düsseldorf: Hans-Böckler-Stiftung 2016, S. 26-29.

88 Vgl. Wolfgang Kraushaar, *1968 als Mythos, Chiffre und Zäsur*, Ham-

tieren, ob die Regierung Brandt den Aufbruch nicht eher ausbremste: Immerhin erließ sie mit dem »Radikalenerlass« 1972 ein Berufsverbot für die Anhänger der Parteien links der SPD, während ehemalige hochrangige NSDAP-Mitglieder weiterhin alle erdenklichen Posten im Staat besetzen konnten und nicht zuletzt in den Geheimdiensten eine Schlüsselrolle spielten, die über die Einhaltung des Berufsverbots wachen sollten.[89] Die kritische Auseinandersetzung mit der deutschen Geschichte, die antiautoritäre Öffnung der Gesellschaft, die Proteste gegen den Vietnamkrieg und den Neokolonialismus des Westens im Allgemeinen – all dies wurde nicht von Brandts SPD, sondern von zeitweise heftig angefeindeten Minderheiten vorangetrieben.

Bemerkenswert ist auch, dass die Reformprozesse in Westeuropa trotz unterschiedlicher Vorzeichen durchaus vergleichbare Ergebnisse zeitigten. So verliefen die Öffnung der Bildungssysteme und der Ausbau des Wohlfahrtsstaates in den siebziger Jahren in Frankreich und Deutschland relativ ähnlich, obwohl in Paris die bürgerliche Rechte und in Bonn die Sozialdemokratie regierte. Wenn man sich die antikommunistische Stimmung in Erinnerung ruft, die Deutschland Ende der siebziger Jahre erfasste, muss man sogar die Frage stellen, ob es die französische Linke unter dem bürgerlichen Präsidenten Valéry Giscard d'Estaing nicht sogar einfacher

---

burg: Hamburger Edition 2000; Ingrid Gilcher-Holtey, *1968. Eine Zeitreise*, Frankfurt/Main: Suhrkamp 2008; Jens Kastner/David Mayer (Hg.), *Weltwende 1968? Ein Jahr aus globalgeschichtlicher Perspektive*, Wien: Mandelbaum 2008.

89 Auf ein bemerkenswertes Detail hat Felix Bohr hingewiesen: Die Regierung Brandt engagierte sich ohne Not auch weiterhin für die Freilassung der in Italien und den Niederlanden inhaftierten NS-Kriegsverbrecher und finanzierte sogar deren Anwälte; vgl. Felix Bohr, *Die Kriegsverbrecherlobby: Bundesdeutsche Hilfe für im Ausland inhaftierte NS-Täter*, Berlin: Suhrkamp 2018.

hatte als die deutsche unter dem Sozialdemokraten Helmut Schmidt.

Auch die Transformation in den Jahren nach 1967 hatte ihren Motor also nicht in parlamentarischen Mehrheitsverhältnissen, sondern in einem außer Kontrolle geratenen Politisierungsprozess einer Minderheit. Die Kraft der Bewegung beruhte nicht zuletzt darauf, dass sie Protest- und Mobilisierungsformen entwickelte, für die das System zunächst keine Instrumente zur Bearbeitung besaß.

Diese Konstellation lässt sich sicherlich nicht verallgemeinern. Auch Linksregierungen können Teil einer widerständigen Bewegung sein, die tiefer liegende Machtstrukturen herausfordert. Dennoch sollte man zur Kenntnis nehmen, dass reformistische Parteien in Europa im 20. Jahrhundert ihre Kraft immer wieder daraus zogen, dass sie sich als Vermittlungsinstanz für die Einbindung (und/oder Niederschlagung) von Protestbewegungen ins Spiel brachten. Das erklärt möglicherweise auch, warum der europäische Reformismus parallel zu den sozialistischen Staaten in die Krise geriet: Ohne die Gefahr eines Bruchs gibt es wenig, was vermittelt werden müsste. Warum sollten privilegierte Gruppen Teile ihrer Macht aufgeben, wenn sie nicht fürchten, mehr zu verlieren?

Man könnte also behaupten, dass der Reformismus seine politische Macht nicht zuletzt aus den von ihm heftig bekämpften Revolutionen zog. Was aber – von den psychedelischen Verirrungen *Tschewengurs* einmal abgesehen – hatte es mit diesen Revolutionen auf sich?

III. Snowpiercer – von Lokomotiven, Revolutionen und Notbremsen

Snowpiercer

Das Leben von Untoten führen auch jene Kinder in Bong Joon-hos *Snowpiercer*, die in die Antriebsmaschine eines unermüdlich dahinrasenden Zugs eingebaut sind. Man hat sie in Anhängsel eines Apparats verwandelt. Der Film des südkoreanischen Regisseurs beruht auf der Comicserie *Le Transperceneige* (»Der Schneebohrer«), die Jacques Lob und Jean-Marc Rochette ab 1982 in *(À suivre)*, einer Monatszeitschrift des französischen Casterman-Verlags, veröffentlichten und die zwei Jahre später als Buch erschien. Ihre Graphic Novel erzählt von einem 1001 Waggons langen Zug, der nach einer großen Katastrophe über einen leeren, vereisten Planeten rast und nicht stehen bleiben darf. Er wird von einem Perpetuum mobile angetrieben, außerhalb des Zugs ist das Überleben unmöglich geworden.

Mit seinen dystopischen Bildern lag der Comic ganz im Trend der Zeit, denn in den frühen achtziger Jahren war die Angst vor dem Klimakollaps allgegenwärtig. Allerdings drohte damals nicht die Erderwärmung, sondern eine Verdunkelung der Atmosphäre durch einen Atomkrieg. Das Wettrüsten zwischen den Systemen hatte die Menschheit seit dem Koreakrieg wiederholt an den Rand eines nuklearen Schlagabtauschs geführt, der nicht nur die radioaktive Verseuchung des Planeten, sondern auch eine jahrzehntelang andauernde Verdunkelung der Atmosphäre nach sich gezogen hätte. *Le Transperceneige* illustrierte diese kollektive Angst mit dem Bild einer Rest-Menschheit, die als Gefangene in einem Zug um etwas Licht, Wärme und synthetisch hergestellte Nahrung kämpft.

2013 brachte Bong Joon-ho den Comic unter dem Titel *Snowpiercer* ins Kino, allerdings mit einer Wendung, die vor allem den Chemtrail-Bewegten gefallen haben dürfte. Da ein nuklearer Winter in Anbetracht ständig neuer Hitzerekorde heute nicht besonders plausibel erscheint, wird die Eiszeit mit dem Kampf gegen den Klimawandel erklärt. Die erste Szene von *Snowpiercer* zeigt, wie Flugzeuge breite, weiße Bahnen auf einen strahlend blauen Himmel zeichnen. Dazu wird erläutert, dass die Staatengemeinschaft die Erderwärmung durch das Ausbringen von Aerosolen in der Atmosphäre zu stoppen versucht, dadurch jedoch eine unkontrollierte Kettenreaktion in Gang gesetzt habe.

Die Erklärung hat einen sehr realen Hintergrund: Unter dem Stichwort »Geoengineering« wird seit einigen Jahren ernsthaft über die Frage debattiert, wie das Klima von Planeten transformiert werden kann. Dabei geht es längst nicht mehr nur um Gedankenspiele für den Mars, den man durch sogenanntes Terraforming, also durch technische und chemische Eingriffe, bewohnbar machen möchte.[1] Nein, mittlerweile soll auch der Klimawandel auf der Erde durch Geoengineering gestoppt werden. Ein viel diskutierter Ansatz hierfür besteht darin, Aerosole in der Stratosphäre zu verteilen, die – ähnlich wie es bei Vulkanausbrüchen geschieht – die Sonneneinstrahlung reduzieren und die Oberflächentemperaturen damit spürbar absenken würden. Der Meteorologe Paul Crutzen, der 1995 für seine Forschung über das Ozonloch den Nobelpreis für Chemie erhielt und als einer der Ers-

---

[1] Der Science-Fiction-Autor Kim Stanley Robinson hat dazu die lesenswerte Trilogie *Roter/Grüner/Blauer Mars* verfasst, in der er Fragen zu Macht, Demokratie und Ökologie miteinander verknüpft; vgl. Kim Stanley Robinson, *Roter Mars*, München: Heyne 1997; ders., *Grüner Mars*, München: Heyne 1997; ders., *Blauer Mars*, München: Heyne 1999.

ten den Begriff des »Anthropozäns«, also eines menschengemachten Erdzeitalters, prägte, plädiert in diesem Sinne allen Ernstes für Sulfatinjektionen in die Stratosphäre. Es ist ein neuerliches Beispiel für technologische Allmachtsfantasien, denn die Folgen des Geoengineering in einem komplexen System wie der Erde wären unabsehbar. So könnte absinkender Schwefel die Ozeane übersäuern, Mikroorganismen abtöten und die CO_2-Aufnahmefähigkeit der Meere entgegen der beabsichtigten Wirkung verringern. Außerdem würde sich die Erderwärmung schlagartig beschleunigen, sobald die Schwefelpartikel aus der Stratosphäre verschwunden sind. Trotzdem wird ernsthaft über derartige Ansätze der »Klimapolitik« diskutiert. Eine aktuelle Studie hat sogar schon errechnet,[2] dass die Verteilung von Aerosolen in der Stratosphäre mit neu zu entwickelnden Flugzeugen relativ preiswert wäre und nur etwa 2 Milliarden US-Dollar kosten würde.[3]

Ansonsten beginnt der Film *Snowpiercer* jedoch ganz ähnlich wie seine Comicvorlage: Ein Zug rast über die eisbedeckte Erde. Während das Leben außerhalb der Waggons unmöglich geworden ist und die verlassenen Städte nur noch als erstarrte Kulissen vorüberfliegen, ist im Zug selbst eine erbarmungslose Klassenherrschaft etabliert worden. Die Fahr-

---

[2] Wake Smith/Gernot Wagner, »Stratospheric aerosol injection tactics and costs in the first 15 years of deployment«, in: *Environment Research Letters* (November 2018), online verfügbar unter: {https://iopscience.iop.org/article/10.1088/1748-9326/aae98d/meta#erlaae98dt2fna}.

[3] Die Forschung zum Climate-Engineering wird in Deutschland mit öffentlichen Mitteln gefördert. Die Bundesregierung und die Brandenburgische Landesregierung finanzierten beispielsweise die Vorbereitung der internationalen Konferenz Climate-Engineering in Context 2020 in Berlin.

gäste der hinteren Waggons vegetieren unter Bedingungen dahin, die an die Deportationen jüdischer Menschen durch das NS-Regime erinnern, werden mit künstlichen Proteinen ernährt und schon für kleinste Vergehen grausam bestraft. Die sadistisch-oberlehrerhafte Ministerin Mason, gespielt von Tilda Swinton, lässt aufsässigen Untertanen die Arme amputieren, indem sie die Gefangenen zwingt, ihre Gliedmaßen durch eine Öffnung aus dem Zug ins Freie zu halten, wo die Temperaturen weit unter dem Gefrierpunkt liegen. Die Reisenden im vorderen Zugteil hingegen genießen alle Annehmlichkeiten des Wohlstands. Sie werden am Platz bedient, bekommen echtes Fleisch zu essen und können durch die Panoramafenster den malerischen Ausblick auf die Schnee- und Eislandschaften genießen.

Curtis, Hauptperson der Geschichte, weiß vom Luxus der vorderen Abteile zunächst nichts, denn die »hinteren Klassen« werden von faschistoiden Sicherheitstrupps daran gehindert, ihre Waggons zu verlassen. Es scheint nur einen einzigen Grund zu geben, warum sie nicht endgültig abgehängt werden: Ab und an dringen Bewaffnete ein, um Kinder nach vorn zu entführen. Die Aufstände, die regelmäßig als Reaktion darauf ausbrechen, werden blutig niedergeschlagen.

Bongs Geschichte lebt davon, dass sie in artifiziellen Science-Fiction-Bildern daherkommt, gleichzeitig aber die globalen Gegenwartsverhältnisse sehr treffend beschreibt. Für die Reichen stellt sich die Fahrt über den Eisplaneten mit seinen schneebedeckten Bergen und reifumrankten Hochhausskeletten wie ein Ausflug mit dem Schweizer Glacier Express dar, die Überflüssigen der hinteren Klassen hingegen sind der Willkür ausgeliefert und besitzen nicht die geringste Perspektive, etwas an ihrem Leben zu verändern. Der Weg nach vorn, in ein gutes Leben ist ihnen verstellt, sie können aber auch nicht einfach aussteigen, denn draußen scheint ein

Überleben unmöglich. Die bewohnbare Welt beschränkt sich auf einen Zug, der nicht zum Stehen kommen darf und immer wieder mit viel zu hoher Geschwindigkeit am Abgrund vorbeirast. Es scheint nur eine Frage der Zeit, bis er entgleist. Wer denkt hier nicht an die Wachstumsmaschine Kapitalismus, die das Tempo halten muss, wenn nicht alles zusammenbrechen soll?

1940, auf der Flucht vor den Nazis, notierte Walter Benjamin jenen berühmt gewordenen Satz, der als Vorarbeit zu den unmittelbar vor seinem Tod verfassten geschichtsphilosophischen Thesen gilt: »Marx sagt, die Revolutionen sind die Lokomotive der Weltgeschichte. Aber vielleicht ist dem gänzlich anders. Vielleicht sind die Revolutionen der Griff des in diesem Zuge reisenden Menschengeschlechts nach der Notbremse.«[4] *Snowpiercer* stellt mit seinem Eisenbahnmotiv dieselbe Frage: Was ist die Revolution? Die Überflüssigen lehnen sich gegen die Gewalt der Unterdrücker auf, sie träumen davon, aus ihrem Gefängnis auszubrechen, Zugang zu den anderen Waggons zu erlangen. Mantraartig wiederholen sie, dass man in den Maschinenraum vorrücken und ihn unter Kontrolle bekommen müsse, und so machen sie sich schließlich unter der Führung von Curtis auf den Weg nach vorn. Weil die Wachtrupps ihre Munition aufgebraucht zu haben scheinen, können die hinteren Klassen aus ihrem Slum ausbrechen, erreichen einen Waggon mit Außenfenstern, blicken zum ersten Mal in ihrem Leben auf die vereiste Erdoberfläche. Sie erobern das Abteil zur Nahrungsherstellung, den Waggon zur Wasseraufarbeitung, das Gewächshaus, das Aquarium, den Schlachthof, die Schule … Auf die

---

4 Walter Benjamin, *Über den Begriff der Geschichte*, Manuskripte – Entwürfe und Fassungen, in: ders., *Werke und Nachlaß*, Bd. 19, Berlin: Suhrkamp 2010, S. 153.

entführten Kinder, die sie suchen, stoßen sie nicht, aber sie erfahren immer mehr über die Geschichte des Zugs, der von einem Industriellen namens Wilford achtzehn Jahre zuvor auf seine Reise geschickt wurde. Ein neuer Angriff dezimiert die Aufständischen, der Luxus wird immer obszöner. Sie durchqueren eine Bar, eine Diskothek und stehen schließlich vor der verschlossenen Tür zum Maschinenraum, hinter der sich Wilford, der Herr des Zugs, befindet.

Mittlerweile ist gar nicht mehr klar, was sich ändern würde, schaffte es Curtis tatsächlich, den Maschinenraum unter seine Kontrolle zu bringen. Namgoong, einer seiner letzten Begleiter, stellt die Benjamin'sche Frage: Könnte die Revolution nicht darin bestehen, die Maschine zum Stillstand zu bringen und ein neues Leben außerhalb des Zugs zu beginnen? Namgoong will gesehen haben, dass der auf einem Flugzeugwrack liegende Schnee jedes Jahr weniger wird, und leitet daraus ab, dass es draußen allmählich wärmer wird, ein Leben auf der Oberfläche wieder möglich sein könnte. Doch bevor er Curtis überzeugen kann, schießt Claude, die Assistentin Wilfords, Namgoong an und öffnet die Tür zum Maschinenraum. Es stellt sich heraus, dass der Herr des Zugs bereits auf die Aufständischen gewartet hat. Wilford begrüßt Curtis und erläutert, dass der Aufstand ganz in seinem Sinne sei, denn das ökologische System des Zugs werde von einem ewigen Kreislauf aus Revolution und Restauration im Gleichgewicht gehalten; die Aufstände seien Instrumente, um die Bevölkerungsentwicklung zu kontrollieren. Gilliam, der den Ausbruch aus den hinteren Klassen gemeinsam mit Curtis angezettelt hat, sei ein Vertrauter Wilfords gewesen, und nun, da die Rebellion den Maschinenraum erreicht habe, sei es Curtis' Aufgabe, selbst Herr über den Zug zu werden. Für einen Moment glaubt man zu wissen, dass die Snowpiercer-Rebellion enden wird wie die nationalen Revolutionen des 20. Jahrhunderts: in einem Elitentausch, bei dem sich das Personal, nicht aber die Verhältnisse ändern. Doch dann stellt sich heraus, wozu die Kinder all die Jahre entführt wurden, und Curtis *muss* aufbegehren. Aufgrund ihrer geringen Körpergröße hat man die Kinder in die Maschine eingebaut, sie sind die Einzigen, die im Inneren des Perpetuum mobile zur Wartung eingesetzt werden können. Ähnlich wie die Kinderarbeiter*innen, die in unserer realen Welt in Bangladesch oder Kambodscha Kleider und Schuhe zusammennähen, damit der Wohlstand in Deutschland bezahlbar bleibt, hat man sie ihres Lebens beraubt. Curtis erträgt den Anblick nicht und opfert seinen Arm, um eines der Kinder zu befreien. Dann zerstört ein Sprengsatz den Zug und bringt ihn zum Entgleisen. Der Weg ins Freie steht offen. Die Revolution ist die Notbremse, die die Lokomotive zum stehen bringt. Was folgt, ist der Exodus in eine harte, aber überwältigend schöne Natur.

Bei dem Bild der den Zug verlassenden Überlebenden könnte man an eine Gruppe alternativer Aussteiger*innen denken: raus aus dem ewigen Kreislauf von Herrschaft und Revolte. Während der südeuropäischen Schuldenkrise hat der Philosoph Giorgio Agamben, Herausgeber der italienischen Benjamin-Edition, etwas Ähnliches als politische Handlungsoption vorgeschlagen. Angesichts des Schuldenregimes und der »globalen Herrschaft des ökonomischen Paradigmas« plädierte er für einen Rückzug aus der kapitalistischen Welt.[5] Als Vorbild dienten ihm dabei die franziskanischen Mönche, die im späten Mittelalter in einer Zeit zerfallender Institutionen und großer Unsicherheit eine Art Exodus betrieben, Klostergemeinschaften gründeten und in Gleichheiten leb-

---

[5] »›Europa muss kollabieren‹«, Giorgio Agamben im Interview mit Iris Radisch, in: *Die Zeit* (27. August 2015).

ten. »Höchste Armut«, so denn auch der Titel des Buchs, als Alternative zum Kapitalismus.[6] Bong Joon-ho scheint darauf hinauszuwollen. Am Ende des Films begeben sich die Überlebenden ins Ungewisse. Am Horizont sieht man einen Eisbären – vielleicht werden sie jagen können.

Die Antwort mutet einfältig an, doch die zuvor gestellten Fragen sind völlig richtig: Worum geht es bei der Revolution? Darum, die Türen zwischen den Waggons auszuhängen und die Lebensverhältnisse anzugleichen? Reicht es wirklich, die Lokomotive zu kontrollieren, wenn die Fahrt doch immer nur auf denselben Gleisen verläuft, die Maschine den Rhythmus vorgibt und ein Absturz in die Tiefe nur eine Frage der Zeit ist? Hat man, wenn die sklavereiähnlichen Verhältnisse in die Technologie selbst eingelassen sind und das Perpetuum mobile offenbar nur funktioniert, solange eingesperrte Kinder es am Laufen halten, überhaupt eine andere Wahl, als die Notbremse zu ziehen? Doch was sichert dann das materielle Überleben der Menschheit?

Vor hundertfünfzig, hundert oder auch nur fünfzig Jahren schienen die Antworten auf der Hand zu liegen. Die Gleise in die Zukunft waren verlegt, der Streit um Reform und Revolution kreiste einzig um das Problem, wie dem Fortschritt Geltung verschafft werden kann – durch Teilhabe und ein friedliches Hinüberwachsen, wie Eduard Bernstein, der Vater des Revisionismus, hoffte, oder durch einen Bruch, wie Rosa Luxemburg widersprach. Während die einen darauf hofften, sozusagen im Einvernehmen mit Wilford und den Passagieren in der ersten Klasse den Zug auf den bereits verlegten Schienen in die Zukunft zu steuern und die hinteren Waggons wohnlicher zu gestalten, hielten die anderen den

---

6 Giorgio Agamben, *Höchste Armut. Ordensregeln und Lebensform*, Frankfurt/Main: Fischer 2012.

Kampf gegen die »Vorderen« und den Sturm des Maschinenraums für unverzichtbar, denn ohne diesen Bruch würde die Erste Klasse jede echte Gleichheit verhindern. Was weder die einen noch die anderen infrage stellten, war die Fahrtrichtung. Der Fortschritt kannte nur ein Ziel.

Das 20. Jahrhundert hat uns jedoch vor Augen geführt, dass mit dem Fortschritt selbst etwas nicht stimmt. Die Kluft zwischen dem sich rasant entwickelnden technisch-instrumentellen Verstand und der Beschränktheit des Untertanenseins wurde immer offenkundiger. Theodor W. Adorno und Max Horkheimer schrieben ihre *Dialektik der Aufklärung*.[7] Walter Benjamin begann seine geschichtsphilosophischen Thesen, die eigentlich das Ziel hatten, das Zukunftsversprechen des historischen Materialismus zu verteidigen, mit dem verstörenden Bild eines »Engels der Geschichte«. Mit aufgerissenen Augen muss dieser beobachten, wie der Fortschritt Trümmer auf Trümmer häuft und dem Engel vor die Füße schleudert. »Dieser möchte wohl verweilen, die Toten wecken, und das Zerschlagene zusammenfügen. Aber ein Sturm weht vom Paradiese her, der sich in seinen Flügeln verfangen hat und so stark ist, dass der Engel sie nicht mehr schließen kann. Dieser Sturm treibt ihn unaufhaltsam in die Zukunft, der er den Rücken kehrt, während der Trümmerhaufen vor ihm zum Himmel wächst. Das, was wir den Fortschritt nennen, ist dieser Sturm.«[8]

Weil es der Fortschritt ist, der die Menschheit vom Paradies wegfegt, skizzierte Benjamin das Bild der Notbremse, die die Geschichte zum Stehen bringen soll. Allerdings war

---

[7] Theodor W. Adorno/Max Horkheimer, *Dialektik der Aufklärung*, Frankfurt/Main: Fischer 1969. Zum Verhältnis zwischen Adorno und Benjamin vgl. Jean-Michel Palmier, *Walter Benjamin. Leben und Werk*, Berlin: Suhrkamp 2009, insbes. S. 1170-1201.

[8] Benjamin, *Über den Begriff der Geschichte*, S. 75.

dieses Bild nicht als Aussteigermetapher gedacht, wie man heute meinen könnte, sondern formulierte einen Vorwurf an die Sozialdemokratie seiner Zeit. Heute wird oft darüber gespottet, dass Linke seit bald 200 Jahren das bevorstehende Ende des Kapitalismus prophezeien, doch als Benjamin seine Geschichtsthesen verfasste, war der Zusammenbruch alles andere als ein weit entferntes Szenario – er war bereits in vollem Gange. Worüber Benjamin sich mokierte, war die von der Sozialdemokratie vertretene These, das Vorhaben der sozialen Befreiung könne ohne Revolution, ohne Bruch mit der Geschichte erledigt werden.

Benjamin plädierte nicht für eine Bewegung wie die der franziskanischen Mönche, die sich an Orte einer anderen Kultur zurückzogen, sondern verwies auf die Notwendigkeit, das Kontinuum der Geschichte aufzusprengen. »Nichts«, so heißt es bei ihm nur wenige Zeilen nach der Schilderung des Engels, »hat die deutsche Arbeiterschaft in dem Grade korrumpiert wie die Meinung, sie schwimme mit dem Strom. Die technische Entwicklung galt ihr als das Gefälle des Stromes, mit dem sie zu schwimmen meinte. Von da war es nur ein Schritt zu der Illusion, die Fabrikarbeit, die im Zuge des technischen Fortschritts gelegen sei, stelle eine politische Leistung dar.«[9] Der Wunsch, die Lokomotive weiterfahren zu lassen, war bei der Sozialdemokratie so groß gewesen, dass man 1918/19 sogar mit rechtsextremen Freikorps kooperierte.[10] Für Benjamin ist die technische Fortschrittsgläubigkeit

---

9 Ebd., S. 76.
10 Viele Intellektuelle der Zwischenkriegszeit erklärten den Aufstieg des Nationalsozialismus mit der Kontinuität von 1918. Joseph Roth beschreibt in seinem grandiosen, 1923 veröffentlichten Roman *Spinnennetz*, wie sich der Faschismus, der damals noch gar nicht so hieß, im rechtsextremen Freikorps-Milieu entfaltete. Und auch Alfred Döblins Roman-Trilogie über die deutsche Revolution führt den Zi-

eng verknüpft mit einem zerstörerischen Verhältnis zur Natur, die als »gratis« erachtet wird, und damit stellt er letztlich die Frage, wie wir die technisch-politische Maschine verlassen können, in der die Menschheit gefangen ist. Der Snowpiercer ist eine Verbindung aus technischer Struktur, Lebensweise und Klassenherrschaft. Da niemand aussteigen, niemand das Tempo drosseln kann, wird es nicht reichen, den Maschinenraum zu erobern, die Türen zwischen den Waggons auszuhängen und die Lebensmittel gerechter zu verteilen. Der Zug selbst, der im wirklichen Leben zudem nicht durch eine Eiswüste rast, sondern den Planeten durch seine rasende Bewegung in eine Wüste verwandelt, ist unser Problem. Auch wenn wir nicht wissen, was danach kommen wird: Wir müssen den Zug zum Stehen bringen. Wir müssen unser Dasein als *Zombie cadavre* beenden und das Heft des Handelns in die Hand nehmen. Ansonsten werden wir erneut in den Abgrund stürzen.

---

vilisationsbruch der Nazis auf das Fehlen eines Bruchs zurück. Über die Revolutionäre schreibt er: »Sie hatten die Schlacht schon verloren, bevor sie anfingen. Denn die vertriebenen Dynastien hatten vorgesorgt. Sie hatten sich auf ihren Sturz präpariert […] wie ein Baum, der, ehe er verdorrt, massenhaft Samen gestreut hat. Wilhelm II. konnte nach Holland fahren, die anderen Fürsten konnten sich im Land verstecken. Es blieben Generale und Behörden. Sie wucherten fröhlich weiter als Ableger des alten Baumes. Es blieb auch der Boden: das arbeitsame Volk, das gern gehorchte. Und dann war da Friedrich Ebert. Friedrich Ebert […] lag daran, hier nicht zu stören. Ihm lag daran, zu verhindern, dass etwas geschah, und, was geschehen war, ungeschehen zu machen« (Alfred Döblin, *November 1918. Eine deutsche Revolution. Karl und Rosa*, Frankfurt/Main: Fischer 2013, S. 121).

Sozialistische Revolutionen:
Russland, China, Jugoslawien

Dass die Bereitschaft zum Griff nach der Notbremse heute so gering ist, hat aber natürlich auch mit den Erfahrungen des 20. Jahrhunderts zu tun. Die sozialistischen Revolutionen, die genau dies versucht hatten, brachten Hunderten Millionen Menschen enormes Leid, und wer der Ansicht ist, dass es radikaler Veränderungen bedarf, muss erklären können, was damals passierte. Also: Wie verliefen die sozialistischen Revolutionen?

Die Geschichtsschreibung der Gegenwart ist sehr darum bemüht, alles in einen Topf zu werfen: Stasi und Gemeineigentum, billige Mieten und stalinistischen Terror, die verseuchten Böden von Bitterfeld und die Schriften von Karl Marx. Das ist politisch motiviert und trägt zum Verständnis wenig bei, denn tatsächlich verfolgten selbst jene leninistischen Parteien, die die Staatsmacht eroberten, recht unterschiedliche Modelle. Die sowjetische Planungs- und Kommandoökonomie, der jugoslawische Marktsozialismus und der agrarisch geprägte Maoismus in China wiesen enorme Unterschiede auf. Umso bemerkenswerter ist, dass die drei Projekte etwa gleichzeitig, nämlich in den achtziger Jahren, scheiterten.

Das wichtigste Merkmal der Oktoberrevolution von 1917 ist wohl, dass nach ihrem Sieg in jeder Hinsicht improvisiert werden musste. Während des Bürgerkrieges, der schon wenige Wochen nach der Machtübernahme der Bolschewiki ausbrach und bis 1921 andauerte, bemühten sich die Kommunist*innen, die Marktbeziehungen durch eine planmäßige Verteilung der Güter zu ersetzen. Doch dieser »Kriegskommunismus« geriet sofort in Konflikt mit den realen Verhältnissen. Trotzki, der es gewusst haben muss, weil er in den ersten Regierungsjahren eine führende Rolle innehatte, zeichnete einige Jahre später ein verstörendes Bild:

> Die Produktion ging ständig zurück, und zwar nicht nur infolge der verheerenden Wirkungen des Krieges, sondern auch, weil der Anreiz des persönlichen Interesses bei den Produzenten erloschen war. Die Stadt verlangte vom Dorf Korn und Rohprodukte, ohne dafür etwas anderes zu geben als bunte Papierlappen, die aus alter Gewohnheit Geld genannt wurden. Der Muschik [einfacher Bauer] vergrub seine Vorräte. Die Regierung sandte bewaffnete Arbeiterabteilungen nach Korn aus. Der Muschik säte weniger an. Die Industrieproduktion des Jahres 1921, unmittelbar nach Beendigung des Bürgerkriegs, betrug bestenfalls ein Fünftel der Vorkriegsproduktion. Die Stahlerzeugung war von 4,2 Millionen Tonnen auf 183 000 Tonnen gesunken, d. h. auf ein Dreiundzwanzigstel. Die Getreideernte sank von insgesamt 801 Millionen Zentner auf 503 Millionen im Jahre 1922: Das war das Jahr der furchtbaren Hungersnot. Gleichzeitig rutschte der Außenhandel von 2,9 Milliarden auf 30 Millionen Rubel herab. Der Verfall der Produktivkräfte stellte alles in den Schatten, was die Geschichte diesbezüglich früher aufzuweisen hatte. Das Land und mit ihm die Macht standen am Rande des Abgrunds.[11]

Nach dem Ende des Bürgerkrieges kehrten die russischen Revolutionär*innen deswegen unter dem Begriff der Neuen Ökonomischen Politik (NEP) erst einmal zu Marktmechanismen zurück und setzten darauf, dass das Streben nach persönlicher Bereicherung die gesellschaftliche Versorgungslage verbessern würde. Tatsächlich erholten sich Landwirtschaft und Kleinindustrien schnell, während die Großindustrie weiter am Boden lag. Die junge Sowjetunion, die erwartet hatte, von entwickelten Ländern, insbesondere von einem sozialis-

---

11 Leo Trotzki, *Verratene Revolution*, Essen: Mehring Verlag 2009, S. 72; vgl. Victor Serge, *Erinnerungen eines Revolutionärs*, Hamburg: Edition Nautilus 1991; Alexandra Kollontai, »Die Arbeiter-Opposition in Russland«, in: *Die russische Arbeiteropposition. Die Gewerkschaften in der Revolution*, herausgegeben von Gottfried Mergner, Reinbek bei Hamburg: Rowohlt 1972.

tischen Deutschland, Unterstützung beim Aufbau moderner Produktionsanlagen zu erhalten, musste die Industrialisierung allein bewältigen. Die dafür notwendigen Investitionsmittel sollten durch den Export von Agrarprodukten und Rohstoffen erzielt werden, was den Parteitheoretiker Nikolai Bucharin zu dem Satz veranlasste, das Land werde »auf dem Rücken der Bauern zum Sozialismus reiten«.[12] Kennzeichnend für die NEP war also, dass sich die Parteiführung auf die Kommandohöhen der Wirtschaft zurückzog, während man die Versorgung mit Konsumgütern weitgehend dem Markt überließ. Als Folge hiervon wuchsen jedoch auch die sozialen Gegensätze. Die Kosten musste vor allem die arme Stadtbevölkerung tragen.

In Anbetracht dieser Widersprüche plädierte die »Parteilinke« um Jewgeni Preobraschenski Mitte der zwanziger Jahre dafür, den Industrialisierungsprozess zu beschleunigen. Die sogenannte »sozialistische Akkumulation« sollte über festgesetzte Agrarpreise finanziert und durch Fünfjahrespläne koordiniert werden. Indem der Staat landwirtschaftliche Produkte zu Festpreisen kaufte und mit Gewinn ins Ausland exportierte, würde er Industrieanlagen errichten können.[13] Mit den dort hergestellten Maschinen wiederum würden denn auch eine Transformation der Landwirtschaft und die Kollektivierung möglich werden, denn erst der Einsatz von Traktoren machte den großflächigen Anbau durch Kolchosen sinnvoll. Vorgeschlagen wurde von der Linken also ein ambitioniertes, aber aufeinander abgestimmtes Entwicklungsprogramm, das den Konflikt mit den erstarkenden Groß- und Mittelbauern durch Preisvorgaben und technische Ent-

---

12 Manfred Hildermeier, *Die Sowjetunion 1917-1991*, 2., überarbeitete Aufl., Berlin, Boston: Oldenbourg 2016, S. 25.
13 Manfred Hildermeier, *Geschichte der Sowjetunion 1917-1991*, München: C. H. Beck 2017, S. 245-274.

wicklung entscheiden sollte. Doch die Partei-»Rechte« um Bucharin, zu der zu diesem Zeitpunkt auch Stalin zählte, befürchtete nicht ganz ohne Grund, dass eine bauernfeindliche Politik schon wieder die nächste Konfrontation provozieren würde.

Absurderweise übernahm Stalin, der sich ab 1925 als Alleinherrscher in Stellung brachte, den Vorschlag der Parteilinken kurze Zeit später, nämlich 1928, in radikalisierter Form. Völlig unvermittelt ordnete er die Zwangskollektivierung an, obwohl die Maschinen für eine großflächige Landwirtschaft noch überhaupt nicht zur Verfügung standen. Weil die chaotische Agrar- und Industriepolitik auf massiven Widerstand in der Bevölkerung stieß, setzte das Regime auf entfesselten Terror. Zwangsdeportationen, die Einrichtung immer neuer Straflager sowie die flächendeckende Überwachung durch Geheimdienste stellten die aktive Beteiligung am »sozialistischen Aufbau« sicher. Etwa drei bis fünf Millionen Menschen wurden von ihrem Land vertrieben,[14] und die Entwicklung der Produktionsgüterindustrie (»Abteilung I«) wurde so sehr gegenüber der Konsumgüterherstellung (»Abteilung II«) bevorzugt, dass die Sowjetunion bis zu ihrem Zusammenbruch zwar zum Mond fliegen und hoch entwickelte Rüstungsgüter herstellen konnte, aber immer unter einem enormen Mangel an alltäglichen Bedarfsgütern litt.

Bei ihrer nachholenden Industrialisierung bewegte sich auch die Sowjetunion auf bereits verlegten Gleisen. Sie hatte das »Kontinuum der Geschichte« zwar zunächst aufgesprengt, versuchte dann aber die kapitalistische Moderne zu kopieren und ging bei dieser Mission über alle natürlichen und menschlichen Schranken hinweg. Zum Zwecke der sozialistischen Akkumulation war alles recht: vom Terror ge-

---

14 Hildermeier, *Die Sowjetunion 1917-1991*, S. 35.

gen die Bevölkerung über den Aufbau einer Wirtschaft, die den Alltagsbedarf der Menschen ignorierte, bis hin zu den glücklicherweise nie realisierten Plänen, die sibirischen Flüsse mithilfe von Atombombendetonationen in die zentralasiatische Steppe umzuleiten.

Der Historiker Karl Schlögel hat den skurrilen Doppelcharakter dieses Projekts in seinem großartigen Buch *Terror und Traum* nachgezeichnet, in dem er sich mit dem Jahr 1937 beschäftigt.[15] Auf der einen Seite verschwinden Tausende Moskauer*innen durch Hinrichtungen und Deportationen aus den Adressbüchern, auf der anderen eröffnen prunkvolle U-Bahnhöfe und Kaufhäuser, die den Fortschritt repräsentierten. Dabei war die stalinistische Akkumulationsstrategie ökonomisch nicht einmal besonders effizient. Viele Anlagen produzierten eher Schrott als funktionierende Maschinen, was die Staatsführung nie mit materiellen Problemen oder Fehlern, sondern immer nur mit Verrat und Sabotage zu erklären vermochte und was sie zu noch brutalerem Terror antrieb. Am schlimmsten war die Bilanz in der Landwirtschaft. Die Kollektivierung erwies sich als völliges Desaster, weil die Bäuer*innen ihre Tiere lieber schlachteten, als sie in die Kolchosen einzubringen. Die Historiker Robert Davies und Stephen Wheatcroft sprechen von sechs Millionen Menschen, die während der Hungersnöte Anfang der dreißiger Jahre starben.[16]

Trotzdem stand die Sowjetunion im internationalen Vergleich Mitte der dreißiger Jahre plötzlich gar nicht mehr so schlecht da. Während die kapitalistischen Staaten nach dem Börsenkrach von 1929 in eine nicht enden wollende Krise ge-

---

15 Karl Schlögel, *Terror und Traum. Moskau 1937*, München: Hanser 2008.
16 Robert W. Davies/Stephen G. Wheatcroft, *Years of Hunger. The Soviet Agriculture 1931-1933*, London: Palgrave 2009, S. 401.

stürzt waren, vermeldete die UdSSR konstant hohe Wachstumsraten. Bei genauerer Betrachtung waren die Zahlen zwar längst nicht so überzeugend, wie behauptet wurde. »Im berüchtigten Jahr 1937«, schreibt der Historiker Manfred Hildermeier, »brach auch die Wirtschaft ein. Der Terror wütete nicht zuletzt unter Fabrikmanagern, Ingenieuren und Planungsspezialisten bis hinauf in die höchsten Etagen. Wo so viele Lücken gerissen wurden, geriet gerade ein so hierarchisch gesteuerter Kreislauf durcheinander. In der metallurgischen Industrie, einem Schlüsselfaktor des Stalin'schen Aufbauprogramms, kam das Wachstum fast vollständig zum Erliegen.«[17] Doch die Krise des bürgerlichen Systems im Westen, die in immer mehr Ländern den Faschismus an die Macht brachte, ließ den Sowjetsozialismus in milderem Licht erscheinen. Die Reise des Schriftstellers Lion Feuchtwanger nach Moskau steht emblematisch für diese historische Situation: Verglichen mit der faschistischen Barbarei, die längst nicht nur in Deutschland, sondern auch in Spanien, Österreich, Ungarn, Italien oder Japan vom Bürgertum unterstützt wurde, war der Stalinismus auch für manchen Liberalen das kleinere Übel.

Der Sieg der UdSSR im Zweiten Weltkrieg wirkte wie eine Bestätigung dieser Position. Das sozialistische Russland hatte halb Europa vor dem Nazi-Terror gerettet, und einige Länder, die das sowjetische Wirtschaftsmodell 1945 übernahmen, konnten zunächst durchaus Erfolge vorweisen. Infrastrukturen, Schwerindustrien und Kraftwerke wurden aus dem Boden gestampft. Dabei waren die Voraussetzungen ausgesprochen schlecht, denn die Sowjetunion führte den Sozialismus mit Vorliebe dort ein, wo es keine Unterstützung für ihn gab. Die geopolitisch motivierte Neuordnung Europas

---

[17] Hildermeier, *Die Sowjetunion 1917-1991*, S. 46.

durch die Alliierten schlug Italien und Griechenland, wo die Linke stark war, dem kapitalistischen Lager zu, während man in den konservativen Gesellschaften Polens, Rumäniens und Ungarns den Sozialismus proklamierte.

Doch schon wenige Jahre später, nämlich Anfang der sechziger Jahre, war nirgends mehr zu übersehen, dass die Planwirtschaft sowjetischen Typs trotz Akkumulationsoffensive nicht mit dem (mittlerweile nun allerdings viel stärker regulierten) Kapitalismus im Westen konkurrieren konnte. Überall im Ostblock konstatierten sozialistische Ökonom*innen,[18] dass das Planungssystem beim Übergang zu »intensiven«, das heißt flexibleren, ressourcensparenden Prozessen versagte. Vor diesem Hintergrund begann man, über flexiblere Formen der Planung und die Wiedereinführung von Marktmechanismen zu debattieren, mit denen Betrieben größere Entscheidungsspielräume zugestanden werden sollten. In der Tschechoslowakei spielte diese Diskussion während des sogenannten Prager Frühlings 1968, in dessen Zuge neben einer demokratischen Öffnung der Gesellschaft auch Marktreformen diskutiert wurden, eine zentrale Rolle. In der DDR, wo sich die Auseinandersetzungen auf technische Fragen im engeren Sinne beschränkten, hatte man bereits 1963 das Neue Ökonomische System der Planung und Leitung (NÖSPL) eingeführt, das eine Gewinnorientierung der Unternehmen etablierte und den lokalen Betriebsleitungen mehr Entscheidungsmacht einräumte: »Beklagt wurde vor allem die ungenügende Transformation des wissenschaftlich-technischen Fortschritts in den Wirtschaftskreislauf.

---

18 Vgl. Oskar Lange, *Entwicklungstendenzen der modernen Wirtschaft und Gesellschaft*, Wien: Europa Verlag 1964; Wlodzimierz Brus, *Funktionsprobleme der sowjetischen Wirtschaft*, Frankfurt/Main: Suhrkamp 1971; Ota Sik, *Plan und Markt im Sozialismus*, Wien: Fritz Molden 1967.

[...] Daraus wurde der Gedanke für die DDR abgeleitet, dass die Orientierung auf rascheren wissenschaftlich-technischen Fortschritt unbedingt eine Umgestaltung der volkseigenen Betriebe zu eigenverantwortlichen Warenproduzenten erfordert, die die erforderlichen Investitionsmittel für die technische Erneuerung mehr und mehr über die eigene Gewinnerzielung selbst erwirtschaften«, schreibt der DDR-Ökonom Helmut Koziolek.[19] Für die Gewinnorientierung gab es einen stichhaltigen Grund: Die zuvor gültige Mengenkennziffer »Warenproduktion« hatte dazu geführt, dass Betriebe – je nach Vorgabe – versuchten, besonders viele, aber qualitativ mangelhafte oder (bei Gewichtsvorgabe) besonders schwere Produkte herzustellen; ein Phänomen, das mit der »Tonnenideologie« einherging, also der Bewertung des gesellschaftlichen Fortschritts an Gewicht und Zahl der hergestellten Güter anstatt an den qualitativen Veränderungen der Lebensbedingungen der Menschen. Vom Bilanzergebnis eines Betriebs erhoffte man sich nun zumindest Aussagen darüber, wie Produkte hergestellt und von Konsument*innen angenommen wurden.

Im Rahmen dieser Reformen erhielten die Betriebe die Möglichkeit, sich ihre Arbeitsmittel selbst zu beschaffen, von einem sparsamen Materialverbrauch zu profitieren und Belegschaften am Erfolg zu beteiligen. Die Einführung dieser Marktmechanismen zog aber schnell neue Widersprüche nach sich. Sie stärkten das Management, das ja oft noch weniger demokratisch legitimiert ist als eine Staats- und Parteiführung, und produzierten Ungleichheit. Außerdem stellte es sich als schwierig heraus, die Preise, die nicht durch Angebot

---

19 Helmut Koziolek, »Hatte das Neue Ökonomische System eine Chance?«, in: *Sitzungsberichte der Leibniz-Sozietät* 10 (1996), S. 129-153, hier S. 130.

und Nachfrage ermittelt werden sollten, vorzugeben. Und selbst wenn es gelang, sämtliche Kosten präzise zu bestimmen und einem Produkt zuzuordnen, ergab sich eine weitere Schwierigkeit: Legte man bei der Berechnung des Preises die in einem Produkt vergegenständlichte Arbeit zugrunde, dann wurden arbeitsintensive Sparten – also solche mit geringer Produktivität – belohnt. Orientierte man sich hingegen am Weltmarkt, dann musste man nachvollziehen, was im Kapitalismus passierte: entweder automatisieren (wofür das Kapital fehlte) oder auf Niedriglöhne setzen.

Beendet wurden die Marktexperimente jedoch in erster Linie deshalb, weil sich die Staatsführung bedroht sah. Die Reformen in der Tschechoslowakei wurden nach dem Einmarsch sowjetischer Truppen 1968 rückgängig gemacht, das NÖSPL in der DDR nach der Absetzung Walter Ulbrichts 1971 abgeschafft. In den darauffolgenden Jahren herrschte in manchen Ländern des sowjetischen Lagers zwar noch einmal das Gefühl relativer Prosperität vor, doch die Defizite gegenüber dem Westen wurden immer offenkundiger. Repression, starre Strukturen und das Fehlen einer kritischen Öffentlichkeit verhinderten die Bearbeitung gesellschaftlicher Probleme. Eine politisch beschränkte, durch opportunistische Auslese geformte Planungsbürokratie blockierte Innovationsprozesse, die sie nicht verstand; die dramatische Umweltverschmutzung, der Verfall der Infrastruktur, der chronische Mangel an Konsumgütern und der plumpe Autoritarismus führten den Menschen die Unterlegenheit des staatssozialistischen Systems tagtäglich vor Augen. Als Todesstoß erwies sich schließlich die Tatsache, dass man den Anschluss an das anbrechende digitale Zeitalter verpasste.

Einen alternativen Entwicklungsweg schlugen hingegen einige Länder des globalen Südens ein. Die aus siegreichen Partisanenbewegungen hervorgegangenen Staatsführungen

Chinas und Kubas lehnten vor allem die marktorientierten Reformen in Osteuropa scharf ab und sprachen von einer Rückkehr des Wertgesetzes.[20] Während Kuba nach dem Rückzug Guevaras Mitte der sechziger Jahre und dem immer engeren Bündnis mit Moskau seine Kritik am sowjetischen Modell aufgab, schlug China einen dauerhaft eigenständigen Weg ein.[21] Das hatte auch damit zu tun, dass bereits die maoistische Revolutionsstrategie den Moskauer Vorgaben widersprochen hatte. Statt auf das städtische Proletariat und einen klassischen Parteiaufbau hatte die chinesische KP auf die Bauernschaft und den Guerillakrieg gesetzt. Letzterer war auch deshalb erfolgreich, weil die chinesische Partisanenarmee in den von ihr kontrollierten Gebieten die Landreform und progressive kulturelle Umgangsformen (die den Gleichheitsanspruch sichtbar machten) vorwegnahmen und damit in etwa das umsetzten, was Antonio Gramsci zur selben Zeit in einem faschistischen Gefängnis in Italien als Transformationsstrategie entwickelte: Es gelte, so Gramsci, nicht nur eine herrschende Hegemonie zu zerstören, sondern auch eine neue aufzubauen.

Doch nach dem Ende des Bürgerkrieges 1949 gerieten die

---

20 Charles Bettelheim/Fidel Castro/Che Guevara et al., *Wertgesetz, Planung und Bewusstsein – Die Planungsdebatte in Kuba*, Frankfurt/Main: Verlag Neue Kritik 1969. Die Meinungsverschiedenheit führte zu einer langen Debatte unter westlichen Marxist*innen, die u.a. vom US-Ökonom Paul Sweezy und dem französischen Theoretiker Charles Bettelheim geprägt und ein Jahrzehnt lang in der von Sweezy gegründeten *Monthly Review* geführt wurde.

21 Guevara gab seinen Ministerposten in Kuba auf, um in der Guerilla im Kongo (1965) und Bolivien (1966) zu kämpfen. Er begriff die Ausbreitung des revolutionären Aufstands im Süden als entscheidendes Mittel, um die Konkurrenzzwänge nationaler Volkswirtschaften zu überwinden. Über Guevaras lange Zeit unbekannten Kongo-Aufenthalt vgl. Paco Ignacio Taibo et al., *Das Jahr, in dem wir nirgendwo waren*, Berlin: ID-Archiv 1996.

emanzipatorischen Aspekte des Maoismus schnell ins Hintertreffen. Man kopierte zunächst das sowjetische Modell, wandte sich nach Stalins Tod 1953 jedoch von Moskau ab – was nicht zuletzt mit der geopolitischen Konkurrenz zwischen den beiden Staaten zusammenhing. Erst in der Folge zog diese Eigenständigkeit dann auch ein neues Entwicklungskonzept nach sich. Der Maoismus kritisierte, die Sowjetunion kopiere das kapitalistische Akkumulations- und Industrialisierungsmodell.[22] Vor diesem Hintergrund sollten dann mit dem »Großen Sprung nach vorn« der Jahre 1958 bis 1961 die »drei großen Unterschiede« überwunden werden: zwischen Kopf- und Handarbeit, Land und Stadt sowie Industrie und Landwirtschaft.

Das erklärt, warum so viele westliche Intellektuelle um 1970 herum große Sympathien für den Maoismus hegten. Der chinesische Weg schien die Herrschaft der Parteibürokratie über die Bevölkerung beenden zu wollen, indem er die Privilegien des Leitungspersonals abschaffte. Das war auch eine Parallele zur Politik in Kuba, wo Che Guevara und andere ehemalige Guerillakämpfer*innen jedes Jahr wochenlang die Ministerien verließen, um sich als Landarbeiter*innen an der Zuckerrohrernte zu beteiligen und damit die Hierarchie von Kopf- und Handarbeit bzw. von Führungs- und ausführenden Tätigkeiten zu überwinden.[23] Darüber hinaus wandte sich der Maoismus aber insbesondere ge-

---

22 Zum maoistischen Sonderweg und seiner Rezeption im Westen vgl. Charles Bettelheim et al., *Der Aufbau des Sozialismus in China*, München: Trikont 1969; Eugen Varga et al., *Sowjetunion und China. Zwei Wege des sozialistischen Aufbaus*, München: Trikont 1970; Rossana Rossanda, *Über die Dialektik von Kontinuität und Bruch*, Frankfurt/Main: Suhrkamp 1975; Jiri Kosta/Jan Meyer, *Volksrepublik China – Ökonomisches System und wirtschaftliche Entwicklung*, Frankfurt, Köln: Europäische Verlagsanstalt 1976.
23 Zu den Unterschieden zwischen der Sowjetunion, China und Kuba

gen die sowjetische Strategie, die industrielle Entwicklung auf dem Rücken der Bauernschaft zu forcieren, und gegen die dahinterstehende Vorstellung, der Sozialismus sei erst ab einer bestimmten Entwicklungsstufe erreichbar. Stattdessen propagierte man die Idee, den Kommunismus aus den Agrargemeinschaften heraus zu entwickeln, was vage an die Strategie der russischen Sozialrevolutionär*innen erinnerte, die 1917 den Sozialismus vom Dorf her hatten entwickeln wollen.[24] Westliche Linke begeisterten sich indes vor allem für den revolutionären Voluntarismus der chinesischen Führung, die auf besonders radikale Weise ein Primat der Politik verteidigte: Mit dem richtigen politischen Bewusstsein, so die maoistische Parole, sei alles möglich – auch eine eigenständige, auf bäuerlichen Volkskommunen beruhende agrarische Industrialisierung. Emblematisch für diese Haltung stand der sogenannte »Hinterhofstahl«, den man in China während des »Großen Sprungs« zu produzieren versuchte. Da man die nachholende Entwicklung auf Kosten der Landwirtschaft ablehnte, rief die Partei zum Aufbau handwerklicher Öfen auf, in denen die Bäuer*innen ihren eigenen Stahl kochen sollten. Von europäischen Linken wurde das in der Folge auch als Kritik am Fordismus interpretiert – statt auf entfremdete Fabrikarbeit setzte China auf den gemeinschaftlich produzierten Stahl »nicht entfremdeter« Volkskommunen.

Leider – und das ist für Transformationsdebatten der Gegenwart eine extrem wichtige Erkenntnis – hilft politisches

---

vgl. auch Decio Machado/Raúl Zibechi, *Die Macht ergreifen, um die Welt zu verändern?*, Berlin: Bertz & Fischer 2019, S. 64-75.

24 Über die vom Parteikommunismus unsichtbar gemachte Geschichte der Sozialrevolutionär*innen vgl. Manfred Hildermeier, *Die sozialrevolutionäre Partei Russlands. Agrarsozialismus und Modernisierung im Zarenreich (1900-1914)*, Köln, Wien: Böhlau 1978.

Bewusstsein nicht gegen Naturgesetze. In den selbst gebauten Lehmöfen ließen sich die für die Stahlproduktion notwendigen Temperaturen von 1250 Grad Celsius nicht erreichen. Da die profanen Probleme der Physik im agitatorisch aufgeheizten Klima revolutionärer Bewegungen gern mit mangelndem Willen erklärt werden, wurde der Misserfolg vielerorts kaschiert, indem man ganz einfach das eigene Kochgeschirr einschmolz. Zwar hatte man danach keine Töpfe mehr, aber immerhin bewiesen, dass mit der richtigen politischen Überzeugung alles möglich war – eben auch der Agrarkommunismus mit »nicht entfremdeter« Arbeit.

Bei der Nahrungsmittelproduktion waren die Ergebnisse des Großen Sprungs offenbar noch desaströser: Die revolutionäre Kampagne führte in den Jahren 1959 bis 1961 zu Missernten und fürchterlichen Hungersnöten, die Millionen Menschen das Leben kosteten.[25] Deshalb verzichtete die Parteiführung während der wenige Jahre später folgenden Kulturrevolution (1966-1976) auf ambitionierte Eingriffe in die Produktionssphäre und konzentrierte sich auf die ideologische Umerziehung der Bevölkerung. Offiziell sollte die Kulturrevolution die tradierten Machtpositionen der alten »kleinbürgerlichen« Schichten schwächen, die Parteibürokratie zurückdrängen und kollektive Lebensformen stärken. Das äußerte sich in Kampagnen gegen die Führungsgremien an Universitäten sowie Verwaltungen und im Aufbau von Volkskommunen, in denen der gesamte Tagesablauf, auch der Feierabend, mit dem Arbeitskollektiv verbracht wurde. Die blaue Einheitskleidung, die die Unterschiede zwischen Schichten und Geschlechtern einebnete, schien für eine Politik des ra-

---

25 Vgl. Frank Dikötter, *Mao's Great Famine. The History of China's Most Devastating Catastrophe 1958-62*, New York: Walker Publishing Company 2010.

dikalen Egalitarismus zu stehen. In Wirklichkeit jedoch war die Mobilisierung gegen Bürokratie und Intellektuelle ein Manöver Maos, um die eigene Machtposition im Windschatten einer vermeintlichen Demokratisierung auszubauen. Ähnlich wie Stalin, der 1937 in der Sowjetunion mitten im schlimmsten Terror allgemeine, gleiche und geheime Wahlen angesetzt und damit Panik in der Parteibürokratie ausgelöst hatte, weil sich niemand im Apparat mehr seiner Position sicher sein konnte,[26] ließ Mao die »revolutionäre Jugend« gegen den mittleren Parteiapparat und die alten »kleinbürgerlichen« Schichten in die Schlacht ziehen.

Die Kulturrevolution verwandelte sich innerhalb kürzester Zeit in eine Willkürherrschaft des Mobs, der freie Hand hatte – solange er die Führung Maos nicht infrage stellte. Millionen Menschen wurden allein wegen ihrer sozialen Herkunft misshandelt, mehrere Hunderttausend Menschen sollen ums Leben gekommen sein.[27]

Hatte das Drama für die Bevölkerung in der Sowjetunion darin bestanden, dass ihr die Parteiführung einen Modernisierungsprozess aufzwang, der für historisch alternativlos gehalten wurde, so war der Schrecken im maoistischen China das Ergebnis einer Theorie, die glaubte, alles politisch umformen zu können. Die Resultate aber ähnelten einander: Die Parteiführung entschied, wie »Befreiung« auszusehen hatte, und zwang ihr Konzept der Bevölkerung auf. Besonders extreme Formen nahm dies unter den Roten Khmer in den Jahren 1975 bis 1979 in Kambodscha an, die vom Maoismus beeinflusst waren und einen Agrarkommunismus in Reinform propagierten. Weil ihnen ein Sozialismus bäuerlicher Selbst-

---

26 Vgl. Schlögel, *Terror und Traum*, S. 239-266.
27 Eine anschauliche Vorstellung davon, wie sich die Gewalt während der Kulturrevolution ihren Weg bahnte, vermittelt Yu Huas tragikomischer Roman *Brüder*, Frankfurt/Main: Fischer 2009.

versorgergemeinschaften vorschwebte, räumten die Roten Khmer die Millionenstadt Phnom Penh, schafften Geld und Privatbesitz ab, schlossen Banken, verboten die Religionsausübung und organisierten die Bevölkerung in Kollektiven. Dieser Sonderweg zur klassenlosen Gesellschaft kostete innerhalb von nur vier Jahren einem Viertel der Kambodschaner*innen das Leben.[28]

Wie traumatisierend die revolutionäre Dauermobilisierung solcher Projekte gewesen sein muss, lässt sich nicht zuletzt daran ermessen, dass der kapitalistische Entwicklungsterror, der in China ab 1980 mit der Weltmarktintegration einsetzte, von vielen als geradezu befreiend empfunden wurde. Die Arbeits- und Lebensbedingungen in den chinesischen Weltmarktfabriken und Sonderentwicklungszonen mögen fürchterlich sein, aber zumindest belästigte einen die Parteiführung nur noch eingeschränkt im Privatleben. (Die neue Überwachungspolitik unter Xi Jinping scheint das allerdings seit einigen Jahren massiv zu verändern.)

Einen dritten und wiederum ganz anderen Weg schlug hingegen Jugoslawien ein, das sich 1948 ebenfalls aus geopolitischen Gründen mit der Sowjetunion überwarf. Nachdem die jugoslawischen Kommunist*innen einen erbitterten Partisanenkampf gegen Nazi-Deutschland geführt und ihr Land weitgehend selbst befreit hatten, waren sie nach dem Ende des Zweiten Weltkrieges nicht ohne Weiteres bereit, sich den sowjetischen Plänen zur Neuaufteilung Europas unterzuordnen. Gegen den Willen Moskaus unterstützte Jugoslawien 1946 bis 1949 die Linke im griechischen Bürgerkrieg und plante eine Balkanföderation mit Bulgarien, Albanien

---

28 Daniel Bultmann, *Kambodscha unter den Roten Khmer. Die Erschaffung des perfekten Sozialisten*, Paderborn: Ferdinand Schöningh 2017.

und Griechenland, was die Macht Moskaus in der Region stark beschnitten hätte. Als Stalin die Kontakte zwischen bulgarischer und jugoslawischer Regierung untersagte, brach Jugoslawiens Staatschef Tito mit der Sowjetunion und bekannte sich zur Neutralität gegenüber den Supermächten, was 1955 in der Gründung der Bewegung der Blockfreien Staaten (zu der unter anderem die damals fortschrittlichen Regierungen Ägyptens, Indonesiens und Indiens gehörten) kulminierte. Um ihre innenpolitische Legitimation zu erhöhen, propagierte die jugoslawische KP außerdem unmittelbar nach dem Zerwürfnis mit Moskau den Aufbau räteähnlicher Strukturen, mit denen sie auch organisatorisch eine Differenz zum Sowjetsozialismus markieren wollte. So wurde 1950 die sogenannte »Arbeiterselbstverwaltung« rechtlich verankert: Während die jugoslawische Nation Eigentümerin der Produktionsanlagen blieb, wurde die Führung der Betriebe (zunächst im Industrie- und Landwirtschaftssektor, später auch in anderen Bereichen) den Beschäftigten übertragen. Die Arbeiterräte, die auch den Verwaltungsrat wählten, bestanden bei Kleinbetrieben aus der Vollversammlung der Beschäftigten, bei größeren Unternehmen aus gewählten Räten mit bis zu siebzig Mitgliedern, von denen die Hälfte jährlich neu bestimmt wurde.[29]

Ähnlich wie in den meisten osteuropäischen Staaten war

---

[29] Walter Pöppel/Bruno Kuster, »Die Arbeiterselbstverwaltung in Jugoslawien«, Bonn 1968, online verfügbar unter: {http://library.fes.de/gmh/main/pdf-files/gmh/1968/1968-12-a-713.pdf}, S. 714. Zum jugoslawischen Marktsozialismus im Allgemeinen vgl. Hannelore Hamel, *Arbeiterselbstverwaltung. Ökonomische und wirtschaftspolitische Probleme*, München: C.H. Beck 1974; Branko Horvat, *The Yugoslav Economic System*, London: Taylor & Francis 1976; Wolfgang Soergel, *Arbeiterselbstverwaltung oder Managersozialismus*, München: Oldenbourg 1979; Milovan Djilas, *Die neue Klasse – eine Analyse des kommunistischen Systems*, München: Kindler 1957.

die sozialistische Modernisierungspolitik beim Aufbau neuer Infrastrukturen auch in Jugoslawien zunächst recht erfolgreich, stieß jedoch, als die Rationalisierung ökonomischer Prozesse in den Mittelpunkt rückte, an ihre Grenzen. Dies und die Spannungen zwischen den jugoslawischen Bundesstaaten stärkten die »Liberalen« innerhalb des Bundes der Kommunisten, wie sich die KP in Abgrenzung zum sowjetischen Parteimodell seit 1952 nannte. So wurden 1965, parallel zu den Reformen in Osteuropa, Maßnahmen verabschiedet, die die Dezentralisierung von Entscheidungen vorantreiben sollten, und zwar sowohl auf föderaler als auch auf betrieblicher Ebene: »Die Rolle des Staates bei der zentralen Redistribution wurde reduziert«, schreibt der Historiker Boris Kanzleiter. »Finanziert wurden die Steuerverluste durch den Rückzug des Staates aus Investitionen und Subventionen sowie die Reduzierung bei ›indirekten Einkommen‹ (subventionierte Urlaubsreisen, Mieten, Lebensmittel etc.). Wirtschaftliche Kompetenzen wurden von der Föderationsebene in die Republiken verlagert. Die Rolle von Banken wurde verstärkt, während die fiskalischen Kompetenzen der Föderationsregierung beschränkt wurden.«[30] Während der Staat auf zentrale Planungsinstrumente verzichtete, setzte man massiv auf eine Weltmarktintegration, die in mehrfacher Hinsicht als Hebel zur Modernisierung der Ökonomie begriffen wurde. Die internationale Einbindung sollte den Zustrom von Kapital und Technologie erleichtern und dazu beitragen, die hohe Binnenarbeitslosigkeit durch die Abwanderung von Arbeitskräften nach Westeuropa abzusenken. Begünstigt wurde diese Politik durch Jugoslawiens Neutralität im Blockkonflikt. Der Westen konkurrierte mit dem sozia-

---

30 Boris Kanzleiter, *»Rote Universität«. Studentenbewegung und Linksopposition in Belgrad 1964-1975*, Hamburg: VSA 2011, S. 65 f.

listischen Lager um gute Beziehungen zum Balkanstaat und war dementsprechend auch immer wieder zu ökonomischen Zugeständnissen bereit.

Um die Motivation von Belegschaften und Management zu erhöhen, wurden in Jugoslawien Marktbeziehungen zwischen den Unternehmen etabliert. Zwar blieben die Betriebe »Volkseigentum«, doch wer erfolgreicher wirtschaftete, konnte die Gewinne behalten und an die Beschäftigten auszahlen. Ärmere Regionen und Betriebe fielen daraufhin gegenüber dem reichen Norden zurück, blieben jedoch insofern geschützt, als sie nicht einfach pleitegehen konnten, sondern von den föderalen Banken mit Krediten versorgt wurden.

Anders als der sowjetische oder der chinesische Sozialismus ließ das jugoslawische Modell eine gewisse Meinungspluralität zu und gewährte persönliche Freiheit. Die Kommunistische Partei behielt zwar ihre Monopolstellung, doch das Spektrum der in Jugoslawien vertretbaren Meinungen war viel breiter als in der DDR oder der Sowjetunion. Ausländische Publikationen waren zugänglich, und unter Intellektuellen wurde – insbesondere im Umfeld der sogenannten Praxis-Gruppe – eine kritisch-humanistische Marxismus-Debatte geführt, die dank der Sommerschule von Korčula auch international ausstrahlte.[31] Zudem bestand in Jugoslawien auch immer die Möglichkeit, auszuwandern oder das Land vorübergehend zu verlassen.[32]

---

31 Vgl. das Buch des später zum serbischen Nationalisten mutierten Praxis-Theoretikers Mihailo Markovic, *Yugoslavia. The Rise and Fall of Socialist Humanism*, Nottingham: Spokesman 1975.

32 Das erklärt, warum die Jugoslawien-Nostalgie in Teilen der Bevölkerung beträchtlich ist. Einer von Kanzleiter zitierten Studie zufolge waren 81 Prozent der serbischen Bevölkerung in den 2000er Jahren der Ansicht, im sozialistischen System besser gelebt zu haben als im Nachkriegs-Serbien; vgl. Boris Kanzleiter, »Arbeiter-Selbstverwaltung in Jugoslawien«, in: *Luxemburg 9* (2011), online verfügbar

Trotzdem liegen die Grenzen des jugoslawischen Modells auf der Hand: Proteste wie die der Studierendenbewegung 1968 wurden gewaltsam niedergeschlagen, die führenden Philosophen der Praxis-Gruppe 1975, als ihre Stimme international immer mehr Gehör fand, aus der Belgrader Universität ausgeschlossen und politische Widersacher Titos wie dessen Weggefährte Milovan Đilas schon früh zu langjährigen Gefängnisstrafen verurteilt. Zudem waren die marktsozialistischen Reformen der sechziger Jahre längst nicht so erfolgreich wie erhofft: Die erwarteten Innovationsimpulse blieben weitgehend aus, während gleichzeitig die sozialen Gegensätze rasant zunahmen. Es zeigte sich, dass der Markt auch unter Voraussetzungen des Gemeineigentums Ungleichheit produziert, wenn nicht politisch umverteilt wird oder ihm gesellschaftliche Schranken auferlegt werden. Weil die Regulationsmacht des Zentralstaates stark beschnitten war und Kämpfe, die für mehr soziale Gleichheit hätten sorgen können, unterbunden wurden, begannen die Zentrifugalkräfte zu wirken. Hatte das historisch unterentwickelte Kosovo während der Planwirtschaft bis Anfang der sechziger Jahre wenigstens ein Stück weit zu den wohlhabenderen Regionen im Norden Jugoslawiens aufgeschlossen, so wuchs der Abstand nach der Dezentralisierung wieder. Zwischen 1966 und 1986 nahm die Differenz zwischen den Durchschnittseinkommen Sloweniens und des Kosovo um etwa 50 Prozent zu, das Bruttoinlandsprodukt (BIP) pro Kopf wuchs im Norden sogar doppelt so schnell.[33] Legt man den Wert von 1947 mit 100 zugrunde, betrug das Pro-Kopf-BIP 1973 im Kosovo 234, in Slowenien 480.[34] Der Ausbruch des jugoslawischen

unter: {https://www.zeitschrift-luxemburg.de/arbeiter-selbstverwaltung-in-jugoslawien/}.
33 Kanzleiter, *Rote Universität*, S. 62.
34 Horvat, *The Yugoslav Economic System*, S. 62.

Bürgerkrieges 1991 ist ohne diese sozioökonomischen Spannungen kaum zu verstehen, die vom Markt und dem föderalen System nicht bearbeitet und von den Parteieliten Serbiens und Kroatiens nationalistisch gewendet wurden.

Gravierend war aber offenbar auch noch ein weiteres Problem, das für die Debatte antikapitalistischer Modelle auch heute noch interessant ist. Offenbar begünstigte die Arbeiterselbstverwaltung den Aufbau von Überkapazitäten, da die Belegschaften den Abbau ihrer Arbeitsplätze verhinderten und gleichzeitig politischen Druck ausübten, damit weitere Industrieanlagen errichtet wurden. Anders ausgedrückt: Es war nicht zuletzt die Arbeitermacht, die die Produktivitätsentwicklung blockierte. Der Föderalismus vertiefte das Problem der Überkapazitäten, weil jeder Bundesstaat die eigenen industriellen Strukturen stärken wollte. In der Folge verlor die jugoslawische Wirtschaft auf dem Weltmarkt nicht nur an Wettbewerbsfähigkeit, die Betriebe mussten zudem durch Kredite gestützt werden. Da Maschinen häufig aus dem Ausland eingeführt wurden, zogen die Investitionen eine dramatische Überschuldung Jugoslawiens nach sich. Als die USA um 1980 ihre Geldpolitik änderten und die Zinsen auf den internationalen Finanzmärkten auf über zehn Prozent stiegen, saß Jugoslawien (wie die lateinamerikanischen Staaten, aber auch das sozialistische Polen) in der Schuldenfalle: Der jugoslawische Marktsozialismus war zahlungsunfähig.

Vor dem Hintergrund, dass sich die sozialistischen Modelle stark voneinander unterschieden, ist es nicht so einfach, gemeinsame Ursachen der Krise zu bestimmen. Dennoch kann man wohl drei grundlegende Probleme des Sozialismus als Staatsmacht erkennen. Erstens – und dies ist der offensichtlichste Einwand – beruhen alle sozialistischen Staaten auf einem Modell extrem autoritärer und personalisierter Führung, wie es vom Leninismus propagiert und danach von linken Bewegungen in der ganzen Welt kopiert wurde. Dieser Autoritarismus hatte selbstverständlich auch mit den Rahmenbedingungen zu tun. In Anbetracht der Tatsache, dass die bürgerlichen Staaten die sozialistischen Versuche erbittert und fast immer auch mit kriegerischen Mitteln bekämpften, schien eine straffe, quasimilitärische Führung unverzichtbar zu sein. Es gab aber noch einen weiteren, nicht minder wichtigen Grund für das völlige Fehlen demokratischer Strukturen im Sozialismus: Die kommunistischen Parteien gingen davon aus, dass der Zerfall der Gesellschaft in Partikularinteressen mit der Kollektivierung des Eigentums überwunden sein würde. Während die bürgerliche Gesellschaft seit dem 18. Jahrhundert immer wieder neue Strategien entwickelt hat, um Interessen auszubalancieren, und deshalb auf Machtstrukturen beruht, die Aushandlungsprozesse erzwingen, meinte die kommunistische Bewegung den gesellschaftlichen Gesamtwillen identifizieren und in der Parteiführung repräsentieren zu können.

Die Folge hiervon war nicht nur, dass sich in den revolutionären Staatsparteien eine Kultur breitmachte, in der eigene Gedanken gefährlich waren, Unterwürfigkeit und Opportunismus hingegen belohnt wurden. Dem System fehlte darüber hinaus auch ein eingebauter Transformationsmechanismus, mit dem sich Krisen hätten bearbeiten lassen. Oder wie es der Politologe Elmar Altvater formulierte:

Die in bürgerlichen Klassengesellschaften mit Markt, politischer Demokratie und Öffentlichkeit möglichen »transformistischen«[35] Stra-

---

35 Der Begriff »trasformismo« beschreibt ursprünglich die Erneuerung der politischen Machtverhältnisse im Italien des späten 19. Jahrhunderts und wurde von Antonio Gramsci dann auch für andere Modernisierungsprozesse der Herrschaft verwendet. Der Begriff steht für eine von oben vorangetriebene Transformation der sozialen und ökonomischen Herrschaftsbeziehungen. Gramsci verknüpft ihn mit der

tegien sind im realen Sozialismus weitgehend ausgeklammert: sie sind ja Strategien im innergesellschaftlichen Klassenkampf, der im realen Sozialismus still gestellt bzw. in den »Systemwettbewerb« verwandelt worden ist. Institutionelle Reformen des Systems müssten ebenfalls »von oben« wie die Planung in Gang gesetzt werden. Dies ist ein Unding: denn die gleiche Instanz kann nicht Reformen organisieren, die den Anlass dazu durch ihre Praxis gegeben hat. Der Mechanismus der »funktionellen Ambivalenz von Reformen«, der so stabilisierend in (demokratischen) bürgerlichen Gesellschaften wirkt, ist ausgeschaltet. […] Die große Krise im realen Sozialismus tendiert also dahin, sich zur Systemkrise zu verschärfen.[36]

Zweitens brachten die sozialistischen Länder keinen dem Markt überlegenen Vergesellschaftungsmechanismus hervor. Die kommunistische Theorie ging davon aus, dass mit der Abschaffung des Privateigentums an Produktionsmitteln die Voraussetzungen für eine bewusste Kooperation geschaffen sein würden. In der Praxis jedoch verwandelte sich das Gemeineigentum in den Händen des Staates in ein Instrument zum politischen Machterhalt der führenden Partei. Man postulierte, dass der sozialistische Staat das Gemeinwohl repräsentiere und unter Bedingungen des Kollektiveigentums allmählich »absterben« werde. Doch das Gegenteil trat ein: Die Konzentration der politischen Macht in der Staatsführung brachte neue, klassenähnliche Herrschaftsverhältnisse hervor, bei denen die Trennung von politischer und ökonomischer Sphäre, ähnlich wie im Feudalismus, aufgehoben war.

Drittens schließlich gelang es den sozialistischen Ländern nicht, eigenständige Kriterien der ökonomischen und gesellschaftlichen Entwicklung zu definieren und politische Mehrheiten dafür zu gewinnen. Die sozialistischen Länder be-

---

»passiven Revolution«, in der eine Hegemoniekrise durch eine Restauration »von oben« gelöst wird.
36 Elmar Altvater, *Die Zukunft des Marktes*, Münster: Westfälisches Dampfboot 1991, S. 35.

trachteten die Unterschiede zu den früh industrialisierten Staaten immer als Modernisierungsdefizit; der Sowjetmarxismus übernahm begeistert die tayloristische Arbeitsorganisation, die im Kapitalismus entwickelt worden war, um »faulen« Arbeiter*innen den Takt vorgeben zu können. Den Raubbau an der Natur verstand man als notwendige Begleiterscheinung zivilisatorischen Fortschritts.

Sind es im Kapitalismus die individuellen Gewinninteressen, die die gesellschaftlichen Abläufe beherrschen und letztlich als Maßstab des gesamtökonomischen Erfolgs betrachtet werden, so trat im Sozialismus das Akkumulationsvorhaben eines Staates an diese Stelle, der einen (nicht zuletzt militärischen) Rückstand gegenüber dem Westen aufzuholen suchte. Das Versprechen, die menschlichen Bedürfnisse in den Vordergrund zu stellen, blieb somit unerfüllt. »Die sozialistische Planwirtschaft«, resümiert Altvater in seiner immer noch lesenswerten Aufarbeitung der sozialistischen Geschichte, »strebt mit ihren Mitteln des konzentrierten Einsatzes von Ressourcen nach beschleunigter Realisierung der modernen Gesellschaft, deren Bild aber nichts als das Modell der bürgerlich-kapitalistischen Manifestationen von Fortschritt, Rationalisierung und Emanzipation spiegelt«.[37] Der Ökonom Robin Murray sprach in diesem Zusammenhang auch von einem »halben Fordismus«:[38] Die Sowjetunion kopierte den Westen, aber entbehrte, weil die Aufholjagd nur durch den Bau neuer Produktionsanlagen gelingen konnte, dessen wichtigsten Legitimationsinstruments: des Massenkonsums.

Die Geschichte des maoistischen Chinas verweist hingegen auf das gegenteilige Problem: Hier versuchte man, sich

---

37 Altvater, *Die Zukunft des Marktes*, S. 17.
38 Robin Murray, »Fordismus und sozialistische Entwicklung«, in: *Prokla 81* (1990), S. 91-122.

vom westlichen Entwicklungsweg abzukoppeln und eine eigenständige Arbeitsorganisation und Technik hervorzubringen. Der »Hinterhofstahl« steht emblematisch für dieses Projekt nicht fordistischer Entwicklung, zeigt damit aber auch die andere Seite des Problems auf – dass nämlich das Primat der Politik noch verheerendere Konsequenzen haben kann. Es geht eben nicht nur darum, alternative Ziele für ökonomische Prozesse zu formulieren. Diese müssen darüber hinaus im Einklang mit den gesellschaftlichen und materiellen Voraussetzungen stehen. Auch die Utopie sich selbst versorgender, eigentums- und klassenloser Gemeinschaften, in denen das Geld abgeschafft ist, kann in politischen Terror münden.

IV. Ein neuer Sozialismusbegriff

*Das Ende eines Paradigmas – wenn Wertschöpfung
keinen gesellschaftlichen Reichtum mehr schafft*

Wenn die sozialistischen Staaten an diesen Punkten gescheitert sind, wie müsste dann ein neuer, grüner, aus der Gesellschaft heraus entwickelter, demokratisch-egalitärer Sozialismus aussehen? Fangen wir in umgekehrter Reihenfolge an, nämlich mit der Frage, wie ein eigenständiges Entwicklungsprojekt ohne Naturzerstörung aussehen könnte. Und hierfür wiederum ist es vermutlich ganz hilfreich, wenn man sich vergegenwärtigt, was es mit dem heute vorherrschenden ökonomischen Paradigma eigentlich auf sich hat.

Die Entstehung der Nationalökonomie als Wissenschaftsdisziplin und gouvernementale Praxis geht auf die Frage zurück, wie sich der Reichtum einer Nation vermehren lässt. Die Merkantilist*innen des 17. Jahrhunderts verstanden unter »Reichtum« vor allem den durch Außenhandel und auf Kosten anderer Länder erzielten Edelmetallüberschuss, der nicht etwa dazu diente, den Konsum der oberen Schichten oder gar des einfachen Volkes zu finanzieren, sondern es dem Souverän ermöglichen sollte, andere europäische Mächte militärisch in Schach zu halten. Der Merkantilismus förderte also Industrie und Exporte, um die Finanzkraft des Staates zu sichern.

Diese Doktrin wurde infolge des sich ausbreitenden Welthandels im 18. Jahrhundert von einem zusehends »liberaleren« Regierungsverständnis abgelöst. Der Souverän begann zu erkennen, dass die produktive Kraft der Nation und damit auch die Fähigkeit, Außenhandelsüberschüsse zu erzielen, durch die Beschränkung seines eigenen Handelns zunahmen. In den Worten Michel Foucaults: Die Macht zog sich zurück, um sich zu intensivieren; dem Markt wurde dabei die Aufgabe übertragen, »Wahrheit zu sprechen«.[1] Die Entwicklung von Handel und Produktion wurde zum Maßstab, um den Erfolg von Regierungen und ihrer Politik zu bewerten.

Dementsprechend beschäftigte sich die klassische Nationalökonomie Adam Smiths und David Ricardos dann vor allem mit der Frage, was eigentlich den Reichtum erschafft und was diesen Prozess begünstigt. Smith war der Ansicht, dass Arbeit (und nicht, wie viele vor ihm meinten, der Boden) die Quelle aller Wertschöpfung sei und dass die Arbeitsteilung den entscheidenden Mechanismus zur Steigerung der Produktivität darstelle. Ricardo entwickelte die These, die Spezialisierung von Ländern auf bestimmte Produkte ermögliche komparative Kostenvorteile, was ihn zu der Schlussfolgerung veranlasste, der internationale Freihandel erhöhe den Reichtum *aller* Beteiligten.

Im 19. Jahrhundert rückten, nicht zuletzt unter dem Druck der Arbeiterbewegung, Verteilungsfragen in den Mittelpunkt der ökonomischen Debatten, und mit den tiefen Krisen im 20. Jahrhundert schließlich auch zunehmend das Problem, wie der wertschöpfende Kreislauf aus Produktion, Konsum und Investitionen überhaupt in Gang gehalten werden kann. Zwei große Schulen bildeten sich heraus: Der Keynesianismus plädierte für eine Stärkung der Nachfrage und eine antizyklische Ausgabenpolitik des Staates, um Krisentendenzen entgegenzuwirken. Der Monetarismus hingegen hielt an der liberalen Doktrin fest, wonach Interventionen des Staates

---

[1] Vgl. Michel Foucault, *Geschichte der Gouvernementalität*, 2 Bde., Frankfurt/Main: Suhrkamp 2004; Joseph Vogl, *Das Gespenst des Kapitals*, Zürich: Diaphanes 2010.

auf ein Minimum beschränkt bleiben sollten. Seine Verfechter*innen waren davon überzeugt, Krisen allein mit den Werkzeugen der Geldpolitik, insbesondere dem Zinsniveau bekämpfen zu können.

Bei allen Differenzen hatten diese Ansätze jedoch eins gemein: Sie hielten die Steigerung der Produktion für den Zweck des Wirtschaftens und und für das entscheidende Kriterium des ökonomischen Erfolgs. Das Wirtschaftswachstum, das überhaupt erst im 19. Jahrhundert in größerem Umfang möglich wurde – der Ökonom Angus Maddison beziffert das Wachstum des globalen Pro-Kopf-BIP für den Zeitraum vom Jahr 1000 bis 1820 auf 0,05 Prozent pro Jahr[2] –, verwandelte sich in das Maß aller Dinge. Erst in den vierziger Jahren des 20. Jahrhunderts setzte sich allerdings mit dem Bruttoinlandsprodukt eine Kennziffer durch, um dieses Wachstum zu erfassen. Als Größe, die systemübergreifend errechnet wurde, schien sie einen Leistungsvergleich von Kapitalismus und Sozialismus zu ermöglichen.

Gesellschaftlichen Fortschritt anhand des BIP-Wachstums messen zu wollen hatte schon immer eine zutiefst irrationale Seite, denn erstens ist nichts damit gewonnen, wenn eine Gesellschaft materiellen Reichtum produziert, dieser der Bevölkerung aber nicht zugänglich ist. (In den USA gab es während der Immobilienkrise einen Überschuss von 18 Millionen Wohnungen, während gleichzeitig 3,5 Millionen Menschen obdachlos waren, weil sie sich die Wohnungen nicht leisten konnten.[3]) Zweitens war das Bruttoinlandsprodukt immer

---

2 Angus Maddison, *Die Weltwirtschaft. Eine Millenniumsperspektive*, Paris: OECD 2004, S. 30.
3 Amnesty International USA, »Housing Is a Wonderful Thing«, online verfügbar unter: {https://www.amnestyusa.org/housing-its-a-wonderful-right/}.

schon für jene Arten von Arbeit »blind«, die überhaupt erst die Voraussetzungen für gutes Leben herstellen – so taucht die überwiegend von Frauen geleistete Sorgearbeit in den Familien ebenso wenig in der Wirtschaftsrechnung auf wie das Engagement von Menschen in ihren Nachbarschaften. Und drittens schließlich erfasst das Bruttoinlandsprodukt zahlreiche negative Effekte als positiv, während es umgekehrt positive Effekte als wachstumsmindernd verbucht. So steigt das Bruttoinlandsprodukt, wenn Gewässer so stark verschmutzt sind, dass Trinkwasser teuer eingekauft werden muss, fällt hingegen, wenn sich weniger Verkehrsunfälle ereignen und Autos nicht repariert werden müssen. Auch eine Arbeitszeitverkürzung, die mehr Raum für soziale Beziehungen lässt, senkt die ökonomische Performance einer Gesellschaft, weil die Beschäftigten nicht nur weniger produzieren, sondern am Ende auch noch auf den Gedanken kommen könnten, ihre Freunde einmal wöchentlich kostenlos zu bekochen, während sich umgekehrt die unwiederbringliche Zerstörung eines tropischen Regenwaldes positiv niederschlägt, weil Artenvielfalt in Monokulturen und Bäume in Tropenholzmöbel verwandelt werden.

Dass die Wachstumskennziffer ungeeignet ist, die Lebensqualität von Gesellschaften zu messen, ist ein alter Hut. Schon 1972 konstatierte der Club of Rome, ab einem bestimmten Punkt habe Wachstum verheerende Folgen für Natur und Gesellschaft, weshalb eine Enquetekommission des Bundestags vor fast einem Jahrzehnt die Einführung alternativer Kennziffern für die Messung des Wohlstands vorschlug.[4]

---

4 Donella Meadows et al., *Die Grenzen des Wachstums. Bericht des Club of Rome zur Lage der Menschheit*, Stuttgart: Deutsche Verlags-Anstalt 1972; Enquete-Kommission Wachstum, Wohlstand, Lebensqualität – Wege zu nachhaltigem Wirtschaften und gesellschaftlichem Fortschritt in der Sozialen Marktwirtschaft des Bundestages,

Doch warum ist die Steigerung von Produktion und Konsum dann immer noch das Maß aller Dinge? Zum einen weil, wie Ökosozialist*innen schon lange behaupten[5] und mittlerweile auch bürgerliche Ökonom*innen anerkennen, Wachstum kein »irgendwie von außen verordneter Zwang, sondern eine systemimmanente Bedingung für das erfolgreiche Funktionieren kapitalistischer Wirtschaften [ist]. Wirtschaftlicher Erfolg ist in diesen Wirtschaften keine Option, sondern eine Notwendigkeit.«[6] Unternehmen, die um die Verwertung des eingesetzten Kapitals konkurrieren, müssen nämlich Produktionszahlen erhöhen, Absatzmengen erweitern und neue Bedürfnisse schaffen, wenn sie mit anderen Marktakteuren mithalten wollen. Und ihr Kapital wiederum müssen sie vermehren, weil ihre soziale Stellung dadurch bestimmt ist: Oben ist in der Gesellschaft, wer das eingesetzte Kapital am erfolgreichsten verwertet. Dies ist sozusagen die »Machtdimension« der Wachstumsgesellschaft: Kapitalakkumulation und damit auch Wachstum sind der zentrale Mechanismus zur Erlangung/Wahrung einer Herrschaftsposition in der heutigen Klassengesellschaft.

Zum anderen wird das Wachstum aber auch deshalb so selten problematisiert, weil die Produktions- und Produktivitätssteigerungen der vergangenen zwei Jahrhunderte eben nicht nur den Privilegierten, sondern auch einer breiten Mehrheit ein besseres Leben ermöglichten. Der Soziologe Harald Welzer, selbst ein entschiedener Kritiker der kapita-

---

Schlussbericht, Berlin 2013, online verfügbar unter: {http://dip21.bundestag.de/dip21/btd/17/133/1713300.pdf}.

5 Vgl. Elmar Altvater, »Wachstum, Globalisierung, Anthropozän. Steigerungsformen einer zerstörerischen Wirtschaftsweise«, in: *Emanzipation 3/1* (2013), S. 71-88.

6 Mathias Binswanger, *Der Wachstumszwang*, Weinheim: Wiley 2019, S. 58.

listischen Wachstumsgesellschaft, hat das recht anschaulich beschrieben:

> Ist Ihnen [...] eigentlich klar, dass Ihr persönlicher Lebensstandard weit besser ist als der von Ludwig dem XIV.? Okay, Sie haben keinen Hermelinmantel und nicht so schicke Schühchen. Aber sie haben: fließend Wasser, warm und kalt, Heizung, ein dichtes Dach, Fenster, durch die es nicht zieht, regendichte Kleidung, Schuhe für jede Jahreszeit, Fortbewegungsmittel aller Art, einen Zahnarzt, Betäubungsspritzen, minimalinvasive Chirurgie, Gleitsichtgläser, Zahnspangen, Schulen, Universitäten, Vereine, Schwimmbäder, Urlaubsreisen ...[7]

Diese Entwicklung hat verschiedene Ursachen, doch eine war die Marktkonkurrenz, die Produzenten unablässig dazu zwingt, die Kosten zu senken und damit auch den gesellschaftlich notwendigen Arbeitsaufwand zu reduzieren.

Dieser Trend durchzieht die industrielle Moderne. Dem für die Organisation für wirtschaftliche Zusammenarbeit und Entwicklung (OECD) erstellten und bereits zitierten Maddison-Bericht zufolge stieg die Arbeitsproduktivität, definiert als BIP je geleisteter Arbeitsstunde, in den zwölf führenden europäischen Staaten zwischen 1870 und 1998 inflationsbereinigt von 1,61 auf 28,5 US-Dollar (in internationalen Dollar von 1990), das Pro-Kopf-BIP verneunfachte sich, und die jährliche Durchschnittsarbeitszeit ging von 1295 auf 657 Stunden zurück.[8] Das macht sich auch für den Einzelnen bemerkbar: 1990 musste die durchschnittliche Lohnempfänger*in in Deutschland 30 Stunden für einen Kühlschrank und 77 für einen Fernseher arbeiten, 2016 waren es nur noch 18 bzw. 24.[9]

---

7 Harald Welzer, *Alles könnte anders sein. Eine Gesellschaftsutopie für freie Menschen*, Frankfurt/Main: Fischer 2019, S. 22.
8 Maddison, *Die Weltwirtschaft*, S. 378-382.
9 IW Consult, *Produktivitätswachstum in Deutschland*, Köln 2019, S. 7, online verfügbar unter: {https://www.iwconsult.de/fileadmin/user_upload/projekte/2019/Produktivitaetswachstum_in_Deutsch

Das Problem ist nun allerdings, dass sich diese positiven Effekte zusehends erschöpfen oder sogar in ihr Gegenteil verkehren. In vielen neueren Untersuchungen wird konstatiert, dass sich die Produktivitätsentwicklung in den OECD-Ländern trotz der Digitalisierung verlangsamt oder sie sogar stagniert.[10] Eine der Ursachen hiervon ist, dass Rationalisierungspotenziale endlich sind. Wenn eine Fertigungshalle weitgehend automatisiert ist, lässt sich die nötige Arbeitszeit nicht weiter verringern. Im immer wichtiger werdenden Dienstleistungssektor gilt das ohnehin: Ein Friseur wird nicht mehr Kunden bedienen können, wenn er sich eine neue Maschine anschafft. Was aber geschieht, wenn Investitionen in Produktion und Arbeit keine Zugewinne mehr versprechen? Genau dieser Prozess ist seit Ende der siebziger Jahre in weiten Teilen der Welt zu beobachten. Das Kapital weicht dann auf Finanz-, Immobilien- und Rohstoffmärkte aus, wo Kursgewinne möglich sind, und löst dort einen sich selbst verstärkenden Effekt aus: Je mehr Kapital dorthin fließt, umso schneller steigen die Kurse und damit auch die zu erzielenden Gewinne.

Das Problem daran ist nicht nur, dass jede Spekulationsblase irgendwann platzt – fast alle Publikationen über die Weltfinanzmärkte beginnen heute mit dem Hinweis darauf, dass die Finanzwetten auf Handelsgeschäfte das Weltsozialprodukt um ein Vielfaches übertreffen und es nur eine Frage

---

land/Gutachten_BDI_Consult_Produktivitaetswachstum_in_D.pdf}.
10 Vgl. IW Consult, *Produktivitätswachstum in Deutschland*; Bundesfinanzministerium, *Monatsbericht des BMF, Oktober 2017*, Berlin 2017, online verfügbar unter: {https://www.bundesfinanzministerium.de/Monatsberichte/2017/10/Inhalte/Kapitel-3-Analysen/3-1-Produktivitaetsentwicklung-Deutschland.html}.

der Zeit sei, bis die nächste Finanzkrise ausbricht.[11] Genauso problematisch ist, dass die Finanzialisierung auch ohne Crash den gesellschaftlichen Wohlstand zersetzt. Anstatt Konsumgüter billiger zu machen, sorgen die Kapitalströme für eine Verteuerung der Lebenshaltungskosten. Wird massiv in Immobilien investiert, steigen die Preise für Baugrund und Ackerland, was die Kosten für Mieten und Nahrungsmittel in die Höhe treibt. Verdienen Fonds immer stärker mit kurzfristigen Kursentwicklungen an der Börse ihr Geld, wird die Zerschlagung produzierender Unternehmen durch Hedgefonds zu einem lukrativen Geschäftsmodell. Wettet man auf den Erfolg der Digitalwirtschaft (wie es das Risikokapital trotz tiefroter Zahlen vieler IT-Konzerne tut), dann steigt vor allem die Nachfrage nach Rohstoffen, was in den Ländern des Südens dazu führt, dass ganze Landstriche umgepflügt und kontaminiert werden.

Der Kapitalismus und seine Wachstumsdynamik, die zwei Jahrhunderte lang zuverlässige Treiber der Wohlstandsentwicklung waren, entfalten auf diese Weise immer mehr negative Effekte. Sie sorgen nicht länger in erster Linie für eine Verringerung der notwendigen Arbeitszeit, sondern für eine spekulative Verteuerung von Rohstoffen, Wohnraum und Lebensmitteln. Der Grund dafür ist nicht »die Gier« der Vermögensbesitzer*innen und auch nicht die mangelnde politische Regulierung. Nein, die destruktiven Tendenzen nehmen zu, weil sich im Zusammenhang mit der Automatisierung die Möglichkeiten der Wertschöpfung verringern.

---

[11] Laut der Bank für Internationalen Zahlungsausgleich (BIS) belief sich die Summe allein der ausstehenden außerbörslich gehandelten Derivate im zweiten Halbjahr 2018 auf 544 Billionen US-Dollar (BIS, »Global OTC Derivatives Market«, 2019, online verfügbar unter: {https://stats.bis.org/statx/srs/table/d5.1}). Das Weltsozialprodukt von 2018 lag bei etwa 85 Billionen Dollar.

Dass die Automatisierung, die uns von monotoner Arbeit befreien könnte, Menschen ins Elend stößt, ist kein neues Phänomen. Marx beschrieb es als Widerspruch zwischen »Produktivkraft« und »Produktionsverhältnissen«: Die technische Entwicklung der »Produktivkräfte« schafft die Voraussetzungen für ein gutes Leben, aber die Eigentumsverhältnisse machen diesen Fortschritt für viele zur Tragödie, denn wer keinen Job mehr hat, profitiert nicht vom wachsenden gesellschaftlichen Reichtum.

Neu ist nun, dass die Rationalisierung das Geschäftsmodell ganzer Branchen aushöhlt. Die Automatisierung lässt die Grenzkosten rasant fallen, das heißt, zusätzlich hergestellte Mengeneinheiten eines Produkts kosten nichts oder fast nichts mehr. Das gilt für Softwarekopien, aber tendenziell auch für viele Medikamente, Textilien und sogar Maschinen.[12]

Was aber geschieht, wenn auf der einen Seite die Preise fallen, auf der anderen die Kaufkraft der Bevölkerung unter Druck gerät, weil viele Beschäftigte durch die Rationalisierung aus ihren Jobs verdrängt werden? Dann werden speku-

---

12 In seinem Buch *Postkapitalismus* aus dem Jahr 2016 feierte Paul Mason Automatisierung und fallende Grenzkosten als Beweis dafür, dass der Kapitalismus seinem Ende entgegengeht (ders., *Postkapitalismus. Grundrisse einer kommenden Ökonomie*, Berlin: Suhrkamp 2016). Im Nachfolger *Klare, lichte Zukunft. Eine radikale Verteidigung des Humanismus* (Berlin: Suhrkamp 2019) erkennt Mason hingegen an, dass der technologische Schub Ausbeutung und Herrschaft auch verschärfen kann. Vor allem die neuen Kriegs- und Kontrolltechnologien haben das Potenzial, Macht auf nie da gewesene Weise in den Händen weniger zu konzentrieren. Völlig unkritisch verarbeitet ist das Phänomen der Automatisierung bei Jeremy Rifkin, der in *Die Null-Grenzkosten-Gesellschaft: Das Internet der Dinge, kollaboratives Gemeingut und der Rückzug des Kapitalismus* (Frankfurt/Main, New York: Campus 2014) von einem technisch angetriebenen Übergang zu einer Ökonomie des Teilens phantasiert.

lative Geschäftsmodelle wichtiger, die auf »Renten«, also auf Einkommen setzen, für die keine aktuelle Gegenleistung erbracht wird. Dazu gehören Kursgewinne an Börsen, Dividenden, aber auch Pacht und Mieten. Und auch die Macht der großen IT-Konzerne stützt sich insofern auf rentistische Geschäftsmodelle, als sie ihr Geld damit verdienen, den Zugang zu Märkten zu »besteuern«.[13] So beruhen die Gewinne von Amazon ganz wesentlich darauf, dass der Konzern Gebühren auf den Handel anderer erhebt. Weil die Plattform ein Quasimonopol besitzt, sind viele Hersteller gezwungen, sich den Regeln des Konzerns zu unterwerfen. Ganz ähnlich Google: Der Konzern lebt davon, dass er mithilfe seiner Maschinen darüber entscheidet, wer überhaupt auf dem Markt sichtbar wird. Die Rede davon, dass »Daten der Rohstoff der Zukunft« seien, verschleiert vor diesem Hintergrund vor allem eins: Wir erleben eine »rentistische« Transformation des Kapitalismus. Renten haben indes ein wesentliches Merkmal: Sie tragen nichts zur Wohlstandsmehrung der Gesellschaft bei.

Grüne Revolution: Die Beschränkung des Stoffwechsels

Dies ist allerdings nur die eine Seite dessen, was Birgit Mahnkopf mit dem Bild eines heraufziehenden »perfect storm« und Klaus Dörre als »ökonomisch-ökologische Zangenkrise« beschrieben haben.[14] Der noch weitaus dramatischere

---

13 Philipp Staab, *Digitaler Kapitalismus. Markt und Herrschaft in der Ökonomie der Unknappheit*, Berlin: Suhrkamp 2019.
14 Birgit Mahnkopf, »Peak Everything – Peak Capitalism«, Kolleg Postwachstumsgesellschaften Working Papers 2/2013, Jena 2013, online verfügbar unter: {www.kolleg-postwachstum.de/sozwgmedia/doku mente/WorkingPaper/wp2_2013.pdf}; Klaus Dörre, »Risiko Kapita-

Aspekt dieser Entwicklung ist, dass die stofflichen Prozesse das ökologische System unseres Planeten an seine Grenzen bringen. Eine Gruppe um den Umweltwissenschaftler Johan Rockström formulierte 2009 neun biophysikalische Grenzen:[15] Klimawandel, Übersäuerung der Weltmeere, Abbau des Ozons in der Stratosphäre, globaler Phosphor- und Stickstoffkreislauf, Verlust an Biodiversität, Frischwasserverknappung, Erschöpfung der Böden, Aerosole in der Atmosphäre sowie chemische Verschmutzung.

Die ökonomischen Debatten der Gegenwart suggerieren, Unternehmensgewinne und Börsenkurse seien Indikatoren für materielle Zustände. Doch es ist genau umgekehrt: Geldgrößen sind nichts weiter als symbolische Zeichen. Sehr materiell hingegen ist der Zustand der ökologischen Systeme, und hier wiederum gilt, dass die Produktionsweise der vergangenen 200 Jahre die biophysikalischen Bedingungen der Erde so stark verändert hat, dass die Lebensgrundlagen vieler Tier- und Pflanzenarten, aber auch eines wichtigen Teils der Weltbevölkerung akut gefährdet sind. Neben dem Anstieg der Meeresspiegel, der Verknappung des Trinkwassers und der Zunahme von Naturkatastrophen sind ganz allgemein geringere Ernten zu erwarten. Der »Lancet-Report« von 2019 prognostiziert pro Grad Temperaturanstieg einen Ernterückgang von ein bis sieben Prozent bei Mais, Weizen, Reis und Soja.[16] Wenn das zutrifft, werden aufgrund des Kli-

---

lismus. Landnahme, Zangenkrise, Nachhaltigkeitsrevolution«, in: ders. et al. (Hg.), *Große Transformation? Zur Zukunft moderner Gesellschaften*, Berlin: Springer 2019.

15 Johan Rockström et al., »Planetary Boundaries: Exploring the Safe Operating Space for Humanity«, in: *Ecology and Society* 14/2 (2009), online verfügbar unter: {https://www.ecologyandsociety.org/vol14/iss2/art32/}.

16 Nick Watts et al., »The 2019 Report of The Lancet Countdown on Health and Climate Change«, in: *The Lancet* 394 (2019), S. 1836-

mawandels schon bald die Lebensmittelpreise stark steigen und sehr viel mehr Menschen Hunger leiden.

Die Blindheit der Wirtschaftswissenschaften gegenüber irreversiblen stofflichen Prozessen wird schon seit Jahrzehnten kritisiert. Ein Pionier dieser Debatte war der Mathematiker und Ökonom Nicholas Georgescu-Roegen, der Anfang der siebziger Jahre forderte, den zweiten Hauptsatz der Thermodynamik in ökonomischen Modellen zu berücksichtigen. Dieser Hauptsatz besagt, dass die Energietransformation in geschlossenen Systemen unumkehrbar ist und dass dabei die Verteilung der Energie im System stets zunimmt. Sprich: Verbrennt man ein Stück Kohle, ist die Energie zwar nicht verloren, verteilt sich aber als Wärme so im System, dass sie für eine neuerliche Nutzung nicht mehr zur Verfügung steht. Nur durch Energiezufuhr von außen kann dieser Prozess umgekehrt werden: So war es die Sonneneinstrahlung im Karbon, die über Millionen Jahre hinweg das Entstehen jener Kohle- und Ölvorkommen in der Erdkruste ermöglicht hat, die von der Menschheit innerhalb weniger Jahrhunderte aufgebraucht wurden.

Die Energietransformation ist aber längst nicht der einzige stoffliche Prozess. Bei jeder Transformation von Naturstoffen in Gebrauchsgegenstände werden Ressourcen verbraucht und Müll produziert.[17] Die Mainstream-Ökonomie

---

1878, hier S. 1847, online verfügbar unter: {https://www.thelancet.com/action/showPdf?pii=S0140-6736(19)32596-6}.

17 Das konstatierte bereits Karl Marx, der nie der Produktivist war, zu dem ihn die sozialdemokratische und kommunistische Rezeption später machen sollte. In den Bänden des *Kapital* diskutiert er an verschiedenen Stellen den »Metabolismus«, also den Stoffwechsel mit der Natur und verweist auf die ökologische und soziale Destruktivkraft: »Die kapitalistische Produktionsweise untergräbt die Springquellen des Reichtums: die Erde und die Arbeiter.« (MEW, Bd. 23, S. 530) Auf die Naturverhältnisse aufmerksam wird Marx vor allem

und der Common Sense der kapitalistischen Gesellschaften gehen von unendlich erweiterbaren Kreisläufen aus, wie sie in der Sphäre der symbolischen Geldwerte vorstellbar, in der materiellen Welt aber unmöglich sind. Für digitale Infrastruktur benötigt man Kupfer, für E-Autos Lithium, für Solarpanels seltene Metalle. Selbst wenn man Ressourcen sparsamer einsetzt, erreichen diese stofflichen Prozesse irgendwann Grenzen. Unendliches Wachstum mag es in der virtuellen Welt der Geldmengen geben, in der materiellen Welt, in der wir leben, hingegen ist jede Wachstumskurve beschränkt, wie der Umweltwissenschaftler Vaclav Smil umfassend belegt hat.[18] Vor diesem Hintergrund sieht Birgit Mahn-

---

im Zusammenhang mit der Verstädterung. Durch die Abwanderung der Bevölkerung aus den ländlichen Gebieten wurde nämlich der natürliche Stoffkreislauf in der Landwirtschaft unterbrochen, und die Böden laugten aus. Bis zur Erfindung des Kunstdüngers Anfang des 20. Jahrhunderts wurde dem entgegengewirkt, indem man Vogeldünger aus aller Welt importierte. Dies wiederum zog imperialistische Interventionen wie den Salpeterkrieg in Chile oder die koloniale Inbesitznahme von Inseln im Rahmen des Guano Island Acts durch die USA nach sich. Marx weist auf den Zusammenhang hin, der zwischen Stadt-Land-Verhältnis, der Störung der ökologischen Systeme und der Notwendigkeit zur räumlichen Expansion, also der imperialen Landnahme neuer Territorien, besteht. Die Thesen Karl Marx' über den »unheilbaren Riss«, den die kapitalistische Produktionsweise mit der Natur hinterlässt, hat vor allem John Bellamy Foster herausgearbeitet (vgl. ders., *Marx's Ecology. Materialism and Nature*, New York: Monthly Review 2000; ders., »Marx's Theory of a Metabolic Rift«, in: *The American Journal of Sociology* 105/2, [1999], S. 366-405). Auf Grundlage lange unbekannter Exzerpte hat der japanische Philosoph Kohei Saito das Marx'sche Ökologiedenken ausführlich rekonstruiert (Kohei Saito, *Natur gegen Kapital. Marx' Ökologie in seiner unvollendeten Kritik des Kapitalismus*, Frankfurt/Main, New York: Campus 2016).
18 Für einen umfassenden Überblick über die Welt der Wachstumskurven vgl. Vaclav Smil, *Growth. From Microorganisms to Megacities*, Cambridge, London: MIT Preiss 2019.

kopf eine große Systemkrise heraufziehen, bei der sich ökologische, soziale und politische Dynamiken gegenseitig verstärken:

> In erster Linie aber sind es Naturwissenschaftler, die heute darauf aufmerksam machen, dass der Druck auf den Komplex der miteinander vernetzten globalen »Ressourcen« Energie, Wasser und Nahrung sehr schnell zunehmen wird, ohne dass sich in der überschaubaren Zukunft der nächsten Jahrzehnte irgendeine Lösungsperspektive abzeichnen würde. [...] Wir haben es gegenwärtig eben nicht mit einer bloßen zeitlichen Synchronisation unterschiedlicher Ursachenherde und Krisentreiber zu tun, sondern mit einer Krise des Kapitalismus als eines »*weltökologischen Systems*«.[19]

An dieser Stelle werden vermutlich viele einwenden, dass Linke in der Vergangenheit schon öfter einen unmittelbar bevorstehenden Zusammenbruch des Kapitalismus prognostiziert haben. Doch man darf sich die heraufziehende Krise nicht als biblisches Harmagedon vorstellen, nach dem schlagartig alles vorüber ist. Weder ist der Klimawandel eine Wand, auf die wir als Menschen zusteuern, noch wird eine plötzliche Flutwelle sämtliche Metropolen hinwegspülen. Zu befürchten ist vielmehr, dass die ökologischen Veränderungen schleichende soziale Krisen in Gang setzen und damit jene Tendenzen weiter verschärfen, die heute schon überall in der Welt zu beobachten sind: Ausbreitung des Rassismus, das Erstarken rechtsextremer Bewegungen, die eine nationalstaatliche Abkopplung von der globalen Krise verheißen, militärische Konkurrenz, Kriege. Wenn diese Annahme stimmt, müssen wir davon ausgehen, dass uns die Ausläufer des »perfect storm« längst erreicht haben. Die »politischen Monster«, die überall Parlamente und Regierungen erobern, sind Ausdruck dessen, dass die Krise in einer Welt, in der der Wert

---

19 Mahnkopf, »Peak Everything – Peak Capitalism«, S. 11f.

unendlich gesteigert werden muss, nicht bearbeitet werden kann, und die Profiteur*innen der sozialen Ordnung einen Ausstieg aus dem Hamsterrad der Kapitalakkumulation mit allen Mitteln zu verhindern suchen. Die Attraktivität der extremen Rechten speist sich daraus, dass sie das Versprechen verkünden, es könne weitergehen wie bisher, während Linke über ein Szenario sprechen, vor dem man am liebsten eskapistisch die Augen verschließen möchte. Doch es gibt keine Alternative zur Auseinandersetzung mit der Realität, und die große Chance eines radikalen Entwurfs besteht genau darin.

So oder so: Wir stehen vor einem Epochenbruch. Unser Leben wird sich extrem verändern – *by design or by disaster*. Der Journalist David Wallace-Wells hat unlängst daran erinnert, dass es fünf große Wellen des Artensterbens in der Erdgeschichte gab, die alle auf die eine oder andere Weise mit schnellen Temperaturveränderungen zu tun hatten.[20] Die schlimmste ereignete sich vor 252 Millionen Jahren am Ende des Perms, als sich die Erde um fünf Grad erwärmte und, vermutlich durch die Freisetzung von Methangas, eine Kettenreaktion in Gang kam, an deren Ende »90 Prozent der Meerestierarten, 70 Prozent der Landwirbeltiere und 30 Prozent der Insektenarten« ausgestorben waren.[21] Das ist das Szenario, auf das wir zusteuern, wenn wir nicht in der Lage sind, die Notbremse zu ziehen und für einen radikalen Paradigmenwechsel von Ökonomie und Gesellschaft zu sorgen.

Schon vor Jahrzehnten hat die technische und produktive Entwicklung ein Niveau erreicht, das der gesamten Weltbe-

---

[20] David Wallace-Wells, »Ausblick auf das Höllenjahrhundert«, in: *Blätter für deutsche und internationale Politik* 11 (2019), online verfügbar unter: {https://www.blaetter.de/ausgabe/2019/november/ausblick-auf-das-hoellenjahrhundert}.

[21] Uwe Brand et al., »Methane Hydrate: Killer Cause of Earth's Greatest Mass Extinction«, in: *Paleoworld* 25/4 (2016), S. 496-507.

völkerung ein Leben mit allen notwendigen Bedarfsgütern und deutlich weniger Arbeit erlauben würde. Die große ökonomische Herausforderung der Gegenwart hat nichts mehr mit Reichtumsmehrung zu tun, sondern mit der Frage, wie der Energie- und Ressourcenverbrauch und damit der Stoffwechsel mit der Natur beschränkt werden kann. Im Prinzip wissen das alle: Dass die Wirtschaft »grüner« werden muss, gehört zu den abgedroschensten Gemeinplätzen der Politik. Der Bericht des Club of Rome konstatierte 1972 die *Grenzen des Wachstums*, der UN-Gipfel 1992 in Rio de Janeiro versprach, »nicht nachhaltige Produktionsweisen und Konsumgewohnheiten abbauen und beseitigen« zu wollen, das Kyoto-Protokoll von 1997 legte verbindliche Zielwerte für Treibhausgas-Emissionen fest, die OECD-Staaten kündigten 2009 an, auf »grünes Wachstum« zu setzen, und die EU-verpflichtete sich 2018 zur Klimaneutralität.[22]

Doch passiert ist so gut wie nichts. Zwar wird für den Zeitraum bis 2024 ein beachtlicher Ausbau der weltweiten regenerativen Energieanlagen und »eine Zunahme der installierten Leistung von 1200 Gigawatt« prognostiziert, was immerhin der Stromerzeugung der USA entspräche,[23] doch das hat keine Auswirkungen auf die Gesamttendenz. Lagen die globalen CO_2-Emissionen Ende der achtziger Jahre, als der Kampf gegen den Klimawandel ausgerufen wurde, bei etwa 22 Mil-

---

[22] Konferenz der Vereinten Nationen über Umwelt und Entwicklung, »Rio-Erklärung über Umwelt und Entwicklung«, Rio de Janeiro 1992, S. 2, online verfügbar unter: {http://www.unesco.org/education/pdf/RIO_E.PDF}; OECD, »Declaration on Green Growth«, 25. Juni 2009, online verfügbar unter: {https://www.oecd.org/env/44077822.pdf}.

[23] Volker Mrasek, »Gute Aussichten für Solarenergie«, Deutschlandfunk (21. Oktober 2019), online verfügbar unter: {https://www.deutschlandfunk.de/erneuerbare-energie-gute-aussichten-fuer-solarenergie.676.de.html?dram:article_id=461466}.

liarden Tonnen jährlich, hat sich der Ausstoß seitdem auf 37 Milliarden Tonnen fast verdoppelt;[24] allein 2018 wurde ein Zuwachs von 2,7 Prozent gegenüber dem Vorjahr registriert. In Deutschland gelang in etwa diesem Zeitraum zwar ein Rückgang der Emissionen von 1250 auf 811 Millionen Tonnen, aber die wichtigsten Faktoren hier waren die Abwicklung der DDR-Industrien in den Jahren 1990 bis 1992, die Finanzkrise 2009 und die Auslagerung von Produktion in andere Länder.[25] Wenn deutsche Automobilkonzerne in China und Tschechien fertigen lassen oder Landwirte lateinamerikanisches Soja verfüttern, weil der heimische Mais in der Biogasanlage landet, werden die CO_2-Emissionen nicht gesenkt, sondern nur anders verrechnet. Dass der Anteil der erneuerbaren Energien an der Stromerzeugung in Deutschland auf über vierzig Prozent gestiegen ist, mag zwar erfreulich sein, doch die Vorstellung, es bedürfe nur einer entschlosseneren grünen Politik, ist eine gefährliche Illusion.[26] Gerade im Umfeld der Grünen (teilweise aber auch bei den Gewerkschaften) sind heute Erzählungen en vogue, wonach ein neuer ökologischer Wachstumszyklus es uns ermöglichen könnte, weiterzumachen wie bisher. So schreibt der langjährige Leiter der parteinahen Heinrich-Böll-Stiftung Ralf Fücks, Europa stehe vor einer neuen Gründerzeit, die den Kontinent zum Vorreiter einer »grünen industriellen Revolution«

---

24 Corinne Le Quére et al., »Global Carbon Budget 2018«, online verfügbar unter: {https://www.earth-syst-sci-data.net/10/2141/2018/}.

25 Umweltbundesamt, »Treibhausgas-Emissionen in Deutschland«, online verfügbar unter: {https://www.umweltbundesamt.de/daten/klima/treibhausgas-emissionen-in-deutschland#textpart-1}.

26 Bund der Energie- und Wasserwirtschaft, »Erneuerbare decken fast 43 Prozent des Stromverbrauchs«, Presseerklärung vom 25. Oktober 2019, online verfügbar unter: {https://www.bdew.de/presse/presseinformationen/erneuerbare-decken-fast-43-prozent-des-stromverbrauchs/}.

machen werde.²⁷ Die »Entkopplung von Wertschöpfung und Naturverbrauch« sowie die Entwicklung von Kreislaufwirtschaften, bei denen sämtliche verbrauchte Rohstoffe recycelt werden, könnten das Tor zu einer *green economy* aufstoßen. Das klingt schön, ist nach Stand der Dinge aber leider nicht minder utopisch als die Ausrufung einer ökopazifistischen Weltrepublik.

Selbstverständlich kann der Ressourcenverbrauch in vielen Produktionsprozessen deutlich zurückgehen, doch das Problem eines »grünen Kapitalismus« besteht darin, dass Effizienzgewinne, die das innovationsfreundliche Klima der Wettbewerbsgesellschaft begünstigt, durch die von derselben Konkurrenz befeuerten Reboundeffekte sofort wieder wettgemacht werden.²⁸ Motoren werden effizienter, doch die Autoindustrie bewirbt größere Fahrzeuge, denen als Statusobjekte in der Klassengesellschaft besondere Bedeutung zukommt und mit denen sich auch mehr Geld verdienen lässt. Heizungen werden besser, aber die Ächtung kollektiver Lebensstile führt dazu, dass mehr Menschen in Einfamilienhäusern leben wollen. Die Recyclingquote steigt, aber selbst ein halbes Pfund Gewächshaustomaten wird in Plastik eingeschweißt und einmal quer durch Europa transportiert. Offenbar ist der Kapitalismus aufgrund der ihm eigenen Dynamik sehr gut bei der Durchsetzung technischer Neuerungen, aber ausgesprochen unfähig zu jener Beschränkung des Warenausstoßes, die heute den wichtigsten Beitrag zur Reduk-

---

27 Ralf Fücks, *Intelligent wachsen. Die grüne Revolution*, München: Hanser 2013, S. 13.
28 Zum Rebound-Effekt vgl. Tilman Santarius, »Der Rebound-Effekt. Über die unerwünschten Folgen der erwünschten Energieeffizienz«, Wuppertal Papers zur Wachstumswende Nr. 5, Wuppertal 2012, online verfügbar unter: {http://www.santarius.de/wp-content/uploads/2012/03/Der-Rebound-Effekt-2012.pdf}.

tion des Stoffwechsels mit der Natur darstellen würde. Alle ernsthaften Studien, die die Möglichkeit eines ökologisch nachhaltigen Wachstums anhand verschiedener Modelle durchspielen, kommen deshalb zu der Schlussfolgerung, dass wir zumindest eine »weniger kapitalistische, resilientere Post-Growth-Ökonomie« entwickelt müssen.[29]

Wahrscheinlich hat in der Umwelt- und Klimadebatte wenig so viel Schaden angerichtet wie der Begriff der *green economy*, der heute mit Vorliebe verwendet wird, um die destruktivsten Konzernstrategien zu verschleiern. Von der Abholzung von Urwäldern für die Produktion von Biokraftstoffen über die Patentierung von Pflanzen durch Pharmakonzerne bis hin zur Digitalisierung wird alles Mögliche als »grün« vermarktet.[30] Dabei zeigt gerade der Siegeszug der IT-Branche, die um die Jahrtausendwende noch als Schrittmacherin bei der Transformation einer schmutzigen *brown economy* in eine »grüne« Dienstleistungswirtschaft gefeiert wurde, wie unbegründet die Hoffnung war, es könnte so etwas wie eine immaterielle Wertschöpfung geben – ohne Stoffwechsel, Energietransformation und Naturverbrauch. Längst

---

29 Tim Jackson, »The Post-Growth Challenge«, CUSP Working Papers Nr. 12, Guildford 2018, S. 31f., online verfügbar unter: {https://www.cusp.ac.uk/themes/aetw/wp12/#1475182667098-0328aeof-4bcb3691-b07686d5-d83f5228-4386}; vgl. Jason Hickel/Giorgios Kallis, »Is Green Growth Possible?«, in: *New Political Economy* (2019), online verfügbar unter: {https://www.jasonhickel.org/academic-work}.

30 Vgl. die ebenfalls bei der Heinrich-Böll-Stiftung erarbeitete Kritik von Thomas Fathäuser/Lili Fuhr/Barbara Unmüßig, *Inside the Green Economy. Promises and Pitfalls*, Cambridge: UIT Cambridge 2016. Vor diesem Hintergrund bezeichnen Tim Jackson und Peter Victor *green economy* als »umkämpftes Konzept«, das für *business as usual*, aber eben auch für alternative Projekte stehen kann; vgl. Tim Jackson/Peter Victor, *Green Economy at Community Scale*, Toronto: Metalcalf Foundation 2013.

hat sich auch die virtuelle Welt als zutiefst diesseitig erwiesen: Der digitale Kommunikationssektor konsumierte 2012 4,6 Prozent des weltweiten Stromverbrauchs;[31] eine Studie sieben Jahre später machte ihn bereits für vier Prozent der globalen Treibhausgas-Emissionen verantwortlich[32] – doppelt so viel, wie die globale Luftfahrt verursacht. Besonders die Streamingdienste, die in erster Linie dafür sorgen, dass Pornos, Katzenvideos und Serien in den Wohn- und Schlafzimmern flimmern, fallen immer stärker ins Gewicht. Für den Zeitraum 2016 bis 2021 geht man von einer Vervierfachung des Daten-Traffics für Video-Streaming aus (von etwa 50 Exabyte auf knapp 200 Exabyte pro Monat), womit Streaming zwei Drittel des gesamten Datenverkehrs ausmachen würde.[33] Dieser Internettraffic kann zwar energieeffizienter werden, weil sich die Abwärme der Rechenzentren beispielsweise zur Beheizung von Schwimmbädern einsetzen lässt, doch »entkoppelt vom Naturverbrauch« ist er deshalb noch lange nicht: Für eine einfache Suchanfrage bei Google werden etwa 0,3 Wattstunden Energie benötigt;[34] mit dem für

---

31 Ward Van Heddeghem et al., »Trends in Worldwide ICT Electricity Consumption From 2007 to 2012«, in: *Computer Communications* 50 (2014), S. 64-76.
32 The Shift Project, *Lean ICT. Towards Digital Sobriety*, Paris 2019, S. 18, online verfügbar unter: {https://theshiftproject.org/wp-content/uploads/2019/03/Lean-ICT-Report_The-Shift-Project_2019.pdf}.
33 Ebd., S. 23.
34 Vgl. »Faktencheck. Ökobilanz von Suchmaschinen«, *SWR Wissen* (4. September 2018), online verfügbar unter: {https://www.swr.de/wissen/20-jahre-google-umweltfacts-zu-suchmaschinen/-/id=2531 26/did=22378814/nid=253126/d2azhl/index.html}; »Google verbraucht so viel Strom wie eine Großstadt«, in: *Spiegel Online* (8. September 2011), online verfügbar unter: {https://www.spiegel.de/wirtschaft/unternehmen/suchmaschinenriese-google-verbraucht-so-viel-strom-wie-eine-grossstadt-a-785217.html}.

hundert Such-Clicks konsumierten Strom kann man dementsprechend etwa drei Minuten lang die Wäsche bügeln. Nun werben die Internetkonzerne zwar damit, dass sie massiv in erneuerbare Energien investieren, doch entscheidend für die Klimaneutralität ist nicht der Aufbau zusätzlicher, sondern die Substitution vorhandener Energiekapazitäten. Ersetzen die neuen Anlagen keine alten, steigern auch sie die Umweltbelastung, weil bei ihrem Aufbau ebenfalls Emissionen anfallen.

Dazu kommt außerdem, dass es keine Digitalisierung ohne entsprechende Geräte und materielle Infrastrukturen gibt. Berechnungen für neue Technologien, schreibt Birgit Mahnkopf, »berücksichtigen keine Glasfaserkabel, Sensoren, Prozessoren, Displays und vieles mehr, für deren Herstellung Rohstoffe in großen Mengen verbraucht werden. Unberücksichtigt bleibt auch, dass bei der Produktion und für den Betrieb dieser Produkte elektrischer Strom benötigt wird und die Entsorgung oder das Recycling älterer und defekter Produkte ebenfalls energieaufwendig ist.«[35] Mahnkopf zitiert Schätzungen, wonach der Nickelverbrauch bis 2025 um 40 Prozent steigen und sich der Kobaltbedarf verdoppeln dürfte.

Wenn Metalle und andere Rohstoffe knapper werden und die Preise anziehen, wird die Förderung an Lagerstätten mit geringer Konzentration profitabel. Das hat zur Folge, dass immer größere Mengen an Erdreich bewegt und mit zum Teil hochgiftigen Chemikalien versetzt werden, um die Rohstoffe aus der Erde zu lösen. In den lateinamerikanischen Ländern, wo in einigen Fällen mehr als ein Fünftel des nationalen Territoriums im Rahmen von Bergbaukonzessionen

---

35 Birgit Mahnkopf, »Produktiver, grüner, friedlicher? Die falschen Versprechen des digitalen Kapitalismus«, in: *Blätter für deutsche und internationale Politik* 11 (2019), S. 89-98.

an Konzerne vergeben wurde – Präsident Andrés López Obrador zufolge waren es in Mexiko in den vergangenen 25 Jahren sogar über 50 Prozent des Territoriums[36] –, lässt sich diese Entwicklung schon seit vielen Jahren beobachten. Die neuen Landkämpfe in Lateinamerika, die Vertreibung von Indigenen und Bäuer*innen, die Verschmutzung von Flüssen und der Bau gigantischer Wasserkraftwerke – das alles sind auch Folgen des Booms in der angeblich so stoffwechseleffizienten Digitalwirtschaft.

Derartige Zusammenhänge lassen sich überall konstatieren: Weil die Luftfahrtindustrie von einem klimafreundlichen Fliegen dank synthetischer Kraftstoffe träumt, brachte die ehemaligen Grünen-Vorsitzende Simone Peter, die seit 2018 als Lobbyistin des Bundesverbandes Erneuerbare Energien tätig ist, unlängst eine gesetzlich verankerte Umstellung auf »grünes Kerosin« bis zum Jahr 2035 ins Spiel. Selbst wenn man annimmt, dass dies einen technischen Entwicklungsschub in Gang setzen und die Energieeffizienz synthetischer Kraftstoffe erhöhen würde, wäre das zugrunde liegende Problem damit nicht aus der Welt: Um die Flugzeuge, die heute aus Deutschland abheben, mit synthetischen Kraftstoffen zu betanken, müsste im Augenblick die gesamte deutsche Stromerzeugung aus erneuerbaren Energien dafür eingesetzt werden.[37] Die Wasserstofftechnologie ist zwar durchaus

---

36 »AMLO da a conocer cifras de las concesiones mineras de anteriores sexenios«, in: *El Economista* (24. Dezember 2019), online verfügbar unter: {https://www.eleconomista.com.mx/politica/AMLO-da-a-co nocer-cifras-de-las-concesiones-mineras-de-anteriores-sexenios--- 20191224-0006.html}.

37 »›Synthetische Kraftstoffe sind einziger Weg für die Langstrecke‹«, Jakob Graichen im Gespräch mit Stefan Römermann, Deutschlandfunk (21. August 2019), online verfügbar unter: {https://www. deutschlandfunk.de/fliegen-ohne-co2-ausstoss-synthetische-kraft stoffe-sind.697.de.html?dram:article_id=456884}.

eine Option für den Verkehrssektor, weil sich mit ihr zu einem bestimmten Zeitpunkt (zum Beispiel nachts) nicht benötigter oder abgelegen produzierter Strom aus Wind- und Solarenergie verarbeiten lässt und leistungsstarke Batterien in Elektroautos ein hohes Eigengewicht besitzen (und damit eine schlechtere Effizienz als Wasserstoff-Sauerstoff-Brennzellen). Doch zu einer Senkung der Umweltbelastungen wird die Technologie nur beitragen, wenn zunächst einmal der Gesamtkonsum reduziert wird. Gegen das Versprechen eines neuen, »ökologischen« Wachstumszyklus gibt es aber auch noch einen anderen prinzipiellen Einwand. Dass es trotz des gesellschaftlichen Willens bisher nicht gelungen ist, fossile Brennstoffe wirklich zu ersetzen – wenn man nicht nur den Stromkonsum, sondern den Gesamtenergieverbrauch betrachtet, deckten Sonne, Wind und Wasser 2018 in Deutschland trotz Energiewende gerade einmal 16,6 Prozent ab[38] –, hat damit zu tun, dass der Technologiewechsel enorme Folgen für die Produktions- und Lebensweise hätte. Die kritischen Umweltwissenschaften haben in den vergangenen Jahren sehr überzeugend zeigen können, wie eng der Zusammenhang zwischen der Nutzung fossiler Brennträger und den hohen Wachstumsraten in der industriellen Moderne war. So war die Steigerung der Arbeitsproduktivität nur möglich, weil Maschinen die Muskelkraft von Menschen und Tieren ersetzten. Die dafür nötige Energie ließ sich mit Holz schon bald nicht mehr erreichen. Kohle und Erdöl hingegen erlaubten eine viel größere Dynamik, weil ihre Energiedichte hoch ist und sie »billig« zur Verfügung standen, da die Natur die Umwandlung von Sonnen-

---

[38] Umweltbundesamt, »Erneuerbare Energien in Zahlen«, online verfügbar unter: {https://www.umweltbundesamt.de/themen/klima-energie/erneuerbare-energien/erneuerbare-energien-in-zahlen#statusquo}.

energie in Biomaterie und deren Komprimierung in der Erdkruste über Millionen Jahre erledigt hatte. In anderen Worten: Die Industrie- und Wohlstandsgesellschaften haben in den letzten zwei Jahrhunderten Energiemengen verbraucht, für die Millionen Jahre an Energietransformation notwendig waren, und dementsprechend weit über ihren Verhältnissen gelebt.

Eine Kennziffer, die diesen Zusammenhang veranschaulicht, ist der sogenannte »Erntefaktor« (ERoEI = *energy returned on energy invested*). Er beschreibt die Korrelation zwischen der über die Laufzeit eines Kraftwerks gewonnenen und der für dessen Bau und Betrieb aufgewendeten Energie. ERoEI besitzt für Kohle, Öl und erneuerbare Energien keine allgemeingültigen Werte, denn es macht einen Unterschied, ob leicht zu raffinierendes Öl praktisch von selbst aus der Erde tritt oder offshore auf hoher See erschlossen werden muss. Auch die Effizienz von Solarpanels variiert je nach Standort und Bauweise erheblich. Trotzdem lassen sich allgemeine Trends ausmachen: Erstens geht das Zeitalter des »billigen« Erdöls zu Ende, denn auch fossile Brennträger sind zunehmend schwerer zu fördern oder zu verarbeiten. In diesem Sinne haben Teersande und durch Fracking gewonnenes Gas einen deutlich niedrigeren ERoEI als konventionelles Erdöl. Zweitens haben die erneuerbaren Energien (mit Ausnahme von Laufwasserkraftwerken und großen Windturbinen an der Küste) trotz technischer Effizienzgewinne einen deutlich niedrigeren Erntefaktor als fossile Brennträger. Besonders Biokraftstoffe und Photovoltaik weisen eine recht bescheidene Bilanz auf.

Eine britische Studie konstatiert:

Das 20. Jahrhundert war eine bemerkenswerte Zeit, die nicht nur von schrecklichen Kriegen, sondern auch von einem nie da gewesenen Wachstum von Bevölkerung und Pro-Kopf-Wohlstand gekennzeichnet war, und in der sich unser Energieverbrauch verzehnfachte. Das Wirtschaftswachstum wird meistens auf Innovation, Technologie, das kapitalistische System, nationale Tugenden und andere menschliche Eigenschaften zurückgeführt. Zweifelsohne sind einige dieser Erklärungen richtig, aber unserer Ansicht nach war es vor allem die Verfügbarkeit von leicht erschließbarer (und daher billiger) Energie, die die enorm hohen und beispiellosen Wachstumsraten ermöglichte.[39]

Das hat Auswirkungen auf die Entwicklungsperspektiven von Gesellschaften: »Für eine moderne Zivilisation benötigt man nicht einfach nur einen Energieüberschuss, sondern große Überschüsse, und hierfür wiederum benötigt man entweder Energiequellen mit einem hohen oder sehr viele Quellen mit einem moderaten Erntefaktor.«[40] Länder, die keinen eigenen Zugang zu Öl und Kohle haben oder sich die Weltmarktpreise nicht leisten können, werden eine bestimmte Entwicklung also gar nicht erst durchlaufen. Und: Ändert sich die Energieversorgung, dann transformiert sich auch die Produktions- und Lebensweise der betreffenden Gesellschaften. Die Zeit hoher Wachstumsraten ist passé.

Eine entscheidende Ursache dafür, warum die CO_2-Emissionen trotz aller Absichtserklärungen in den vergangenen dreißig Jahren weiter stark gestiegen sind, könnte also ganz einfach darin bestehen, dass ein Ende des Fossilismus das Wirtschaftswachstum spürbar senken wird und eine lokale oder nationalstaatliche Energiekonversion in der Welt der freien Märkte beträchtliche Wettbewerbsnachteile zur Folge hätte. Wie bereits gesagt: Es stimmt, dass Linke schon so lange vom »Spätkapitalismus« reden, dass mittlerweile der Be-

---

39 Jessica Lambert et al., *EROI of Global Energy Ressources*, Syracuse 2013, S. 14 f., online verfügbar unter: {https://mahb.stanford.edu/wp-content/uploads/2014/03/EROI-of-Global-Energy-Resources_SUNYNGEI1.pdf}.
40 Ebd., S. 113.

griff, nicht aber das ökonomische System aus der Zeit gefallen wirkt. Doch die Energie- und Stofftransformation, auf der jede Wertschöpfung beruht, stellte eine materielle Schranke dar, die nicht überwunden werden kann. Irgendwann sind die Senken für Müll und Emissionen voll, irgendwann hat man auf der Suche nach Rohstoffen alle Länder umgegraben und alle Wälder zerstört. Und das wäre dann tatsächlich die Grenze des auf unendliches Wachstum ausgelegten Kapitalismus.

Der Umwelthistoriker Jason Moore hat diesen Zusammenhang aus einer größeren welthistorischen Perspektive verdeutlicht.[41] Entstehung und Ausbreitung des Kapitalismus erklärt er mit den *four cheaps*: billige Energie, billige Arbeitskraft, billige Nahrung und billige Rohstoffe. »Billig« waren diese Güter, so Moore, weil ihre Bereitstellung nicht oder nur teilweise bezahlt werden musste. Der Rückgriff auf fossile Energiereserven, die Kolonisierung des globalen Südens, die Inbesitznahme von Natur, die »kostenlose« Haus- und Sorgearbeit von Frauen, die Erschließung neuen, nährstoffreichen Landes – das alles drückte Produktionskosten und steigerte Gewinne. Im Kapitalismus gehe es, so Moore, deshalb keineswegs nur um reguläre Wertschöpfung durch bezahlte Arbeit und Produktion. Der eigentliche Clou des Systems bestehe darin, bestimmte Formen der Arbeit und Ressourcen als »Natur« zu kodieren, über die dann »frei« verfügt werden kann. Die Unterscheidung zwischen dem rationalen Subjekt und seiner natürlichen Umwelt ist die unverzichtbare Grundlage der Ökonomie; der außerökonomische Prozess, mit dem etwas als »Natur« kategorisiert wird, selbst schon Bestandteil kapitalistischer Aneignung.

---

41 Jason Moore, *Kapitalismus im Netz des Lebens*, Berlin: Matthes & Seitz 2019.

Dieser Ansatz, den Moore in Anlehnung an die Weltsystemtheorie als »Weltökologie« bezeichnet,[42] ist insofern bahnbrechend, als er die feministische Debatte um unbezahlte Hausarbeit, postkoloniale Kritik, marxistische Werttheorie und »grünes Denken« zusammenführen will. Moore analysiert den Kapitalismus als sozialökologisches System, das nicht einfach an natürliche »Außengrenzen« stößt, sondern in die Natur eingebettet ist und durch den materiellen Stoffwechsel mit seiner Umgebung verändert wird – eben ein *Kapitalismus im Netz des Lebens*, wie der Titel seines aktuellen Buchs lautet.

In einem Aufsatz über die Niederlande des 16. und 17. Jahrhunderts hat Moore veranschaulicht, was das konkret bedeutet. Den Aufstieg des Landes zur frühkapitalistischen Welthandelsmacht erklärt er mit dem Phänomen der Landnahme, also der Aneignung »billiger« Natur an der europäischen Peripherie.[43] Die gesellschaftliche Struktur und

---

[42] Die von André Gunder Frank, Immanuel Wallerstein, Samir Amin, Giovanni Arrighi und Beverly Silver geprägte Weltsystemtheorie untersucht den strukturellen Zusammenhang zwischen dem Reichtum der ökonomischen Zentren und den Ländern der Peripherie. Eine ihrer Hauptthesen lautet, dass der Kapitalismus als Gesamtzusammenhang zu betrachten ist, in dem die Armut des Südens nicht von Modernisierungsdefiziten herrührt, sondern durch die Handelsbeziehungen zwischen Zentrum und Peripherie verfestigt wird. Es ist also ein Ansatz, der die Verschränkung zwischen den nicht bzw. wenig kapitalisierten Weltregionen und den kapitalistischen Zentren in den Vordergrund stellt.

[43] Jason Moore, »›Amsterdam Is Standing on Norway‹, Part II: The Global North Atlantic in the Ecological Revolution of the Long Seventeenth Century«, in: *Journal of Agrarian Change* 10/2 (2010), S. 188-227, hier S. 198-205, online verfügbar unter: {https://jasonwmoore.com/wp-content/uploads/2017/08/Moore-Amsterdam-Part-II-JAC-2010.pdf}; vgl. auch Philipp Blom, *Die Welt aus den Angeln. Eine Geschichte der Kleinen Eiszeit von 1570 bis 1700 sowie der Entstehung der modernen Welt*, München: Hanser 2017.

ihr Modell der Naturtransformation seien insofern untrennbar miteinander verknüpft gewesen, als die Aneignung baltischen Getreides und skandinavischen Holzes zur Grundlage des niederländischen Wirtschaftswunders wurde. Dieses System sei um 1700 herum in die Krise geraten, weil der Stoffwechsel mit der Natur nicht länger auf die bestehende Weise fortgesetzt werden konnte. Da die Wälder nicht schnell genug nachwuchsen und die Landnahme neuer Gebiete nicht ohne Weiteres möglich war, fielen die für den Schiffbau verwendeten Holzimporte aus Skandinavien von 138 000 Lasten (etwa 270 000 Tonnen) auf 38 000 Lasten. Moore begründet das Ende der niederländischen Hegemonie nicht monokausal, aber kann doch einen engen Zusammenhang von Gesellschafts- und Naturverhältnissen nachweisen. Dass die Existenz eines nichtkapitalistischen »Außen« Voraussetzung kapitalistischer Verwertung sei, behauptete schon Rosa Luxemburg.[44] David Harvey zeigte später, dass die »Akkumulation durch Enteignung« keine historisch abgeschlossene Phase ist, sondern den Kapitalismus weiter begleitet, weil die räumliche Expansion (der sogenannte *spatial fix*, also eine räumliche Rekonfiguration zur Hinauszögerung von Überakkumulationskrisen) immer wieder neue Schübe der Akkumulation ermöglicht.[45] Klaus Dörre hat im Anschluss daran den Begriff der »Landnahme« auch für die Privatisierung öffentlicher Einrichtungen, beispielsweise für die Kommodifizierung staatlicher Renten- und Gesundheitssysteme, diskutiert.[46]

---

[44] Rosa Luxemburg, *Die Akkumulation des Kapitals*, in: dies., *Gesammelte Werke*, Bd. 5, Berlin (Ost): Dietz 1975.

[45] David Harvey, *Der neue Imperialismus*, Hamburg: VSA 2005; ders., »Globalization and the Spatial Fix«, in: *Geographische Revue* 3/3 (2001), S. 23-30.

[46] Vgl. Klaus Dörre, »Die neue Landnahme. Dynamiken und Grenzen

Bei Jason Moore kommt nun außerdem dazu, dass er auch die diskursive Verschiebung der Grenzen dessen, was als »Außen« gilt, als Moment der Landnahme interpretiert. Die westliche Rationalität sowie die westlichen Gewaltmittel machten die Natur, aber auch bestimmte Formen der Arbeit ab dem 16. Jahrhundert zu einem »Außen«, das sich kostenlos aneignen lässt. Doch auch wenn dieses »Außen« beweglich ist, lassen sich die Expansionsprozesse nicht unendlich verlängern.

Mit diesem »weltökologischen« Ansatz lässt sich begreifen, was große ökonomische Zyklen mit räumlicher Expansion und Naturtransformationen zu tun haben. Das britische Empire entstand aus der Fähigkeit, einen globalen Handelsraum herzustellen und die billigen Rohstoffe des Südens, insbesondere Baumwolle aus Indien und von den Sklavenplantagen im US-amerikanischen Süden, für den eigenen Industrialisierungsprozess zu nutzen.[47] Der Aufstieg der Vereinigten Staaten war eng verknüpft mit der Verschiebung der *frontier*, der weißen Siedlergrenze in Nordamerika, und der Erschließung »kostenloser« Ackerböden und Rohstoffquellen. Heute stellen die Umwandlung von Regenwäldern in Viehweiden und Tagebauminen, die Transformation städtischen Bodens in Fondsanlagen, die Privatisierung öffentlicher Rentenversicherungen, das boomende Geschäft der Reproduktionsmedizin, aber auch der Plattformkapitalismus von Deliveroo, Uber oder Airbnb, der den eigenen Pkw und die Privatwohnung inwertsetzten, Formen der Landnahme dar, bei denen nicht kapitalisierte Lebensbereiche erschlos-

---

des Finanzmarktkapitalismus«, in: ders. et al. (Hg.), *Soziologie. Kapitalismus. Kritik*, Frankfurt/Main: Suhrkamp 2009, S. 21-86.
47 Vgl. Sven Beckert, *King Cotton. Eine Geschichte des globalen Kapitalismus*, München: C. H. Beck 2014.

sen werden. Das große Problem, so Moore, sei dabei nicht, dass *zu wenig*, sondern, dass bereits *zu viel* kapitalisiert worden sei. Wenn etwas erschlossen ist, steht es nämlich nicht länger als kostenloses Außen zur Verfügung.

> Jede dieser langen Wellen [der Akkumulation] schafft eine historische Natur – und wird von dieser erschaffen –, die ein neues, spezifisches Set an Zwängen und Möglichkeiten eröffnet. Die Akkumulationsstrategien, die am Anfang eines Zyklus funktionieren – weil man durch Wissenschaft, Technologie und neue Formen von Territorialität und Governance besondere historische Naturen hergestellt hat –, erschöpfen mit der Zeit die Re-/Produktionsbeziehungen, die die *four cheaps* bereitstellen. Irgendwann schlägt sich diese Erschöpfung in steigenden Rohstoffpreisen nieder. Das große Problem des Kapitalismus ist deshalb die *historische* Natur und nicht »die Natur im Allgemeinen«. Die Krux besteht in den spezifischen Grenzen und Zwängen einer historischen, vom Kapitalismus co-produzierten Natur. Das Problem für das Kapital ist, dass jene spezifischen Strategien, die in jeder Epoche für die *four cheaps* sorgen, »einmalig« sind. Nichts lässt sich zweimal entdecken.[48]

Auch früher schon gerieten sozialökologische Systeme in die Krise. Doch die räumliche Expansion blieb weiter möglich, weil es immer noch ein Außen gab. Ein schönes Bild für die sozialökologische Dimension der Großen Depression in den USA findet beispielsweise der in den dreißiger Jahren spielende Kinofilm *The Highwaymen* (2019) von John Lee Hancock. Die beiden Texas Rangers Frank Hamer (Kevin Costner) und Maney Gault (Woody Harrelson) jagen darin das Gangsterpärchen Bonnie und Clyde durch das Grenzgebiet von Texas, Oklahoma und Louisiana. In einer Schlüsselszene verfolgen sie die Bankräuber über ein Feld. Dabei wirbeln die Reifen so viel Staub auf, dass das flüchtige Fahrzeug in einer undurchdringlichen Wolke verschwindet. Sekundenlang ist

---

48 Jason Moore, *Capitalism in the Web of Life. Ecology and the Accumulation of Capital*, London, New York: Verso 2015, S. 151.

nichts zu sehen außer hellbrauner Erde. Tatsächlich wurden die Great Plains der USA in den dreißiger Jahren von fürchterlichen Staubstürmen heimgesucht. Die Verwandlung der Prärie in Monokulturen hatte den Boden ausgelaugt, die Plains wurden Dust Bowl (»Staubschüssel«) getauft.

In *The Highwaymen* sieht man, wie sich die ökologische, die soziale und die politische Krise miteinander verschränkten. Überschuldete Farmer konnten aufgrund von Missernten ihre Kredite bei den Banken nicht bedienen, verloren ihre Höfe und irrten als Wanderarbeiter durchs Land. Die Texas Rangers Hamer und Gault versuchen in den Landarbeitercamps, etwas über den Aufenthaltsort von Bonnie und Clyde herauszubekommen, doch die Erfahrungen der Farmer*innen mit dem System und den Banken hat die Legitimation des Staates so untergraben, dass den beiden Polizisten nur Ablehnung entgegenschlägt. Für die verarmten Landarbeiter*innen sind Bonnie und Clyde Helden, die gegen das ungerechte System Widerstand leisten. Immer wieder strömen große Menschenmengen zusammen, um die Gangster zu feiern.

Der Kollaps dieses sozialökologischen Gefüges wurde in den USA durch die Massenmigration in den noch dünn besiedelten Westen, durch die Politik des New Deal, der Finanzgeschäfte beschränkte und soziale Rechte festschrieb, aber leider wohl auch durch den Zweiten Weltkrieg aufgefangen, der einen neuen, globalen Wachstumszyklus einleitete. Doch wenn wir die heutige Lage betrachten, wird schnell klar, dass ein Ausweichen ungleich komplizierter sein wird. Es gibt kaum noch Regionen und gesellschaftliche Gruppen, die nicht in die globalen Wertschöpfungsketten integriert sind, die *planetary boundaries* sind erreicht, und einen Krieg, der mit seiner Zerstörung neue Wachstumspotenziale schafft, würde die Menschheit vermutlich nicht überleben. Wohin könnte jetzt noch räumlich expandiert werden? Im Weltall warten keine *four cheaps* (billige Arbeit, Energie, Nahrung und Rohstoffe).

Ausgangspunkt eines grünen Sozialismus muss also die Erkenntnis sein, dass gesellschaftliche und Naturverhältnisse *materiell* miteinander verschränkt sind. Aber ist das nicht genau das, was die Umwelt- und Klimabewegungen sowieso vertreten? Ja und nein. In ihnen gibt es heute zwei Grundannahmen, die bisher zu erstaunlich wenigen Konflikten geführt haben, obwohl sie sich diametral widersprechen. Auf der einen Seite herrscht bei den Grünen und vielen Verbänden die Ansicht vor, ein ökologischer Umbau des Kapitalismus sei möglich und werde sogar neue Wachstumspotenziale freisetzen. Diese Position setzt auf die bereits erwähnte Entkoppelung von Wertschöpfung und Stoffwechsel durch Technologieentwicklung, Recycling-Kreisläufe und Effizienzgewinne. Auf der anderen Seite formulieren große Teile der Klimabewegung, ohne sich von den Grünen sichtbar abzugrenzen, eine grundsätzliche Wachstumskritik, die das herrschende ökonomische Paradigma radikal infrage stellt. In der auch unter den Stichworten *degrowth* und *décroissance* geführten Debatte geht es immer auch darum, die gesellschaftlichen Chancen sichtbar zu machen, die eine Überwindung des Wachstumsparadigmas eröffnen würden.[49] So wird aus einer gesellschafts- und kulturkritischen Perspektive, wie sie etwa Ivan Illich oder André Gorz in den siebziger Jahren entwickelt haben,[50] das Argument hervorgehoben, dass das

---

49 Einen guten Überblick bieten Mathias Schmelzer/Andrea Vetter, *Degrowth/Postwachstum*, Hamburg: Junius 2019. Auf den folgenden Seiten orientiere ich mich an der Struktur, die Schmelzer und Vetter zur Gliederung der wachstumskritischen Debatte vorschlagen.
50 André Gorz, *Ökologie und Politik*, Reinbek bei Hamburg: Rowohlt 1977; ders., *Kritik der ökonomischen Vernunft*, Berlin: Rotbuch 1989;

Entwicklungsparadigma ab einem bestimmten Punkt die Lebensqualität nicht mehr verbessert, sondern Wohlstandsgewinne in ihr Gegenteil verkehrt. Hier wird also vor allem der Entfremdungscharakter im Kapitalismus analysiert. Ganz ähnliche Positionen vertritt auch Hartmut Rosa, der die Beschleunigung von Arbeit und Alltag als größtes Hindernis für ein »gutes Leben« versteht und ihr das Konzept einer »Resonanz« gegenüberstellt, die sich in gelingenden Beziehungen zu anderen Menschen und der Umwelt ausdrückt.[51]

Die feministische Position, die sich auf die Thesen zu Haus- und Subsistenzarbeit bei Mariarosa Dalla Costa, Maria Mies, Veronika Bennholdt-Thomsen oder Silvia Federici bezieht,[52] kritisiert am kapitalistischen Wachstumsparadigma die »Blindheit« gegenüber jenen Arbeiten (wie unbezahlte Hausarbeit, soziale Infrastrukturen oder die Pflege von Kindern und Alten), die in der Nationalökonomie als kostenlos und unproduktiv gelten, in Wirklichkeit aber überhaupt erst die Voraussetzungen für Wertschöpfung herstellen. Die Unterscheidung zwischen männlich kodierter, »produktiver« Arbeit und naturalisierter Hausarbeit werde, so die Kritik, zur Blaupause für das Verhältnis gegenüber der kolonisierbaren »Natur«. Deshalb haben queere Feministinnen wie Friederike Habermann und Christine Bauhardt in der Postwachs-

---

Ivan Illich, *Selbstbegrenzung. Eine politische Kritik der Technik*, Reinbek bei Hamburg: Rowohlt 1975.

51 Hartmut Rosa, *Beschleunigung und Entfremdung*, Berlin: Suhrkamp 2013; ders., *Resonanz: Eine Soziologie der Weltbeziehung*, Berlin: Suhrkamp 2016.

52 Mariarosa Dalla Costa/Selma James, *The Power of Women and the Subversion of the Community*, Bristol: Pétroleuse Press 1972; Veronika Bennholdt-Thomsen et al., *Frauen, die letzte Kolonie. Zur Hausfrauisierung der Arbeit*, Reinbek bei Hamburg: Rowohlt 1988; Silvia Federici, *Caliban und die Hexe. Frauen, der Körper und die ursprüngliche Akkumulation*, Wien: Mandelbaum 2012.

tums-Debatte das Argument stark gemacht, die Auflösung der binären Geschlechterordnung, in der ein ungebundener Homo oeconomicus auf dem Rücken sorgender »Weiblichkeit« wirtschaftet, werde auch einen neuen ökonomischen Zugang eröffnen.[53] Habermann misst dabei *commoning* (*commons* = Gemeingüter) und *caring* (*care* = Sorgetätigkeiten) besondere Bedeutung bei – zwei Praktiken, die Kooperation statt Konkurrenz zur Grundlage haben und die Beziehungen zu Mensch und Natur in den Mittelpunkt stellen.[54]

Aus einer Nord-Süd-Perspektive (wie sie in Lateinamerika Arturo Escobar, in Frankreich Serge Latouche, in Deutschland Ulrich Brand und Markus Wissen oder Stephan Lessenich betonen[55]) wird vor allem argumentiert, dass das vorherrschende Wachstums- und Entwicklungsmodell eine imperiale Spaltung der Welt produziert und die Macht des Nordens verfestigt. Escobar kritisiert in diesem Sinne, dass das Entwicklungsdispositiv Armut und ökologische Ungleichheit hervorbringt. Brand und Wissen sprechen von einer »imperialen Lebensweise« der globalen Ober- und Mit-

---

53 Vgl. Christine Bauhardt/Wendy Harcourt (Hg.), *Feminist Political Ecology and the Economics of Care. In Search of Economic Alternatives*, London, New York: Routledge 2018; Frederike Habermann, *Der homo oeconomicus und das Andere. Hegemonie, Identität und Emanzipation*, Baden-Baden: Nomos 2008.

54 Friederike Habermann, »Commons & Care – Der Weg über die Halbinseln anderen Wirtschaftens«, in AK Postwachstum (Hg.), *Wachstum – Krise und Kritik*, Frankfurt/Main, New York: Campus 2016.

55 Arturo Escobar, *Encountering Development: The Making And Unmaking Of The Third World*, Princeton: Princeton University Press 1995; Serge Latouche, Faut-il refuser le développement?, Paris: Presses Universitaires de France 1986; Ulrich Brand/Markus Wissen, *Imperiale Lebensweise*, München: Oekom 2017; Stephan Lessenich, *Neben uns die Sintflut. Die Externalisierungsgesellschaft und ihr Preis*, Berlin: Hanser 2016.

telschichten, Lessenich konstatiert die Existenz einer »Externalisierungsgesellschaft«, in der die ökologischen und sozialen Folgen des Konsumgüterreichtums in Form von Niedriglöhnen, Rohstoffraubbau und Vermüllung systematisch auf den Süden abgewälzt werden.[56]

Die Postwachstums-Debatte thematisiert also längst nicht nur ökologische Probleme, sondern hinterfragt auch Geschlechterrollen, Nord-Süd-Beziehungen und Lebensweisen. Der Slogan »Change the system, not the climate« bringt diese gesellschaftliche Dimension zum Ausdruck. In der *Degrowth*- und Klimagerechtigkeitsbewegung sucht man nach Schnittstellen, um die verschiedenen Ansätze miteinander zu verbinden. Unter dem Schlagwort »Gutes Leben« beispielsweise wird sowohl über einen nicht konsumistischen Wohlstandsbegriff als auch über Konzepte der Arbeitszeitverkürzung gesprochen, was an gewerkschaftliche und feministische Debatten anschlussfähig ist.[57]

Hinsichtlich der normativen Ziele besteht zwischen den verschiedenen Ansätzen durchaus Grundkonsens. Große Dif-

---

[56] Interessanterweise argumentiert Lessenich hinsichtlich der Externalisierung ganz ähnlich wie Elmar Altvater 25 Jahre vor ihm (*Der Preis des Wohlstands. Umweltplünderung und neue Welt(un)ordnung*, Münster: Westfälisches Dampfboot 1992), allerdings ohne sich auf ihn zu beziehen.

[57] Bei einer Mitgliederbefragung der IG Metall stellte sich heraus, dass ein großer Teil der Beschäftigten der Verkürzung ihrer Arbeitszeiten Priorität gegenüber Lohnerhöhungen einräumt. Aus feministischer Sicht eröffnen Arbeitszeitverkürzungen die Möglichkeit, auch eine andere Verteilung der Sorge- und Pflegearbeit anders zwischen den Geschlechtern durchzusetzen; vgl. IG Metall, *Die Befragung. Arbeitszeit – sicher, gerecht und selbstbestimmt*, 2017, online verfügbar unter: {https://www.igmetall.de/download/20170529_2017_05_29_befragung_ansicht_komp_489719b89f16daca573614475c6ecfb706a78c9f.pdf}.

ferenzen gibt es jedoch bei der Frage, wie ein Systemwechsel durchgesetzt werden könnte. Dahinter verbergen sich unterschiedliche Bewertungen, ob die Wachstumsgesellschaft eher als das Produkt eines Entwicklungsparadigmas (also von Diskursen und Dispositiven), des Industrialismus (eines zivilisatorischen Projekts und seiner technologischen Verfahren) oder als Konsequenz kapitalistischer Eigentums- und Klassenverhältnisse zu betrachten ist.[58] Ganz pauschal wird ein Großteil der wachstumskritischen Bewegung wohl zugestehen, dass alle drei Aspekte eine Rolle spielen, im konkreten Fall ist dann aber doch meistens das Zivilisations- und Konsummodell (und nicht die Klassenverhältnisse) gemeint, wenn von Kapitalismus die Rede ist.

Es liegt auf der Hand, warum sich *Degrowth*-Bewegte eher am Konsumverhalten, der technischen Rationalität oder dem Wachstumsparadigma als an der Eigentumsfrage abarbeiten: Die sozialistischen Staaten hatten auch ohne Privateigentum an Produktionsmitteln eine desaströse Umweltbilanz. Dementsprechend versuchen viele Klima-Aktivist*innen im Anschluss an eine Zivilisationskritik das eigene Leben zu ändern – man verzichtet auf Flugreisen, beteiligt sich an gemeinwohlorientierten Projekten oder stärkt lokale Wirtschaftskreisläufe. Die – durchaus richtige – Idee dahinter ist, soziale Räume zu schaffen, in denen, wie es der Alternativökonom Niko Paech ausdrückt, »Avantgardisten und Vorreiter [...] als Minderheit das Erfahrungswissen anhäufen, das dann später verallgemeinerbar und massentauglich wer-

---

[58] Sehr deutlich wird die Differenz in der Debatte zwischen Stephan Lorenz (»Wachstumskritiken – ökologisch und sozial«) und Thomas Barth/Tilman Reitz (»Strukturprobleme der Krisenbewältigung: Weshalb die Wachstumskritik vom Kapitalismus nicht schweigen sollte«); beide Beiträge in AK Postwachstum (Hg.), *Wachstum – Krise und Kritik*, Frankfurt/Main, New York: Campus 2016, S. 19-38 bzw. 39-62.

den könnte. Nämlich dann, wenn die nächsten Krisen unser Wohlstandsmodell sturmreif schießen.«[59]

Das Problem an diesem Ansatz ist, dass er mit dem vorherrschenden Umweltdiskurs allzu leicht in Deckung zu bringen ist und ihm eine machtstrategische Perspektive fehlt. Die bürgerliche Klimadebatte wird dominiert von Appellen an das Konsumverhalten und individuelle Lebensentscheidungen, während sie gleichzeitig die strukturelle Rolle von Unternehmen und materiellen Interessen hinter den heute bestehenden Naturverhältnissen ausblendet.[60] Ein Kurswechsel wird indes nur möglich sein, wenn genau diese Zusammenhänge thematisiert werden. Elmar Altvater, der wie John Bellamy Foster und Jason Moore fordert, Gesellschafts- und Naturverhältnisse müssten als sozialökologischer Zusammenhang analysiert werden, hat zu diesem Zweck den Begriff der »trinitarischen Kongruenz« eingeführt. Den Kapitalismus beschreibt er damit als »historisch einmalige ›Dreifaltigkeit‹ von europäischer Rationalität, die in der modernen Industrie Gestalt annimmt, den fossilen Energieträgern, die ihr Treibstoff sind, und der kapitalistischen Gesellschaftsformation mit ihrer durch Profit und Konkurrenz stimulierten Dynamik«.[61]

Eine ökosozialistische Position geht also davon aus, dass sich die Naturzerstörung weder durch Bewusstseinsänderung und kollektive Bescheidenheit noch durch neue techni-

---

59 So der Alternativökonom Niko Paech in einem Interview mit dem *Magazin für Restkultur* vom 15. Mai 2016, online verfügbar unter: {https://www.magazin-restkultur.de/im-gespraech-mit-niko-paech/}.
60 Ermutigend ist, dass Fridays For Future Anfang 2020 ankündigte, »Unternehmen stärker ins Visier nehmen zu wollen«.
61 Elmar Altvater, *Das Ende des Kapitalismus – wie wir ihn kennen*, Münster: Westfälisches Dampfboot 2005, S. 72.

sche Verfahren (erneuerbare Energien, Recycling etc.) stoppen lassen wird; auch eine neue Eigentumsordnung und eine gesellschaftliche Kontrolle über Produktion und Konsum werden nicht ausreichend sein. Erst ein politisches Projekt, das alle drei Komponenten dieser »Kongruenz« im Blick hat, wird der destruktiven Dynamik des kapitalistischen Weltsystems etwas entgegensetzen können.

Ein ökosozialistisches Projekt teilt mit den wachstumskritischen Bewegungen also viele Einschätzungen, stellt aber immer auch die Frage, inwiefern Naturverhältnisse, Konsummodelle und Lebensweisen mit den Klassen- und Herrschaftsverhältnissen verschränkt sind. In der *Degrowth*-Bewegung ist der Hinweis auf die globale Ungleichheit sehr präsent: Die Forderung nach »Klimagerechtigkeit« thematisiert den Umstand, dass die Erderwärmung in erster Linie von den Gesellschaften des Nordens verursacht, ihre Folgen jedoch vor allem vom globalen Süden zu tragen sein werden. Eher wenig reflektiert werden hingegen Ungleichheiten und Klasseninteressen vor Ort. Auch in den Industriestaaten werden die Umweltbelastungen nämlich keineswegs von allen gleichermaßen produziert. Die Nichtregierungsorganisation Oxfam präsentierte 2015 Zahlen, wonach die Pro-Kopf-Emissionen der reichsten 10 Prozent der Bevölkerung in den USA etwa sechs Mal (in Deutschland immerhin etwa vier Mal) so hoch sind wie die der unteren 50 Prozent.[62] Wenn diese Zahlen stimmen, trägt das oberste Zehntel auch absolut mehr zum Klimawandel bei als die untere Hälfte der US-Bevölkerung. In dieselbe Richtung deuten auch die Zahlen, die Lucas Chancel und Thomas Piketty in ihrer Studie

---

[62] Oxfam, »Extreme Carbon Inequality«, Dezember 2015, S. 7, online verfügbar unter: {https://www-cdn.oxfam.org/s3fs-public/file_attachments/mb-extreme-carbon-inequality-021215-en.pdf}.

Carbon and Inequality errechnet haben. Mit 318 Tonnen Kohlendioxid jährlich pro Kopf emittiert das reichste Hundertstel der US-Bevölkerung etwa fünfzig bis sechzig Mal so viel wie die Weltdurchschnittsbevölkerung und immerhin etwa zwanzig Mal so viel wie der durchschnittliche US-Bürger. Insgesamt verursachen die oberen zehn Prozent der Weltbevölkerung laut Chancel und Piketty ebenso viele CO_2-Emissionen wie die nächsten »mittleren« vierzig Prozent, wobei die Unterschiede zwischen den Weltregionen etwas zurückgegangen, innerhalb der Gesellschaften jedoch gestiegen sind.[63] Es ist nicht schwer zu erraten, woran das liegt: schwere Autos, Privatjets, Villen und andere Formen des Luxuskonsums. Konsumbeschränkungen, die in erster Linie das obere eine Prozent der Bevölkerung treffen (und dem Statuskonsum auch bei anderen gesellschaftlichen Gruppen den Wind aus den Segeln nehmen) würden, könnten also ganz wesentlich zur Senkung der Emissionen beitragen.

Was Deutschland angeht, ist bemerkenswert, dass die Emissionen von einer Handvoll Konzerne verursacht werden: Wie bereits erwähnt gingen von den 2018 ausgestoßenen 870 Millionen Tonnen CO_2-Äquivalenten 125 Millionen Tonnen auf das Konto des Energiekonzerns RWE, 82 Millionen auf das von HeidelbergCement und 33 Millionen auf das der Lufthansa.[64] Diese Emissionen können schlagartig redu-

---

[63] Lucas Chancel/Thomas Piketty, *Carbon and Inequality: From Kyoto to Paris*, Paris: Paris School of Economics 2015, S. 29-34, online verfügbar unter: {piketty.pse.ens.fr/files/ChancelPiketty2015.pdf}. Bemerkenswert ist auch der Hinweis der Autoren, dass die Emissionen des »Westens« und vor allem der EU deutlich höher wären, wenn sie nicht auf Grundlage der Produktions-, sondern der Konsumorte berechnet würden. Ein wichtiger Teil der chinesischen Emissionen entsteht bei der Herstellung von Konsumgütern für den »westlichen« Markt.

[64] Kevin Knitterscheidt, »Dax-Konzerne auf Fünf-Grad-Kurs – So fällt

ziert werden, wenn Stromkonzerne zum Abschalten der Kohlekraftwerke gezwungen oder den Fluglinien die Kurzstreckenflüge verboten würden. Solche ordnungspolitischen Eingriffe in die Geschäftsmodelle würden in der Folge selbstverständlich uns allen betreffen, denn es würde bedeuten, dass weniger Strom konsumiert und seltener verreist werden kann – so wie wir es mit der Corona-Pandemie gerade erleben. Dass sich keine Partei traut, derartige ordnungspolitischen Maßnahmen zu fordern, liegt natürlich auch an Wähler*innen, die Einschränkungen immer auch als gegen sich gerichtet empfinden. Eine Reduktion des Stromkonsums stellt zunächst einen enormen Einschnitt dar (hat allerdings nichts mit den dystopischen Szenerien zu tun, die in den Köpfen vieler Deutscher herumgeistern – jede*r, die oder der schon einmal außerhalb eines Reichenviertels im Globalen Süden gelebt hat, kennt Einschränkungen bei der Strom- und Wasserversorgung), und auch die Putzkraft, die sich seit ein paar Jahren Urlaub in Dubai leisten kann, wird diese »Errungenschaft« zunächst verteidigen. Dennoch sollten wir uns nicht täuschen lassen: Der eigentliche Widerstand gegen die notwendige ökologische Konversion kommt von Unternehmen, die mit der irreversiblen Transformation der Natur viel Geld verdienen und die meisten Konsumentenwünsche überhaupt erst in die Welt gesetzt haben.

Man kann es in Anbetracht der öffentlichen Debatte nicht oft genug betonen: Die Wachstumsgesellschaft hat auch mit Verhaltensweisen, Diskursen, Wissenssystemen und einer kollektiven Wunschproduktion zu tun, an der wir alle betei-

---

die CO_2-Bilanz der Großunternehmen aus«, in: *Handelsblatt* (9. Juli 2019), online verfügbar unter: {https://www.handelsblatt.com/unternehmen/management/klimaziele-dax-konzerne-auf-fuenf-grad-kurs-so-faellt-die-co2-bilanz-der-grossunternehmen-aus/24529784.html?ticket=ST-52389108-gaKL3sks4gJpHbNqnNRz-ap6}.

ligt sind. Doch angetrieben wird sie von einem ebenso simplen wie fatalen Mechanismus – Kapital will vermehrt werden, und oben in der Gesellschaft stehen diejenigen, die ihre Vermögen besonders erfolgreich mehren. Klimawandel und Artensterben, deren dramatische Folgen die Reichen als Letzte zu spüren bekommen werden, lassen sich deshalb nur dann stoppen, wenn auch die Macht der Eigentumsverhältnisse gebrochen wird. Das ist der Grund, warum eine ökologische Transformation ohne sozialistische Politik nicht durchsetzbar sein wird.

Was also wäre ein »grüner Sozialismus«? Erstens muss die Linke begreifen, dass Gemeineigentum und die Stärkung gesellschaftlicher Interessen noch nichts mit ökologischer Nachhaltigkeit zu tun haben – wie erwähnt befindet sich der schon gescholtene Stromkonzern RWE zu einem Viertel in kommunalem Besitz. Entscheidend ist, dass alternative Zwecke des Wirtschaftens definiert werden. Dabei darf die ökologische Frage der sozialen nicht untergeordnet, sondern muss mit dieser verschränkt werden. Deshalb geht es zweitens um einen radikalen Paradigmenwechsel des ökonomischen Denkens. Kreisten die Wirtschaftsdebatten der Vergangenheit stets um das »Mehr« (Steigerung, Expansion und Beschleunigung), wird es von nun an – in vielen, nicht allen Bereichen – um Begrenzung und Verlangsamung gehen. Der Stoffwechsel mit der Natur muss beschränkt, der Reichtum global umverteilt, und die Einführung neuer Technologien – ganz anders als der Akzelerationismus behauptet[65] – so verlangsamt

---

65 Akzelerationisten wie Nick Srnicek und Alex Williams (*Inventing the Future: Postcapitalism and a World Without Work*, London: Verso 2015) versprechen sich von einer Beschleunigung der technischen Entwicklung die Freisetzung emanzipatorischer Potenziale, wie man sie in der Freie-Software-Bewegung der achtziger Jahren beobachten konnte. Paul Mason knüpfte an diese Technikbegeisterung

werden, dass eine Gesellschaft auch die Möglichkeit hat zu reflektieren, ob die neue Technologie die gesellschaftlichen Lebensverhältnisse tatsächlich verbessert.[66] Gleichzeitig allerdings greift auch die pauschale Wachstumskritik zu kurz, da manche Bereiche – öffentliche Infrastrukturen zum Beispiel – sehr wohl wachsen und manche Technologien auch entschlossen entwickelt werden müssen. Das betrifft jedoch Bereiche, die den Stoffwechsel mit der Natur verringern oder die Grundversorgung der Bevölkerung sicherstellen.

Drittens steht der Begriff »grüner Sozialismus« für einen neuen, erweiterten Materialismus, der das Naturverhältnis und den Stoffwechsel in alle gesellschaftlichen Analysen einbaut. Wie skizziert spricht Jason Moore in diesem Sinne vom Kapitalismus als »sozialökologischem Weltsystem« und fordert, die Entwicklung von Gesellschaften als eine Geschichte ihrer Naturtransformationen zu beschreiben. Das bedeutet im Umkehrschluss, dass sich eine linke »Nachhaltigkeitsrevolution« nicht auf esoterische Diskurse, sondern auf naturwissenschaftliche Erkenntnisse stützen muss. Vermutlich gab es noch nie so gute Gründe wie heute, ein emanzipatorisches Projekt wissenschaftlich zu begründen. Die biophysikalischen Schranken, die uns im System Erde gesetzt sind,

---

an. Dabei gerät aus dem Blick, dass Technologien auch immer Herrschaftsverhältnisse eingeschrieben sind und mit den technischen Möglichkeiten auch die Destruktivkräfte wachsen. Eine Auseinandersetzung mit Adorno oder Günther Anders (*Die Antiquiertheit des Menschen. Über die Seele im Zeitalter der zweiten industriellen Revolution*, 2 Bde., München: Piper 1956 und 1980) hätte dem Akzelerationismus sicher gutgetan.

66 Das mag für manche Ohren bereits technologiefeindlich klingen, tatsächlich jedoch erfüllt der Ethikrat in Deutschland ansatzweise diese Funktion. Er repräsentiert die Erkenntnis, dass nicht jede mögliche Innovation auch wünschenswert ist und es deswegen auch darum geht, das Tempo zu verlangsamen.

müssen zum materiellen Ausgangspunkt aller ökonomischen Debatten gemacht werden.

Zu einer neuen Wissenschaftlichkeit gehört aber auch, die Bedeutung bestimmter industrieller Prozesse zu verstehen. In den entwicklungs- und wachstumskritischen Bewegungen gibt es bisweilen falsche Vorstellungen darüber, was ein Ausstieg aus bestimmten Industrien auch für weiterhin wünschenswerte öffentliche Gesundheits- und Transportinfrastrukturen bedeuten würde. Weder Medizingeräte noch U-Bahnen lassen sich ohne Aluminiumwerke und petrochemische Industrien herstellen. Es darf also nicht um einen Totalausstieg aus Technologien und Industrien gehen, sondern um eine gesellschaftliche (statt profitorientierte) Abwägung von Effekten.

Daraus folgt viertens, dass eine ökosozialistische Linke in der Gesellschaft um neue und andere Vorstellungen eines guten Lebens ringen muss. Die Umweltforscher Tim Jackson und Peter Victor haben die Herausforderung – in einem etwas naiven Tonfall, aber inhaltlich völlig richtig – folgendermaßen formuliert:

> Grüne Ökonomie ist kein Ziel an und für sich. Sie ist [...] eher ein Instrument zur Erlangung einer geteilten und dauerhaften Prosperität. [...] Wir schlagen eine Definition von Prosperität vor, die auf den Möglichkeiten der Menschen beruht, auf einem begrenzten Planeten zu gedeihen. Selbstverständlich hängt unser Wohlergehen teilweise von materiellen Gütern und Dienstleistungen ab. Gutes Leben bedeutet auch, über ein gewisses Maß an materieller Sicherheit zu verfügen. Aber darüber hinaus hat Wohlstand auch soziale und psychologische Komponenten. Unsere Fähigkeit zur gesellschaftlichen Teilhabe ist von zentraler Bedeutung. Sinnvolle Arbeit, befriedigende Freizeit und eine gesunde Umwelt spielen eine wichtige Rolle [...]. Lebendige Gemeinschaften sind die Grundlage geteilten Wohlstands.[67]

---

[67] Tim Jackson/Peter Victor, *Green Economy a Community Scale*, Toronto: Metcalf Foundation, S. 6.

Ein ökosozialistisches Projekt muss dementsprechend dem heute vorherrschenden Wohlstandsbegriff diskursiv, aber auch praktisch etwas entgegensetzen. Der fordistische Kompromiss beruhte darauf, dass sich das Interesse des Kapitals an Absatzmärkten mit den proletarischen Forderungen nach Teilhabe deckte. Die Werbe- und Marketingindustrie sorgte in diesem Zusammenhang dafür, das Begehren der Menschen an Konsumobjekte zu knüpfen, bis die »ästhetische Inszenierung« der Waren zu ihrem eigentlichen Gebrauchswert wurde, wie der Philosoph Gernot Böhme aufgezeigt hat.[68]

Allein mit einer Aufklärung über »falsche Bedürfnisse« wird diesem kollektiven Begehren nicht beizukommen sein. Die einzig erfolgversprechende Perspektive ist, eine Praxis zu entwickeln, die andere Sehnsüchte artikuliert und ihnen nachgeht. In der Vergangenheit wurde die für Hippies und Punks charakteristische Konsumverweigerung oft als Marotte protestantischer Mittelschichten abgetan. Man könnte aber ebenso argumentieren, dass hier Menschen damit begonnen haben, sich ein Stück Kontrolle über das eigene Leben zurückzuholen. Wer sich dem Konsumismus verweigert, muss weniger Lohnarbeit leisten, um über die Runden zu kommen. Die »neuen Arbeiterbewegungen«, die in den sechziger Jahren vor allem in Südeuropa entstanden, zeichneten sich dadurch aus: Viele ihrer Anhänger arbeiteten gerade so viel, dass sie genug zum Leben hatten. Kritischer Konsum und individuelle Lebensentscheidungen können die gesellschaftlichen Probleme nicht lösen, doch eine Bewegung, die Veränderungen im eigenen Leben mit politischer Widerständigkeit verknüpft, macht etwas anderes – sie drängt fremde Verfügungsgewalt zurück und zeigt damit eine machtstrategische Perspektive auf.

---

68 Gernot Böhme, *Ästhetischer Kapitalismus*, Berlin: Suhrkamp 2016.

Für eine derartige Haltung gäbe es heute viele Ansatzpunkte. Ein großer Teil der Beschäftigten möchte weniger arbeiten, viele empfinden das eigene Leben als sinnentleert, das Erstarken nationalistischer und religiöser Diskurse verweist auf einen Wunsch nach Gemeinschaft, und die Corona-Pandemie hat bei vielen das Bewusstsein geschärft, dass öffentliche Versorgung unendlich viel wichtiger ist als individueller Konsum. Der Gegenentwurf eines »rebellischen guten Lebens« könnte hier ansetzen: bei der Wiederaneignung des Sozialen und der Stärkung des Öffentlichen. Kämpfe um Arbeitszeitverkürzung, die kollektive Dekommodifizierung von Stadt- und Naturräumen, der Aufbau von Betrieben, in denen gleichberechtigt gearbeitet wird, Wohn- und Nachbarschaftsprojekte oder der Ausbau entgeltfreier öffentlicher Infrastrukturen – das alles sind »konkrete Utopien« eines guten Lebens. Harald Welzer, dessen smarter Optimismus bisweilen auch nerven kann, hat völlig recht, wenn er schreibt: »Gesellschaftliche Veränderung geschieht nicht im Modus des Entwurfs und seiner argumentativen Durchsetzung, schon gar nicht im herrschaftsfreien Diskurs, an dessen Ende die Gegenseite aus besserer Einsicht heraus aufgibt. Das wird nicht passieren. Sondern sie geschieht im Modus einer praktischen Politik der Veränderung der gesellschaftlichen Produktion und Reproduktion, in dem Menschen neue Erfahrungen mit sich selbst machen.«[69]

Zu dieser Neubestimmung eines guten Lebens gehört, das zu relativieren, was ich weiter oben zur Überwindung der Arbeit gesagt habe. Die Vorstellung, dass Maschinen in der Zukunft immer mehr Tätigkeiten für uns erledigen werden, ist mit einer ökologischen Perspektive nicht wirklich zu verein-

---

69 Harald Welzer, »Mal wieder die Produktionsverhältnisse ändern«, in: *WSI Mitteilungen* 7 (2014), S. 564f., hier S. 565, online verfügbar unter: {https://www.boeckler.de/wsimit_2014_07_welzer.pdf}.

baren. Die Automation der vergangenen zwei Jahrhunderte war möglich, weil fossile Brennstoffe die Arbeit ersetzt haben. Wenn wir uns vergegenwärtigen, dass auch für erneuerbare Energien Metalle und seltene Erden benötigt werden, dann kann diese Entwicklung nicht endlos weitergehen. Viel wahrscheinlicher ist deshalb, dass manche körperlichen Tätigkeiten wieder zurückkehren. Das muss nicht unbedingt als ein Verlust von Lebensqualität verstanden werden. Zwar ist Lohnarbeit ein Zwangsverhältnis mit in der Regel entfremdeten Arbeitsabläufen, aber gleichzeitig gibt es ein großes menschliches Bedürfnis nach produktiven und schöpferischen Tätigkeiten. Dass der Statuskonsum in Teilen der Gesellschaft eine so wichtige Rolle spielt, hat unter anderem mit dem Verschwinden von als relativ sinnstiftend empfundenen Tätigkeiten zu tun, die soziale Anerkennung ermöglichen. Das »gute Leben« ist also gewiss kein Leben ohne jede Arbeit, sondern eines, in dem Menschen unterschiedlichen, auch körperlichen Aktivitäten nachgehen können.

Fünftens schließlich ergibt sich die Verbindung von ökologischer Transformation und sozialistischer Politik aber auch einfach deshalb, weil kollektive Strukturen fast immer ressourcensparender sind als Individualsysteme. Der Betrieb alter Dieselbusse ist umweltschonender als der Aufbau einer »grünen« Pkw-Flotte, für die unzählige Elektrobatterien benötigt werden; Wohnblöcke, die mit Fernwärme versorgt werden, haben fast immer eine bessere Energiebilanz als Einfamilienhäuser. Eine »grüne« Gesellschaft wird nur möglich sein, wenn kollektive Infrastrukturen gestärkt werden. Im Unterschied zum Sozialismus des 20. Jahrhunderts, der Großtechnologien fetischisierte, wird man dabei aber viel stärker auf lokale und regionale Wirtschaftskreisläufe setzen müssen, durch die lange Transportwege vermieden werden und die eine demokratische Selbstverwaltung vor Ort begünstigen. Auch in diesem Zusammenhang gilt es also, eingeschlagene Pfade infrage zu stellen. Die *economy of scales*, die die industrielle Moderne beherrscht hat, senkt zwar Produktionskosten, aber konzentriert Umweltbelastungen an wenigen Orten und steht oft einer demokratischen Selbstregierung im Weg. Ein grüner Sozialismus muss daher die Regionalisierung und Dezentralisierung von Infrastrukturen und Wirtschaftskreisläufen vorantreiben.

Plan-Markt-was?

Die Debatte um Sozialismus und Kapitalismus wurde im 20. Jahrhundert vor allem entlang der Frage »Plan oder Markt?« geführt. Die liberale Erzählung über den Markt geht seit Mandevilles *Bienenfabel* (1714) und Adam Smiths *Wohlstand der Nationen* (1776) in etwa so: Das Individuum ist egoistisch und auf den eigenen Vorteil bedacht, doch vermittelt über den Markt sorgt sein Eigennutz für eine Steigerung des gesamtgesellschaftlichen Wohlstands. Indem sich jede und jeder Einzelne auf eine bestimmte Tätigkeit spezialisiert, steigt nämlich die Gesamtsumme der hergestellten Gebrauchsgüter. Auf dem Markt wiederum tauschen die Mitglieder der Gesellschaft die Produkte ihrer spezialisierten Arbeit gegen den entsprechenden Gegenwert aus der Produktion eines anderen Homo oeconomicus. Auf diese Weise fügen sich die Einzelarbeiten zu einem Ganzen zusammen.

Darüber hinaus, so die liberale Erzählung weiter, fungiert der Markt wie ein allwissendes Informationssystem, das Arbeitsaufwand und Ressourcenverbrauch miteinander vergleicht. Derjenige, der weniger Mittel benötigt, erzielt höhere Gewinne oder kann andere vom Markt verdrängen. Auf diese Weise kommt es unablässig und dank des Welthandels sogar global zu einer Optimierung der Produktionsmethoden. Wenn irgendein Anbieter auf der Welt preiswerter produziert, zwingt er auch andere Marktakteure, effizientere Methoden zu entwickeln.

Wenn die sozialistische Bewegung hingegen seit dem 19. Jahrhundert für eine Planwirtschaft plädiert, dann deshalb, weil der Markt ihrer Ansicht nach die Gesellschaft daran hindert, zu sich selbst zu finden. Tatsächlich ist die Marktgesellschaft in einem eigenartigen Widerspruch gefangen. Einerseits sorgt die Entwicklung der Arbeitsteilung dafür, dass die Existenz der Einzelnen auf nie da gewesene Weise vergesellschaftet ist, andererseits hindert der Markt die Menschen durch die auf ihm herrschende Konkurrenz und die Spaltung in Klassen daran, bewusst zu kooperieren. Obwohl wir völlig voneinander abhängig und anders als Bäuer*innen vor 200 Jahren kaum in der Lage sind, Gebrauchsgegenstände selbst herzustellen, treten wir uns auf dem Markt als Gegner*innen gegenüber, die wir zu übervorteilen versuchen. Weil nur die Ware und das Geld die Gesellschaft zu einem Ganzen zusammenfügen, verwandeln jene sich in Fetische, die das Soziale zu repräsentieren scheinen.

Dazu kommt die große Krisenanfälligkeit des Marktes. Erfolgreiche Geschäftsmodelle locken nämlich immer neue Investor*innen an, was irgendwann zu Überproduktion, Absatzproblemen und Kapitalvernichtung führt. Die sozialistische Bewegung sah die Planwirtschaft vor diesem Hintergrund als eine Möglichkeit, um die Gesellschaft mit sich selbst zu versöhnen und die »Anarchie innerhalb der gesellschaftlichen Produktion durch planmäßig bewusste Organisation« zu ersetzen.[70] Das Gemeineigentum an Produktionsmitteln

---

[70] Friedrich Engels, »Die Entwicklung des Sozialismus von der Utopie zur Wissenschaft«, in: MEW, Bd. 19, Berlin (Ost): Dietz 1962, S. 226.

sollte den Widerspruch zwischen Klasse und Individuen aufheben; die Planung soll sicherstellen, dass sämtliche Bedürfnisse befriedigt werden, ohne dass sich Überkapazitäten bilden.

Bevor man in die Diskussion einsteigt, was an den beiden Argumentationen richtig oder falsch sein könnte, muss man sich vielleicht noch einmal vergegenwärtigen, worum es bei dem Problem eigentlich geht. Eine der interessantesten Passagen in Yuval Noah Hararis Bestseller *Eine kurze Geschichte der Menschheit* beschäftigt sich mit der Frage, was die Wissens- und Wohlstandsexplosion in der jüngeren Geschichte der Menschheit eigentlich ermöglicht hat. An der evolutionären Entwicklung habe es nicht gelegen, denn der Mensch des Neolithikums sei uns in fast jeder Hinsicht überlegen gewesen:

> Jeder Angehörige der Gruppe musste ein Steinmesser herstellen, ein zerrissenes Kleidungsstück flicken, eine Hasenfalle aufstellen, einer Lawine entgehen und mit Schlangenbissen und hungrigen Löwen fertigwerden können. […] Um ihre Fertigkeiten zu erlernen, benötigten sie Jahre der Lehre und Übung. Jeder Jäger konnte innerhalb weniger Minuten aus einem Feuerstein eine Speerspitze fertigen. Wenn moderne Wissenschaftler es ihnen nachmachen wollen, scheitern sie in der Regel kläglich: Sie wissen nicht, wie welcher Basalt oder Feuerstein bricht, und sie haben vor allem nicht die Feinmotorik, die nötig ist, um derart präzise zu arbeiten. Die Jäger und Sammler hatten also viel gründlichere, umfassendere und vielfältigere Kenntnisse über ihre Umwelt als die meisten ihrer modernen Nachfahren.[71]

Tatsächlich würden die meisten von uns wahrscheinlich schon im Vergleich mit den Urgroßeltern schlecht abschneiden. Einfache Reparaturen und die Bewirtschaftung eines Gemüsegartens stellen viele von uns vor unlösbare Proble-

---

[71] Yuval Noah Harari, *Eine kurze Geschichte der Menschheit*, München: Pantheon 2015, S. 68.

me, die meisten können schlechter kopfrechnen als die Menschen vor 75 Jahren. Wenn dennoch nach wie vor ein rasanter technischer Fortschritt zu beobachten ist, dann verdanken wir dies dem Grad der Vergesellschaftung. Wir sind besser in der Lage, Probleme zu bearbeiten, als der Urmensch, weil unsere Organisationsformen komplexer und größer geworden sind. Der enorme zivilisatorische Sprung der vergangenen 8000 Jahre hatte nichts mit genetischer Evolution, sondern allein mit der Entfaltung der Kooperation zu tun. Die Menschheit hat sich in einen globalen Wissens- und Arbeitsteilungszusammenhang verwandelt, in den jede*r Einzelne hoch spezialisierte Fähigkeiten einbringt. Harari macht dabei vor allem drei Instrumente aus, die diesen Vergesellschaftungsprozess über das Lokale hinaus vorangetrieben haben: Geld, Imperien und Verkündigungsreligionen.

Dieser Hinweis ist für die politische Debatte sehr interessant, denn er legt nahe, dass der Fortschritt auf einem Phänomen beruht, das uns zugleich enorm zu schaffen macht. Den größten Teil unserer Geschichte als Spezies haben wir in Gemeinschaften mit höchstens 200 Mitgliedern verbracht. Wenn man der Verhaltenspsychologie Glauben schenken darf, dann entspricht diese Größe nach wie vor dem, was wir kognitiv und emotional gut verarbeiten können. Solche ursprünglichen Gemeinschaften haben in der Denktradition der Linken immer eine wichtige Rolle gespielt, nicht wenige verstanden den Kommunismus als ein Projekt zur Versöhnung der Moderne mit der geselligen Natur des »Gattungswesens« Mensch. Doch diese Argumentation hatte immer einen Haken: Traditionelle Gemeinschaften verbinden Solidarität nach innen häufig mit einer Abgrenzung nach außen. In der Evolutionsgeschichte haben die Gruppen um Territorien und Nahrungsmittel konkurriert, doch den großen Entwicklungssprung hat genau die Überwindung dieser Schranken ermöglicht: das Entstehen eines globalen Arbeits- und Wissenszusammenhangs. Und in diesem Kontext war die Erfindung des Geldes möglicherweise mehr als nur der Auftakt einer großen Tragödie. Denn immerhin, so der berechtigte Hinweis Hararis, eröffnete das Geld die Möglichkeit, über Sprach- und Kulturgrenzen hinweg zu kooperieren, ohne engere Beziehungen eingehen zu müssen. Die Ausbreitung des Geldes war zwar alles andere als gewaltfrei und seine Geschichte nie von jener der politischen Gewalt zu trennen (nicht umsonst trugen die Münzen das Antlitz der Herrscher).[72] Doch seine Verwendung erlaubte eine bindungslose Kooperation zwischen Gemeinschaften.

Der Kern des Vergesellschaftungsproblems lässt sich also folgendermaßen umreißen: Kommunikation und Arbeitsteilung haben der Menschheit einen gewaltigen Sprung ermöglicht, doch die Instrumente, mit denen dieser Prozess organisiert wird, sind weiter in einem individualistischen und kommunitären Bewusstsein verfangen. Wer eine hoch soziale, globalisierte Produktions- und Lebensweise hervorbringt, aber die Gesellschaft dauerhaft in der Logik von Einzelkämpfern und ethnischen Horden organisieren will, kann nur scheitern. Die global vergesellschaftete Lebensweise, die wir längst errichtet haben, bedarf auch entsprechender sozialer und politischer Umgangsformen, welche die menschlichen Fähigkeiten zu Kommunikation, Empathie und Kooperation fördern, anstatt sie zu unterminieren.

Inwiefern waren nun aber die beiden großen Vergesellschaftungsmodi des 20. Jahrhunderts, nämlich Markt und Plan, geeignet, diese Aufgabe zu bewältigen? Man kann die

---

[72] Wie eng die Verzahnung von Märkten und Gewalt historisch war, zeigt Heide Gerstenberger, *Markt und Gewalt. Die Funktionsweise des historischen Kapitalismus*, Münster: Westfälisches Dampfboot 2018.

Frage wohl vorwegnehmend so beantworten, dass beide Seiten recht behielten, was die Kritik an der jeweiligen Gegenseite angeht, sich aber über den Charakter des eigenen Systems täuschten. Was eine Bewertung des Marktes angeht, muss man konstatieren, dass seine reale Form so wenig mit der liberalen Theorie zu tun hat wie Marx' sympathische »freie Assoziation der Produzenten« mit der DDR. Erstens ist der Markt keineswegs in der Lage, den individuellen Eigennutz auf magische Weise in gesellschaftliches Gemeinwohl zu verwandeln. Vielmehr lässt er die asozialsten Verhaltensweisen florieren: Pharmaunternehmen erhöhen ihre Gewinne, indem sie in Anti-Aging-Cremes statt in lebensrettende Medikamente investieren, Bergbaukonzerne kontaminieren auf der Suche nach Bodenschätzen ganze Regionen, Immobilieninvestor*innen machen Hunderttausende obdachlos, weil es lukrativer ist, ein Haus leer stehen zu lassen, als es mittelmäßig zu vermieten. Erst die Schranken, die dem Markt von der Gesellschaft auferlegt werden – Regeln, Gesetze, Verbote und moralische Werte –, verhindern, dass sich der Eigennutz noch aggressiver gegen die gesamtgesellschaftlichen Interessen richtet. Diese Schranken entstehen *niemals* aus dem Markt selbst heraus, sondern müssen ihm immer durch gesellschaftliche Konflikte aufgezwungen werden.

Zweitens hat sich der Markt auch keineswegs als Zauberwerkzeug zur optimalen »Ressourcenallokation«, also zum bestmöglichen Einsatz von Arbeit, Rohstoffen und Kapital erwiesen. Wie erwähnt hält die liberale Theorie den Markt für ein allwissendes Informationssystem, das sämtliche anfallenden Kosten erfasst und damit beständig für Effizienzvergleiche sorgt: Wer seine Ressourcen sparsamer einsetzt, erzielt höhere Gewinne und verdrängt die anderen Marktteilnehmer*innen, was zur Durchsetzung besserer Produktionsmethoden führt und den gesellschaftlichen Gesamtnutzen vergrößert. Doch im realen Leben verringern viele Marktakteure ihre Kosten, indem sie diese räumlich oder zeitlich externalisieren, also auf andere abwälzen. Würde man diese Effekte berücksichtigen, wäre die Ressourcenallokation durch den Markt überhaupt nicht mehr effizient. Umweltschäden werden zukünftigen Generationen aufgebürdet, um psychisch erkrankte Arbeitskräfte sollen sich die Angehörigen kümmern, bei Spekulationsverlusten springt, wie während der Finanzkrise, ganz einfach der Staat ein.

Eine CO_2-Abgabe, wie sie 2019 in Deutschland beschlossen wurde, ist der Versuch, externalisierte Kosten in die betriebswirtschaftlichen Rechnungen zu integrieren.[73] Doch es ist zweifelhaft, ob der Markt überhaupt ein geeignetes Instrument zur Bearbeitung gesellschaftlicher Probleme ist. Die Geschichte des 2005 in der EU eingeführten Emissionshandels legt eher einen anderen Schluss nahe: Hier wurden »Verschmutzungsrechte« verteilt, mit denen Unternehmen im Anschluss handeln konnten. Dies führte in den folgenden fünfzehn Jahren nicht zu einer Senkung der Emissionen, sondern zum Entstehen neuer Finanzprodukte, mit denen sich an den Börsen spekulieren ließ.

Elmar Altvater, der die sogenannten »externen Effekte« seit den sechziger Jahren, damals im Zusammenhang mit der Umweltverschmutzung in der Sowjetunion, untersuchte,[74] kam zu der Einschätzung:

---

73 Manfred Schäfers, »Weg frei für billigere Bahntickets«, in: Frankfurter Allgemeine Zeitung (16. Dezember 2019), online verfügbar unter: {https://www.faz.net/aktuell/wirtschaft/klima-energie-und-umwelt/klimapaket-weg-zu-billigeren-bahntickets-ist-frei-16538164.html}.

74 Elmar Altvater, *Gesellschaftliche Produktion und ökonomische Rationalität – Externe Effekte und zentrale Planung im Wirtschaftssystem des Sozialismus*, Frankfurt/Main: Europäische Verlagsanstalt 1969.

Offensichtlich kann der Markt nicht alle Transaktionen mit den ihm eigenen Instrumenten (in erster Linie Preisen aufgrund der Mechanik von Angebot und Nachfrage) regulieren, so dass diese jenseits seiner Kapazität der Regulation verlaufen. Der Markt ist immer zu eng für die zeitliche und räumliche Reichweite von ökonomischen Transaktionen. Mehr noch: der Markt erzeugt mit seinem Zwang zur Ausdehnung in der Zeit (Akkumulation von Kapital) und im Raum (geographische Expansion) Effekte, die in seinem zeitlich und räumlich begrenzten Regelsystem nicht bearbeitbar sind. Externe Effekte sind daher eher das *Nicht-Mehr-Internalisierbare* und verweisen auf ein dem Markt eigenes Vergesellschaftungsdefizit, das nicht durch Internalisierung, sondern durch nicht-marktförmige Formen der gesellschaftlichen Regulation überwunden werden müsste.[75]

Ein dritter grundsätzlicher Einwand gegen den Markt ist schließlich, dass er eben nicht jene magische Gleichgewichtsmaschine darstellt, die bei fallenden Preisen die Nachfrage erhöht oder Unternehmer*innen bei hoher Arbeitslosigkeit (und niedrigen Löhnen) zu Neueinstellungen bewegt. Wie die Krisengeschichte des 19. und 20. Jahrhunderts verdeutlicht, verschärft er eher die Probleme. Das hat nicht zuletzt damit zu tun, dass er Ungleichheit produziert – und zwar, wie sich im Jugoslawien der siebziger Jahre zeigte, auch unter sozialistischen Vorzeichen. Erfolgreiche Betriebe und Regionen wachsen auf Kosten der weniger starken, was neben der sozialen Spaltung auch Konzentrationsprozesse nach sich zieht.

Dass die Marktwirtschaft nicht längst auf dem Müllhaufen der Geschichte gelandet ist, liegt vor allem daran, dass die Bilanz der Planwirtschaften noch weit schlechter ausfällt. Statt einer klassenlosen Gesellschaft den Weg zu bereiten, brachte sie neue Staatseliten hervor,[76] deren politische

---

75 Elmar Altvater, *Der Preis des Wohlstands. Umweltplünderung und neue Welt(un)ordnung*, Münster: Westfälisches Dampfboot 1992, S. 108.
76 Über die Frage, ob die führenden Gruppen im Staatssozialismus als Klasse oder Kaste zu analysieren sind, wurde in den siebziger Jahren

Macht noch weniger Schranken kannte als die der Vermögensbesitzer*innen im Kapitalismus.[77] Hier könnte man allerdings erwidern, dass dies nicht gegen die Planwirtschaft, sondern gegen das autoritäre politische Modell der sozialistischen Staaten spricht und dass auch andere, demokratischere Formen der Planung möglich wären.[78]

Doch ein zweiter Einwand ist grundsätzlicher: Wie er-

---

ausführlich gestritten; vgl. Antonio Carlo, *Politische und ökonomische Struktur der UdSSR (1917-1975)*. *Diktatur des Proletariats oder bürokratischer Kollektivismus*, Berlin: Wagenbach 1972; Rudi Dutschke, *Versuch, Lenin auf die Füße zu stellen*, Berlin: Wagenbach 1974; Tony Cliff, *Staatskapitalismus in Russland. Eine marxistische Analyse*, Frankfurt/Main: Sozialistische Arbeitergruppe 1975; Renate Damus, *Der reale Sozialismus als Herrschaftssystem am Beispiel der DDR*, Gießen: Focus Verlag 1978; Rudolf Bahro, *Die Alternative. Zur Kritik des real existierenden Sozialismus*, Köln, Frankfurt/Main: Europäische Verlagsanstalt 1977; Isaac Deutscher, *Stalin. Eine politische Biographie*, Berlin (Ost) 1990: Dietz.

77 Zwar waren die ökonomischen Privilegien der Staatseliten in den meisten sozialistischen Ländern eher bescheiden, doch dafür gab es eine starke räumliche Trennung. Die Führungskader der DDR sonderten sich auf eine Weise von der Bevölkerung ab, wie es Konzerninhaber in der Bundesrepublik der sechziger oder siebziger Jahre nicht gewagt hätten; vgl. Thomas Grimm, *Das Politbüro privat. Ulbricht, Honecker, Mielke & Co. aus der Sicht ihrer Angestellten*, Berlin: Aufbau 2004.

78 Zu den Konzepten von demokratischer Planung, Selbstverwaltung und Rätekommunismus vgl. Karl Korsch, *Schriften zur Sozialisierung*, Frankfurt/Main: Europäische Verlagsanstalt 1969; Paul Cardan (d. i. Cornelius Castoriadis), *Arbeiterräte und selbstverwaltete Gesellschaft. Exemplarischer Entwurf über die Natur der Selbstverwaltung*, Frankfurt/Main: Verlag Neue Kritik 1974; Gottfried Mergner (Hg.), *Gruppe Internationale Kommunisten Hollands*, Reinbek bei Hamburg: Rowohlt 1971; Anton Pannekoek, *Arbeiterräte. Texte zur sozialen Revolution*, Fernwald: Germinal 2008; Ernest Mandel et al., *Revolutionäre oder bürgerliche Kritik an der Sowjetunion. Solschenizyns »Archipel Gulag«*, Frankfurt/Main: GIM 1974.

wähnt wuchsen die Planwirtschaften anfangs zwar schnell, erwiesen sich dann jedoch als wenig innovativ. Ludwig von Mises, einer der Väter der marktliberalen Österreichischen Schule, hatte den sozialistischen Gesellschaften dieses Problem schon 1922 prognostiziert, als in der Sowjetunion noch keine Rede von einem Fünfjahresplan war. Von Mises formulierte die Frage, wie man in einem kollektivistischen Gemeinwesen feststellen wolle, »ob das Werkstück auf dem Wege, den es zu durchlaufen hat, nicht überflüssigerweise aufgehalten wird, ob an seine Vollendung nicht Arbeit und Material verschwendet werden«.[79] Das Fehlen eines Vergleichsmechanismus, wie ihn Konkurrenz und Preis repräsentieren, werde dazu führen, dass sich effizientere Methoden im Sozialismus kaum würden bestimmen lassen. Aus diesem Grund werde die Wirtschaft statischen Charakter besitzen.

Das Informationsproblem, auf das von Mises verwies, stellt sich heute nicht mehr. Dank der Digitalisierung verfügen Unternehmen über so viele Informationen, dass die Umrechnung von Effekten in monetäre Kosten eher steinzeitlich anmutet. Wer schon einmal ein Paket im Internet »getrackt« hat, weiß, wie einfach es ist, für »jedes einzelne Werkstück« nachzuvollziehen, ob es gerade »überflüssigerweise aufgehalten« wird. Nicht minder berechtigt ist auch der Hinweis aus linken Kreisen, dass sich die zentralistische Planung im Kapitalismus gerade rasant ausbreitet – leider allerdings im Interesse weniger Konzerne. Die beiden Autoren Leigh Phillips und Michal Rozworski haben 2019 dazu ein Buch mit dem ironischen Titel *The People's Republic of Walmart* geschrieben, in dem sie nachzeichnen, wie das US-Handelsun-

---

[79] Ludwig von Mises, *Die Gemeinwirtschaft. Untersuchungen über den Sozialismus*, Jena: Gustav Fischer 1922, S. 107.

ternehmen jene Planwirtschaft eingeführt hat, zu der die Sowjetunion nicht in der Lage war.[80]

Doch in einer anderen Hinsicht ist von Mises' Hinweis richtig geblieben: Die Festlegung von Prozessen ex ante, also im Voraus, reduziert die Spielräume für dezentrale und experimentelle Entscheidungen, was Innovationen erschwert. Sicher – auch in den Werks- und Logistikhallen von Volkswagen, Airbus oder Amazon ist kreative Improvisation eher unerwünscht, doch bei der Entwicklung qualitativ neuer Prozesse, wie sie dem Kapitalismus immer wieder neuen Schub verliehen haben, hat sich Trial and Error als ziemlich effizient erwiesen. Der Vorteil des Marktes besteht darin, dass er Improvisation und Unordnung als Teil des Systems betrachtet und in bestimmten Unternehmensabteilungen auch pflegt. In einer Planwirtschaft hingegen ziehen dezentrale Entscheidungen, die den Ablauf in der Produktionskette verändern, »politische« Konflikte nach sich, weshalb die meisten Akteure lieber an den eingespielten Abläufen festhalten. Jede*r, die oder der schon einmal auf Kuba war, kennt das Verhaltensmuster: Da eigene Ideen bei der Arbeit Probleme bringen, hält man sich mit Verbesserungsvorschlägen lieber zurück.

Kreativität und Innovation haben in der Marktwirtschaft vor allem deshalb einen Raum, weil diejenigen, die etwas anders machen wollen, immer eine eigene Firma gründen können. Die Freiheit zum Unternehmerischen ist im Kapitalismus zwar nach Klassenzugehörigkeit sehr ungleich verteilt – wer nicht zu den oberen zehn Prozent gehört, muss Kapitalgeber*innen von der eigenen Geschäftsidee überzeugen. Aber

---

80 Leigh Phillips/Michal Rozworski, *People's Republic of Walmart: How the World's Biggest Corporations are Laying the Foundation for Socialism*, London: Verso 2019.

zumindest theoretisch können alle Unternehmensgründer*-innen werden. Wie könnte nun aber eine Planwirtschaft gewährleisten, dass neue Produkte und Organisationsideen nicht nur von Planungsgremien und bereits bestehenden Betrieben, sondern auch dezentral von Gruppen und Einzelpersonen entwickelt werden? Auch hier müssten Investitionsmittel bereitgestellt werden, wobei der betriebswirtschaftliche Gewinn nicht das entscheidende Kriterium sein dürfte. Ein »politisches« Gremium müsste bewerten, wie das zu erwartende Verhältnis zwischen gesellschaftlichen und ökologischen Nutzen bzw. Kosten bei einem Projekt aussieht, und dementsprechend entscheiden, ob Mittel für den Aufbau eines neuen Betriebs zur Verfügung gestellt werden.

Das ist utopisch? Keineswegs. Schon heute werden staatliche Forschungsmittel, Projektgelder von Stiftungen, aber auch die Kredite ethischer Banken (wie der GLS-Bank) auf genau diese Weise, nämlich auf der Grundlage inhaltlicher Kriterien (also nicht nur von Gewinnaussichten) durch eine plural zusammengesetzte Kommission vergeben. Für Unternehmen im Sozial-, Wissenschafts- und Kunstbereich ist es völlig alltäglich, sich über Projekte zu finanzieren, in denen der gesellschaftliche Nutzen einer Tätigkeit durch politische Deliberation abgewogen wird, und auch die meisten technischen Neuerungen verdanken wir diesem Mechanismus. Risikokapital mag in aller Munde sein, spielt für die Grundlagenforschung in der Wissenschaft jedoch kaum eine Rolle. Investor*innen interessieren sich für Börsenkurse und vermarktbare Produkte, Innovation jedoch beruht auf der offenen Weiterentwicklung von Wissen und Technik, die keinen unmittelbaren monetären Nutzen verspricht.

Der große Vorzug der Marktwirtschaft besteht darin, dass sie experimentelle Verhaltensweisen unter dem Begriff der »unternehmerischen Kultur« propagiert. Allerdings werden dabei zwei völlig unterschiedliche Motive miteinander vermischt. Das vorherrschende Argument lautet, dass »Unternehmer*innen«, die als Pioniere der Ökonomie gelten, nach Reichtum und sozialem Aufstieg streben. Es ist aber zweifelhaft, ob das überhaupt die entscheidende Motivation für innovatives »Unternehmertum« ist. Anfang der neunziger Jahre jobbte ich (als Verpacker) in einer kleinen Berliner IT-Klitsche, die an der Entwicklung des Linux-Betriebssystems beteiligt war und im Nachhinein zweifelsohne als ein Pionierunternehmen in ihrem Bereich gelten kann. Den beiden Gründern ging es überhaupt nicht um persönliche Bereicherung oder Karrieren. Sie interessierten sich vielmehr für die technischen Herausforderungen der Linux-Entwicklung, den Ausstieg aus Betriebshierarchien und für die Möglichkeiten, sich Kolleg*innen aussuchen zu können, die verstanden, worum es ging. Anders ausgedrückt: Sie wurden Unternehmer, weil sie die bestehenden IT-Betriebe und Universitätsstrukturen für zu dumm hielten. Wer Linux entwickeln und technisches Neuland betreten wollte, musste die ausgetretenen Pfade verlassen.

Der Vorteil von Marktwirtschaften besteht darin, dass solche »heterodoxen« Praktiken gefeiert werden. Sicher – in der Realität bekommt nur eine Minderheit den Business-Kredit, der notwendig ist, um etwas Eigenes aufzubauen, und der kleine Linux-Betrieb, in dem ich arbeitete, wurde schnell von einem IT-Konzern geschluckt. Doch in sozialistischen Staaten sind Experimente, dezentrale Betriebsgründungen und individuelle Kreativität (außerhalb des Kunstbetriebs) überhaupt nicht vorgesehen. In den Planungsdebatten des 20. Jahrhunderts wurde die klassenlose Gesellschaft mit einer Form von Kollektivismus gleichgesetzt, bei der die Gesamtgesellschaft immer besser Bescheid weiß als die oder der Einzelne. Dabei sollten Linke wissen, dass es oft – sehr oft – genau umgekehrt ist. Einsichten und Anstöße kommen am Anfang fast immer von heterodoxen Minderheiten.

Es gibt allerdings keinen stichhaltigen Grund, warum Planwirtschaften den Vulgärkollektivismus der Vergangenheit nicht überwinden können sollten. In einer Gesellschaft, in der die Produktionsmittel allen gehören und keine Marktbeziehungen zwischen Unternehmen existieren, könnten die Mittel für den dezentralen Aufbau neuer Betriebe ganz ähnlich vergeben werden, wie es in der Forschung, der Kunst oder der sozialen Arbeit heute bereits die Regel ist. Eine demokratisch kontrollierte Kommission könnte anhand transparenter, im Vorfeld definierter Kriterien entscheiden, welche Projekte unterstützenswert sind und welche nicht. Die Ressourcen würden vergeben, um einen Betrieb zu gründen, der einem zwar nicht gehören würde, aber den man organisatorisch gestalten könnte. Vielen »Unternehmer*innen« wäre das Anreiz genug.

Allerdings hat die Vergabe von Ressourcen durch »politische« Gremien immer auch ein strukturelles Problem: Wer Investitionsmittel benötigt, wird versuchen, Allianzen und Netzwerke zu schmieden, um Verbündete in den Entscheidungsgremien zu finden. Das passiert auch in Marktwirtschaften – wer Kapital braucht, geht mit den entsprechenden Leuten essen oder in die Sauna. Doch das Sympathische am Markt ist, dass persönliche Antipathien bei entsprechenden Gewinnerwartungen plötzlich keine Rolle mehr spielen. Auch der Soziopath bekommt Kredit, wenn seine Geschäftsidee gut ist, und im Ernstfall machen selbst Feinde miteinander Geschäfte. Eine »politische« Ressourcenvergabe hingegen begünstigt das Entstehen informeller Machtnetzwerke: Im Kapitalismus ist dies der berühmte »Klüngel«, der an der Schnittstelle von staatlichen Auftraggebern und Privatwirtschaft entsteht, in sozialistischen Staatsbürokratien entwickeln sich opportunistische Gefälligkeitsbeziehungen. Leider spricht nichts dafür, dass dies in einer demokratischen Gemeinwirtschaft anders wäre. Doch dem ließe sich entgegenwirken, indem man zum Beispiel Anträge anonymisiert, die Entscheidungsgremien demokratischer Kontrolle unterwirft und ein polyzentrisches Netz zur Mittelvergabe schafft. Wenn nicht ein einziges Ministerium, sondern viele Stellen und Stiftungen öffentliche Gelder vergeben, würde verhindert, dass sich Verfügungsmacht konzentriert.

Mit einer herrschaftsfreien, idyllischen Gesellschaft hätten solche Strukturen wenig zu tun. Das grundlegende Problem bliebe nämlich, dass die Verfügung über Ressourcen stärker personalisiert wäre als auf dem Markt, der uns subjektlos und entpersonalisiert gegenübertritt. Ein Misserfolg wäre nicht einfach ein anonymes Versagen, sondern hätte mit den Entscheidungen von Kommissionsmitgliedern und Versammlungen zu tun, die Projekte evaluieren. Und wenig erfreulich ist auch die Vorstellung, was passieren würde, wenn neu gegründete Betriebe bewiesen, dass es anders besser ginge als zuvor. Das Linux-Kollektiv, das eine demokratische Planwirtschaft darauf aufmerksam macht, dass das sozialistische Windows nicht länger benötigt wird oder, noch beunruhigender, ganze Arbeitsbereiche wegrationalisiert werden können, würde Tausende eingespielter Existenzen infrage stellen. Auch in einer Gemeinwohlökonomie, in der alle ein festes Einkommen beziehen, dürften viele gar nicht erfreut darüber sein, dass sie ihr Leben umstellen und etwas Neues lernen sollen. Viel wahrscheinlicher ist, dass die alten Strukturen alle Ergebnisse anzweifeln würden, welche die Vorteile einer neuen Produktions- oder Arbeitsweise belegen. Was der Markt still und heimlich erledigt, liefe in einer demokratischen Planwirtschaft immer auf politische Konflikte hinaus.

Das dritte grundsätzliche Problem der Planwirtschaft hat schließlich genau damit zu tun: Der Widerspruch zwischen partikularen und gesamtgesellschaftlichen Interessen löst sich auch unter Bedingungen des Gemeineigentums nicht auf. Die Linke des 19. und 20. Jahrhunderts ging davon aus, dass es nach der Überwindung der Marktkonkurrenz zu einer bewussten Kooperation kommt. Wenn die oder der Einzelne nicht länger mit anderen Privateigentümer*innen konkurriert, würde man sich absprechen und ein gesellschaftliches Gesamtinteresse verfolgen können. Doch alle praktischen Erfahrungen haben diese Annahme widerlegt: Die Belegschaften und Manager*innen der sozialistischen Betriebe verfolgten weiter ihre partikularen Interessen: Sie unterliefen Planvorgaben, manipulierten Zahlen, fertigten mangelhafte Produkte, zweigten Material für den eigenen Bedarf ab, um es illegal zu tauschen, oder erschienen ganz einfach nicht zur Arbeit. Auch hier ist der Einwand der rätedemokratischen Linken simpel: Wenn es keine demokratische Selbstregierung gibt, kann sich auch kein gesellschaftliches Gesamtinteresse herausbilden, denn eine von der Nomenklatura beherrschte Bevölkerung hat verständlicherweise kein Interesse, sich für das Gemeinwohl einzusetzen. Der trotzkistische Theoretiker Ernest Mandel und viele andere Linkssozialist*innen propagierten in diesem Sinne eine Planwirtschaft, in der sich selbstverwaltete Körperschaften miteinander koordinieren und ihre Produktionsvereinbarungen über einen gewählten Kongress von Betriebsdelegierten treffen sollten.[81] Dafür gibt es durchaus historische Beispiele: In Spanien kollektivierten die Gewerkschaften – die anarchosyndikalistische

---

[81] Ernest Mandel, »In Defense of Socialist Planning«, in: *New Left Review* 159 (1986), S. 5-37; ders., »The Myth of Market Socialism«, in: *New Left Review* 169 (1988), S. 108-120.

CNT (Confederación Nacional del Trabajo) und die sozialistische UGT (Unión General de Trabajadores) – nach dem faschistischen Putsch im Juli 1936 einige Tausend Betriebe in der Industrie, in der Landwirtschaft und im Dienstleistungssektor. Vor allem die Wirtschaft Kataloniens wurde weitgehend von Arbeiterorganisationen kontrolliert, Betriebe eines Sektors oder einer Ortschaft schlossen sich in sogenannten *agrupaciones* zusammen.[82] Leider gibt es nur wenige verlässliche Informationen darüber, wie gut dieses System funktionierte. Der Historiker Luis Garrido-González konstatiert einen deutlichen Rückgang der industriellen Produktion (mit Ausnahme des kriegsnotwendigen Metallsektors), weist aber auch darauf hin, dass sich nicht klären lässt, inwiefern diese Entwicklung mit der Arbeiterselbstverwaltung zu tun hatte.

Doch ganz unabhängig davon, ob im spanischen Bürgerkrieg wirklich eine einigermaßen funktionierende rätedemokratische Planung etabliert wurde, gibt es einen grundlegenden Einwand: Selbst wenn Arbeitsprozesse gemeinsam und »von unten« gestaltet werden, sind die Einzelinteressen nicht aufgehoben. Auch bei basisdemokratischer Planung werden einige versuchen, die vereinbarten Vorgaben zu umgehen.

---

82 Luis Garrido-González, »Colectivización económica en la guerra civil española (1936-1939)«, in: *Revista de la Historia de la Economía y de la Empresa* 4 (2010), S. 353-386, insbes. S. 362-366; vgl. Pierre Broué/Emile Témime, *Revolution und Krieg in Spanien. Geschichte des spanischen Bürgerkriegs*, Frankfurt/Main: Suhrkamp 1968; Josep María Bricall, *Política económica de la generalitat (1936-1939)*, Barcelona: Edicions 1978; Hugh Thomas, »Las colectividades agrarias anarquistas en la guerra civil española«, in: Raymond Carr (Hg.), *Estudios sobre la república y la guerra civil española*, Madrid: Sarpe 1985, S. 351-376; Walther Bernecker, *Colectividades y revolución social. El anarquismo en la guerra civil española 1936-1939*, Barcelona: Crítica 1982.

Die feministische Ökonomin Diane Elson hat das Problem in einer lesenswerten Replik auf Ernest Mandel folgendermaßen zusammengefasst:

> Es ist unklar, wie der Kongreß der Arbeiterräte in jedem Industriezweig über die Zuweisung der Ressourcen an die einzelnen Unternehmen entscheiden würde. Diese Kongresse würden tatsächlich weitgehend die gleiche Aufgabe erfüllen müssen wie die Ministerien in der Sowjetunion, und sie stünden weitgehend vor den gleichen Problemen. Mandel neigt dazu, über diese Probleme hinwegzusehen, indem er »selbstverwaltete Körperschaften« beschwört – wie zum Beispiel in seiner Feststellung, eine »selbstverwaltete Arbeiterschaft hätte kein Interesse daran, die Tatsachen geheim zu halten«. Aber eine ganz bestimmte selbstverwaltete Einheit *hätte* ein Interesse daran, die Fakten vor dem Kongress der Arbeiterräte geheim zu halten, wenn sie auf diese Weise eine reduzierte Arbeitsbelastung oder eine erhöhte Zuweisung von Ressourcen erreichen könnte. Die Selbstverwaltung würde bedeuten, dass die gesamte Belegschaft eines Unternehmens durch Fehlinformationen gewinnen würde – und nicht nur seine Manager. Selbstverwaltung an sich würde noch nicht die Trennung zwischen verschiedenen selbstverwalteten Gruppen aufheben. Mandel liefert sehr wenig Argumente, wie selbstverwaltete Körperschaften organisiert wären: »Selbstverwaltung« tritt eher als der deus ex machina auf, der »die Bürokratie« ersetzen soll.[83]

Doch wie lässt sich dann mit dem Widerspruch zwischen partikularen Interessen und Gemeinwohl umgehen? Im 20. Jahrhundert haben sozialistisch regierte Länder entweder den Staat als vermeintlichen Repräsentanten der *volonté générale* gestärkt, was die Bürokratie immer weiter von der Bevölkerung entfernte, oder an das politische Bewusstsein appelliert, was stark an religiöse Moraldiskurse erinnerte. So war fast überall im sozialistischen Lager vom »neuen Menschen« die Rede, was zumindest indirekt implizierte, der Mensch müsse sich verändern, damit das ersehnte Gesell-

---

[83] Vgl. Diane Elson, »Markt-Sozialismus oder Sozialisierung des Marktes«, in: *Prokla* 78 (1990), S. 60-107, hier S. 83.

schaftssystem funktionieren kann. Das allerdings war eine eigenartige Umdrehung der Emanzipationsperspektive, bei der es doch darum geht, die Gesellschaftsordnung so zu ändern, dass sich Menschen frei entfalten können. Auch wenn die Veränderung persönlicher Einstellungen und die Reflexion des eigenen Verhaltens immer Bestandteil eines emanzipatorischen Projekts sein muss, kann eine Gesellschaftsalternative nicht auf der Idee eines »neuen Menschen« beruhen.

Eine dritte Strategie, mit dem Widerspruch umzugehen, zielt darauf ab, das gesellschaftliche Bewusstsein der Einzelnen durch eine Radikalisierung des kommunistischen Prinzips zu stärken. Als Erstes fällt Linken in diesem Zusammenhang immer die Abschaffung des Geldes ein: Wenn das Messen der Arbeitsleistungen aufgegeben wird und die oder der Einzelne sich die Güter einfach entsprechend ihrer oder seiner Bedürfnisse nehmen kann, würden auch die Anreize zum Übervorteilen und Betrügen geringer. Auf diese Weise würde sich, so die These, der Individualismus zurückentwickeln. Richtig an dieser Argumentation ist, dass monetäre Zugangsbeschränkungen oft viel unsinniger sind als gemeinhin angenommen. Atemluft wird nicht deshalb verschwendet, weil sie entgeltfrei zur Verfügung steht; für Wasser musste in vielen Gemeinden lange Zeit kein Geld gezahlt werden, obwohl man Arbeit aufbringen muss, um Brunnen zu unterhalten. Und dieser Zusammenhang gilt für viel mehr Dinge, als wir meinen: Der öffentliche Nahverkehr könnte problemlos als entgeltfreie öffentlich finanzierte Infrastruktur bereitgestellt werden, denn auch beim Individualverkehr trägt die Allgemeinheit einen beträchtlichen Teil der Kosten. Die Grenzkosten für Software, aber teilweise auch Medikamente tendieren heute bereits gegen null – eine zusätzliche hergestellte Mengeneinheit kostet fast nichts. Warum also nicht gleich die Produktion öffentlich organisieren und die Güter ohne Zugangsbeschränkungen nach Bedürftigkeit zur Verfügung stellen?

Doch andererseits gibt es eben auch Güter, die aus ökologischen oder gesellschaftlichen Gründen nicht unbegrenzt angeboten werden können, und hier ergeben sich schnell Probleme. Was passiert, wenn Einzelpersonen auf die Idee kommen, Lebensmittel zu horten, um diese zu verknappen und dann Gefälligkeiten einzufordern? Für solche Fälle müssten dann eben doch auch in einer kommunistischen Gemeinschaft Zugangsbeschränkungen festgelegt werden: Wenn das ohne Geld passieren soll, müsste es Zuteilungsregeln geben, wie sie bei einer Rationierung angewandt werden. In Zeiten der Digitalisierung ist das einfach zu lösen: Jeder Mensch bezieht nur zwei Packungen Waschmittel und drei Lippenstifte im Monat. Aber was ist mit denjenigen, die weniger Waschmittel oder gar keine Lippenstifte benötigen? Nun, sie würden diese Güter vermutlich trotzdem beziehen und danach gegen andere Güter tauschen. Aber damit wäre der Äquivalententausch zurückgekehrt, den man doch eigentlich abschaffen wollte! Sobald Lippenstifte, Zigaretten oder ein Sack Zement als Tausch- oder Wertaufbewahrungsmittel dienen, übernehmen sie die Funktion von Geld. Anders ausgedrückt: Wenn das Geld abgeschafft wird (oder aufgrund starker Inflation seinen Wert verliert), erfinden Mitglieder der Gesellschaft es in der Regel einfach neu. Dann dienen Zigaretten, Schnaps oder andere knappe, gut lagerbare Güter als Tausch- oder Wertaufbewahrungsmittel. Doch wenn dies geschieht, kann man auch gleich beim Geldsystem bleiben, das immerhin insofern eine großartige Erfindung ist, als es Wahlfreiheit ermöglicht. Jede*r kann sich aussuchen, was sie oder er für das eigene Leben am wichtigsten hält. Und anders als Zigaretten oder der Sack Zement fehlt es nicht, wenn es von Menschen zur Wertaufbewahrung zur Seite gelegt wird.

Die Erziehung zum »neuen Menschen«, die Abschaffung des Geldes und viele andere radikale Ideen sind also keine Wunderwaffen, um partikulare Interessen mit gesamtgesellschaftlichen zu versöhnen. Der Markt hingegen ermöglicht zwar die Kooperation der Egoisten, fördert aber ebenso eine Kultur des Egoismus bis hin zur Selbstzerstörung von Gesellschaften. Ersetzt man den Äquivalententausch durch Planung, werden Interessenkonflikte, die zuvor subjektlos daherkamen, zu politischen Auseinandersetzungen, welche die Beziehungen mit den Mitmenschen belasten. Keiner der bekannten Vergesellschaftungs-Modi bietet eine einfache Lösung.

Was lässt sich daraus folgern? Die Antwort muss wohl lauten, dass es für das Problem keine allgemeingültige Lösung gibt. Die Stärke des Marktmechanismus ist seine größte Schwäche: gedanken- und bindungslose Kooperation. Andererseits stimmt es allerdings ebenfalls, dass wir »hoffnungslos überfordert wären, (wenn wir) jede alltägliche Konsumentscheidung als politischen Wahlakt artikulieren« müssten.[84] Auch gemeinsame und demokratische Planung kann zum Albtraum werden.

Ein Alternative zum Kapitalismus muss deshalb wahrscheinlich bescheidener ausfallen und sich mit der Definition begnügen, die Karl Polanyi vorgeschlagen hat: »Sozialismus ist dem Wesen nach die einer industriellen Zivilisation innewohnende Tendenz, über den selbstregulierenden Markt hinauszugehen, indem man ihn bewußt einer demokratischen Gesellschaft unterordnet.«[85] Im Anschluss an diese These ha-

---

[84] Elmar Altvater, *Die Zukunft des Marktes: Ein Essay über die Regulation von Geld und Natur nach dem Scheitern des »real existierenden Sozialismus«*, Münster: Westfälisches Dampfboot 1991, S. 359.

[85] Karl Polanyi, *The Great Transformation*, Frankfurt/Main: Suhrkamp 1978, S. 311.

ben viele Linke versucht, Markt und Plan miteinander zu versöhnen, um genau diese demokratische »Unterordnung« zu gewährleisten. Von austromarxistischen und sozialdemokratischen Transformationsstrategien bis hin zu den Reformvorschlägen Oskar Langes und Ota Šiks in Osteuropa wurden verschiedenste Konzepte entwickelt, um gesellschaftliches Eigentum (genossenschaftliches oder öffentliches), die bewusste Lenkung der Wirtschaft und die Flexibilität des Marktes zu kombinieren.[86] In der Praxis blieb das jedoch immer problematisch: In den westeuropäischen Staaten passten sich staatliche und genossenschaftliche Unternehmen der kapitalistischen Logik so stark an, dass sie am Ende von Privatunternehmen nicht mehr zu unterscheiden waren, in Jugoslawien beförderte die Marktkonkurrenz die ungleiche Entwicklung und den Zerfall des Landes, im Ostblock erwiesen sich die Versuche, den Preismechanismus durch Planungsstäbe zu simulieren, als technisch kaum umsetzbar.

Andererseits kann man aber auch nicht behaupten, dass der Marktsozialismus auf ganzer Linie gescheitert wäre.

---

86 Vgl. Otto Bauer, *Der Weg zum Sozialismus*, Berlin: Volksbuchhandlung Ignaz Brand 1919; Oskar Lange, »On the Economic Theory of Socialism«, in: Benjamin Lippincott (Hg.), *On the Economic Theory of Socialism*, Minneapolis: University of Minnesota Press 1948; Włodzimierz Brus, *Funktionsprobleme der sozialistischen Wirtschaft*, Frankfurt/Main: Suhrkamp 1971; Ota Šik, *Demokratische und sozialistische Plan- und Marktwirtschaft*, Zürich: Arche 1971; Branko Horvat et al. (Hg.), *Self-governing Socialism. A Reader*, 2 Bde., London, New York: Routledge 1975; János Kornai, *Overcentralization in Economic Administration. A Critical Analysis Based on Experience in Hungarian Light Industry*, Oxford: Oxford University Press 1959; Pranab Bardhan/John Roemer (Hg.), *Market Socialism. The Current Debate*, New York: Oxford University Press 1993; Joachim Beerhorst/Michael R. Krätke (Hg.), *Mut zur konkreten Utopie. Alternativen zur herrschenden Ökonomie*, Hannover: Offizin 2003.

Die Lebensqualität im Jugoslawien der siebziger Jahre war sicher höher als in Rumänien oder Bulgarien, und auch im Westen sehnen sich viele nach den Zeiten staatlicher Wirtschaftslenkung zurück, wie sie Frankreich, Schweden oder Österreich über Jahrzehnte prägte: Schlüsselindustrien waren nationalisiert, auch Arbeiterkindern gelang der soziale Aufstieg, die Existenz der Klassen war zwar nicht infrage gestellt, aber die sozialen Gegensätze abgefedert.

Das Problem an diesen Debatten sind nicht die Modelle, die verglichen mit Neoliberalismus, sozialistischer Kommandowirtschaft und Umerziehungsterror gar nicht so schlecht sind, sondern die technokratische Perspektive, aus der heraus sie entwickelt wurden. Bei Marktsozialisten wie Oskar Lange, Włodzimierz Brus, Ota Šik, János Kornai, Branko Horvat oder John Roemer standen immer die technischen Lösungen im Vordergrund. Wenn aber die These Karl Polanyis stimmt, dass es beim Sozialismus darum geht, den Markt und die partikularen Interessen »einer demokratischen Gesellschaft unterzuordnen«, dann sind die konkreten Modelle viel weniger entscheidend als der gesellschaftliche Demokratisierungsprozess »von unten«. Anders ausgedrückt: Jede Idee für eine alternative Regulierung der Wirtschaft ist nur so gut wie die demokratisch-egalitärenKämpfe, die sie unterstützt und begleitet. In diesem Sinne braucht ein sozialistisches Projekt, das über den destruktiven Irrwitz der Markt- und Warengesellschaft hinauswill, einen anderen Ausgangspunkt als im 20. Jahrhundert. Charakteristisch für ein linkes ökonomisches Projekt ist nicht, dass es auf »Planung« setzt, sondern, dass es Herrschaftsverhältnisse schleifen und die gemeinsame, demokratische Gestaltung des Lebens ermöglichen will.

Weder die Verstaatlichung noch die Arbeiterräte, weder der Marktsozialismus noch die Abschaffung des Geldes stehen uns in diesem Zusammenhang als millenaristische Allzweckwaffen zur Verfügung. Sehr wohl bekannt ist uns hingegen, wie sich Klassenverhältnisse zurückdrängen, ökonomische Prozesse demokratisieren und solidarische Beziehungen in der Gesellschaft stärken lassen. »Sozialismus« sollte nicht mehr als Modell einer bestimmten ökonomischen Regulierung durch den Staat und schon gar nicht als Synonym für »Planung«, sondern als demokratisch-egalitäre Aneignungsbewegung verstanden werden, bei der auf ganz unterschiedliche Instrumente zurückgegriffen werden kann. Oder wie schon 1845 einmal formuliert wurde: »Der Kommunismus ist für uns nicht ein *Zustand*, der hergestellt werden soll, ein *Ideal*, wonach die Wirklichkeit sich zu richten haben wird. Wir nennen Kommunismus die *wirkliche* Bewegung, welche den jetzigen Zustand aufhebt.«[87] In diesem Sinne würde ich Sozialismus als eine Bewegung zur Dekommodifizierung des Lebens definieren, die folgende, bereits bestehende sozioökonomische Praktiken miteinander verbindet.

Ermächtigung in sozialen Kämpfen

Wenn es stimmt, dass es linker Politik um die Überwindung von Unterdrückungs- und Herrschaftsverhältnissen geht, muss immer die Fähigkeit von Subalternen im Mittelpunkt stehen, sich mit anderen zusammenzutun, um eigene Forderungen zu formulieren und sich Gehör zu verschaffen. Weil Lohnarbeit nach wie vor einen zentralen Teil unseres Lebens ausmacht, bleibt das Projekt der Selbstermächtigung eng verknüpft mit gewerkschaftlichen Kämpfen. Die Erfahrung, sich gegen einen Arbeitgeber zur Wehr zu setzen und einen Streik zu organisieren, bleibt für Millionen von Menschen der konkreteste Ansatzpunkt für Politisierung. Umso wich-

---

[87] Karl Marx und Friedrich Engels, *Die Deutsche Ideologie*, in: MEW, Bd. 3, Berlin (Ost): Dietz 1978, S. 35.

tiger ist die linksgewerkschaftliche Debatte um eine Demokratisierung von Tarifkonflikten. Erst wenn Beschäftigte Strategien gemeinsam entwickeln und Entscheidungen selbst fällen, bekommt ein Arbeitskampf eine transformatorische Dimension.

Selbstermächtigung findet selbstverständlich aber auch in sozialen Bewegungen und Solidarprojekten statt. Die Schüler*innen von Fridays For Future, Geflüchtete, die in einem Nachbarschaftsladen füreinander kochen, oder Mieter*innen, die sich gegen die Verdrängung durch Immobilienfirmen stemmen, experimentieren mit egalitären Formen der Politik und eignen sich Kontrolle über gesellschaftliche Abläufe an. Diese Form des Zusammenkommens und Handelns ist der entscheidende Moment jeder Vergesellschaftungsbewegung.

Wirtschaftsdemokratie

Wirtschaftsdemokratie ist für ein erneuertes Sozialismuskonzept von zentraler Bedeutung, weil es die Frage aufwirft, wie eine Gesellschaft die Kontrolle über ökonomische Prozesse erlangt. Da sich gezeigt hat, dass Verstaatlichung und Planwirtschaft hierfür unzureichende Bedingungen sind, gibt es zur Demokratisierung bestehender Verhältnisse keine Alternative.

Entscheidend in diesem Zusammenhang ist allerdings, Wirtschaftsdemokratie nicht mit Mitbestimmung zu verwechseln. Ohne Veränderung der zugrunde liegenden Machtverhältnisse führt eine stärkere Mitsprache von Beschäftigten nur zu Co-Management oder sogar zur Korrumpierung der Belegschaftsvertreter*innen.[88] Aus einer transformatorischen

---

[88] Der Skandal um die VW-Betriebsräte, die sich in den neunziger Jahren vom Personalvorstand Peter Hartz den Sex-Tourismus nach Bra-

Perspektive bedeutet Wirtschaftsdemokratie die gesellschaftliche Gestaltung der Ökonomie, also den Ausbau von Elementen demokratischer Planung. Konkrete Ansatzpunkte dafür könnten heute die ökologische Konversion, die Verkürzung der Arbeitszeiten oder die gerade einsetzende Debatte über die Stärkung des öffentlichen Gesundheitswesens sein.

Commoning

Von linken Parteien fast unbemerkt haben Feminist*innen, Aktivist*innen der Freie-Software-Bewegung, internationale Bauernorganisationen, Umweltgruppen und Indigene Anfang des neuen Jahrhunderts einen bemerkenswerten Schnittpunkt politischer Praxis entwickelt: die sogenannten »Commons« (Allmende). Als Allmende werden traditionelle Gemeingüter wie Weideland, Wälder oder Fischbestände, aber auch digitale Plattformen und Güter wie Wikipedia oder das Betriebssystem Linux bezeichnet, die niemandem gehören, aber von Gemeinschaften gemeinsam genutzt, gepflegt oder sogar produziert werden.[89] Obwohl Commons seit Jahrtausenden Bestandteil menschlichen Lebens sind,

---

silien spendieren ließen, ist ein besonders trauriges Beispiel für die Korrumpierung von Gewerkschaftsfunktionären; vgl. »»Prostituierte für Hartz beim Treffen des Weltbetriebsrats««, in: *Frankfurter Allgemeine Zeitung* (30. September 2005), online verfügbar unter: {https://www.faz.net/aktuell/wirtschaft/unternehmen/vw-affaere-prostituierte-fuer-hartz-beim-treffen-des-weltbetriebsrats-1250735.html}.

89 Einen entscheidenden Beitrag zur Verbreitung der Commons-Debatte in Deutschland und zur internationalen Vernetzung von Perspektiven hat Silke Helfrich geleistet; vgl. dies./Heinrich-Böll-Stiftung (Hg.), *Commons. Für eine neue Politik jenseits von Markt und Staat*, Bielefeld: transcript 2014; Silke Helfrich/David Bollier, *Frei, fair und lebendig. Die Macht der Commons*, Bielefeld: transcript 2019.

wurden sie von den Wirtschafts- und Gesellschaftswissenschaften lange Zeit weitgehend ignoriert; wohl auch deshalb, weil sie außerhalb des Markt-Staat-Systems liegen.

Von den oben genannten Bewegungen ist die These formuliert worden, dass den Commons bei der Entwicklung einer antikapitalistischen Alternative eine zentrale Rolle zukommen muss. Besonders explizit vertritt das der postoperaistische Theoretiker und Professor für IT Nick Dyer-Witheford: »Wenn die Zellform des Kapitalismus die Ware ist, dann ist die Zellform des Kommunismus das Gemeingut (*common*). Eine Ware ist ein für den Austausch hergestelltes Gut. Ein Common ist ein Gut, das zur gemeinsamen Nutzung hergestellt wurde. Kommunismus ist die Vervielfachung der Commons. Die Ware setzt, als für den Tausch hergestelltes Gut, Privateigentümer voraus, unter denen ein solcher Austausch stattfindet. Das Gemeingut setzt Kollektive voraus, in denen geteilt wird; Kollektive, die das Teilen koordinieren, organisieren und planen. Ich werde diese Kollektive Assoziationen nennen.«[90]

Tatsächlich ist einigermaßen erstaunlich, dass solche Formen von Gemeinwirtschaft in den Sozialismuskonzepten der Vergangenheit fast immer ausgeblendet wurden. Die Einhegung der Commons spielt im Marx'schen Denken zwar insofern eine wichtige Rolle, als die Privatisierung des Gemeindelandes im 16. und 17. Jahrhundert als Motor der »ursprünglichen Akkumulation« verstanden wird.[91] Doch die

---

90 Nick Dyer-Witheford, »The Circulation of the Common«, 2006 6f., online verfügbar unter: {http://dlc.dlib.indiana.edu/dlc/bitstream/handle/10535/4519/circulation%20of%20the%20common.pdf?sequence=1&isAllowed=y}.

91 Marx zeichnet im *Kapital* nach, wie englische Adelige vor allem in der schottischen und irischen Peripherie Gemeindeland mit staatlicher Waffengewalt privatisierten, damit bäuerliche Arbeitskraft

politische Dimension der Allmende wurde eigentlich erst von der Trägerin des Nobel-Gedächtnispreises für Wirtschaftswissenschaften Elinor Ostrom in den achtziger und neunziger Jahren herausgearbeitet.[92] Ostrom widersprach der These von der »Tragödie der Allmende«.[93] Diese besagt, dass Commons auf Dauer übernutzt werden, weil die Individuen aus Egoismus versuchen, für sich so viel Ertrag wie möglich zu erwirtschaften. Ostrom wies hingegen nach, dass Allmenden über lange Zeiträume gepflegt werden, wenn die Nutzungsgemeinschaften entsprechende soziale Institutionen entwickeln und kollektive Regeln festlegen. Relativ erfolgreich sind diese Systeme, wenn die Vereinbarungen gemeinsam ausgehandelt und durch (moderate) Kontroll- und Sanktionsmechanismen bewehrt sind. Dabei muss auch die Anpassung von Regeln an veränderte Bedingungen möglich sein. Das Bewässerungssystem in der Umgebung der Mittelmeerstadt Valencia beispielsweise wird seit Jahrhunderten von mehreren tausend Bäuer*innen genutzt, die mit dem sogenannten »Wassergericht von Valencia« eine eigene Institution zur Behandlung von Streitfällen entwickelt haben. Die-

---

freisetzten und eine industrielle Nutzung der Landwirtschaft (Produktion von Wolle für Webereien) ermöglichten. Die Gewalttätigkeit dieses Prozesses hatte bereits Thomas Morus in *Utopia* (1516) thematisiert: »Eure Schafe […], die so sanft zu sein und so wenig zu fressen pflegten, haben angefangen so gefräßig und zügellos zu werden, dass sie die Menschen selbst auffressen« (Berlin: Hofenberg 2015, S. 16). Damit spielt Morus auf die Verwandlung von Gemeindeland in private Viehweiden an, durch die die Kleinbauern ihrer Lebensgrundlage beraubt wurden.

92 Elinor Ostrom, *Die Verfassung der Allmende: jenseits von Staat und Markt*, Tübingen: Mohr Siebeck 1999.

93 Die These von der »Tragik der Allmende« geht auf den Mikrobiologen Garrett Hardin zurück und dessen 1968 in der Zeitschrift *Science* veröffentlichten Artikel »The Tragedy of the Commons« (*Science* 162 [1968], S. 1243-1248).

se Art kollektiver Ökonomie ist oft viel erfolgreicher als staatliche Kontrolle oder Marktrestriktionen, weil hier auf lokales und gemeinschaftliches Wissen zurückgegriffen wird.

In der neuen digitalen Kooperation hat sich dieses Potenzial von Allmendewirtschaft erneut bewiesen. In der Freie-Software-Bewegung, aus der unter anderem die Onlineenzyklopädie Wikipedia oder das Betriebssystem Linux hervorgegangen sind, etablierte sich in den achtziger Jahren die sogenannte P2P-Kooperation (*peer to peer*). Dabei handelt es sich um Arbeitsprozesse, die teilweise ohne zentrale Koordination von gleichberechtigten Teilnehmer*innen im Netz organisiert werden. Programmierer*innen aus der ganzen Welt übernahmen Teile des Gesamtprojekts, ließen ihre Arbeitsergebnisse von der Community überprüfen und stellten das Produkt am Ende der Allgemeinheit unentgeltlich zur Verfügung. In der Freie-Software-Bewegung weckte diese Erfahrung mit einer nicht eigennützigen, nicht hierarchischen und nicht durch Eigentumsrechte eingeschränkten Produktion zeitweise Hoffnungen, das Prinzip könne sich in der Gesellschaft ausbreiten.[94] Dies ist nicht eingetreten; vielmehr werden Allmendegüter wie Linux von Konzernen heute privatwirtschaftlich genutzt, die Bedeutung der P2P-Kooperation in der Softwareentwicklung hat an Bedeutung verloren, und sogenannte Sharing-Modelle sind von Konzernen aufgegriffen und profitkompatibel gemacht worden. Dennoch kann man festhalten, dass vermutlich noch nie eine Produktionsweise der »freien Assoziation der Produzenten« so nah

---

94 Vgl. Christian Siefkes, »Peer Production & Commonism. Von der freien Softwarebewegung zur ›freien Assoziation der Produzenten‹«, in: Raul Zelik/Aaron Tauss (Hg.), *Andere mögliche Welten? Krise, Linksregierungen, populare Bewegungen: Eine lateinamerikanisch-europäische Debatte*, Hamburg: VSA 2013, S. 169-179.

kam wie P2P. Und auch die Voraussetzungen, unter denen P2P möglich ist, sind weniger utopisch, als man vermuten würde. Der Jurist Yochai Benkler hat gezeigt, dass Programmierer*innen sich an den gemeinnützigen Softwareprojekten beteiligten, weil sie die Arbeit interessant fanden und soziale Anerkennung dafür erhielten, weil die Produktionsmittel (Computer) verfügbar waren und weil die materielle Versorgung der Beteiligten durch andere Jobs (häufig im Universitätsbereich) sichergestellt war.[95] Dass sie ohne ausgeprägte Hierarchien kooperierten, war möglich, weil sich die Zusammenarbeit dank technischer Hilfsmittel dezentralisieren und die Einzelprodukte teilweise automatisch wieder zusammenfügen ließen. Wenn das bereits alle Voraussetzungen für eine egalitär-kooperative Produktionsweise sind (verfügbare Produktionsmittel, materielle Absicherung für alle und soziale Anerkennung der Tätigkeit), ist der Kommunismus vielleicht doch sehr viel weniger utopisch als gemeinhin angenommen.

Dyer-Withefords These, wonach Kommunismus auf der Ausbreitung teilender, egalitärer Gemeinschaften beruht, die nach eigenen Arbeits- und Nutzungsregeln handeln, hat allerdings wichtige Auswirkungen für eine sozialistische Politik. Sie impliziert, dass reale Vergesellschaftung nur aus der Gesellschaft heraus, von Produzent*innen-Konsument*innen vorangetrieben werden kann. Im Mittelpunkt dieser Prozesse stehen nicht die hergestellten Güter, sondern die soziale Praxis der gemeinsamen Nutzung und »kollaborativen Produktion«. Für linke Politik würde das bedeuten, *commoning*, also die gemeinsame Nutzung und Pflege von Gütern, als zentralen Bestandteil der Vergesellschaftung zu begrei-

---

[95] Yochai Benkler, »Coase's Penguin, or, Linux and the Nature of the Firm«, in: The Yale Law Journal 112 (2002), S. 369-446.

fen, mit zu organisieren und aus politischen Institutionen heraus zu unterstützen.[96]

Caring

Auch in einer zweiten Hinsicht benötigt das Sozialismuskonzept eine feministische Überarbeitung: Vor dem Hintergrund der »produktivistischen« Verengung linker Politik könnte man mit der Soziologin Frigga Haug eine Unterscheidung in zwei Bereiche der Ökonomie vornehmen, in einen der Herstellung des Lebens und einen zweiten zur Herstellung der Lebensmittel:

> In der kapitalistischen Moderne sind die Bereiche der Produktion und Verwaltung der Mittel zum Leben diejenigen, in denen die Produktivkräfte entwickelt und damit die Grundlagen für die weiteren Teilungen der Arbeit als Dimension menschlicher Entwicklung gelegt werden. Weil dieser Bereich das Akkumulationsfeld des Kapitals par excellence ist, gilt er als Grundlage allen Fortschritts. Der Bereich, in dem Leben erzeugt, gepflegt und erhalten wird, rückt dagegen an den Rand. Er wird Frauen übergeben, die damit als Trägerinnen der Lebensfürsorge selbst marginalisiert werden. Diese hierarchische Anordnung bildet die Grundlage für die gesellschaftliche Unterdrückung der Frauen, die sämtliche Sphären der Gesellschaft prägt: Kultur und Sprache, Ideologie und Sozialtheorie, Moral und Recht und die entsprechenden Institutionen.[97]

Ein Sozialismusbegriff auf der Höhe der Zeit könnte die Fokussierung auf die Lohnarbeit überwinden, indem *caring* als zentraler Bestandteil eines gesellschaftlichen Gegenentwurfs verstanden wird. Damit gemeint ist nicht nur die Sorge von Pflegetätigkeiten, sondern auch das normative Prinzip der »Care-Ethik«, die die Sorge um soziale Beziehungen und Na-

---

96 Ausführlich dazu vgl. Friederike Habermann, *Ecommony. UmCARE zum Miteinander*, Sulzbach am Taunus: Ulrike Helmer 2016.
97 Frigga Haug, »Die Vier-in-einem-Perspektive als Leitfaden für Politik«, in: *Das Argument* 291 (2011), S. 241-250.

tur zum Ausgangspunkt des ökonomischen Denkens macht. Oder anders formuliert: Während der Sozialismus des 20. Jahrhunderts den Effizienzbegriff der kapitalistischen Gesellschaften übernahm und sich somit nur auf bereits verlegten Gleisen bewegen konnte, müsste ein neuer, grüner Sozialismus »Ökonomie« in erster Linie als Sorge um Leben, Mensch und Gemeinschaft verstehen.

Ähnliche Überlegungen werden heute in vielen progressiven Kontexten angestellt. Das Foundational Economy Collective beispielsweise, von dem bereits die Rede war, fordert eine Neuausrichtung der Wirtschaftswissenschaften ausgehend von den sozialen und materiellen Infrastrukturen und erinnert daran, dass das Wohlergehen von Menschen weniger von ihrem »individuellen Konsum als vielmehr vom sozialen Konsum grundlegender Güter und Dienstleistungen abhängt, die von der *Fundamentalökonomie* bereitgestellt werden: von der Wasserversorgung über Bankdienstleistungen bis zu Schulen und Pflegeheimen«.[98] Der aus den indigenen Kulturen des Andenraums stammende Begriff des *sumak kawsay* (»Gutes Leben«) wiederum schlägt einen radikal anderen Wohlstandsbegriff vor: Natur und menschliche Zivilisation werden dabei nicht als Gegensatz, sondern als Einheit begriffen. Angestrebt wird eine »Harmonie« mit der natürlichen und sozialen Umwelt: »Das gute Leben der Gesellschaft zu garantieren bedeutet daher auch, die Natur

---

98 Foundational Economy Collective, *Die Ökonomie des Alltagslebens. Für eine neue Infrastrukturpolitik*, Berlin: Suhrkamp 2019, S. 33. Wolfgang Streeck spricht in seinem Vorwort zu dem Buch auch von »dem alltäglichen Kommunismus, der unserem alltäglichen Kapitalismus unterliegt und ihn überhaupt erst ermöglicht« (ebd., S. 7), und verweist damit auf den Umstand, dass das »Utopische« nicht nur bereits im Bestehenden angelegt ist, sondern dass Gesellschaft ohne die Beschränkung des Marktprinzips gar nicht existieren könnte.

als ›Subjekt‹ zu betrachten«, schreibt der ecuadorianische Indigenen-Aktivist Floresmilo Simbaña.[99]

Für einen erneuerten Sozialismus muss es außerdem darum gehen, die Widersprüche und Kämpfe auf dem Feld der Sorge- und Pflegearbeit im Kapitalismus, also die Verschränkung von Geschlechter- und Klassenverhältnissen, zum Ausgangspunkt politischen Handelns zu machen. Die Sozialwissenschaftlerin Gabriele Winker plädiert in diesem Sinne nicht nur für eine Aufwertung schlecht und unbezahlter »weiblicher« Tätigkeiten,[100] sondern für ein politisches Projekt, das aus Pflegekämpfen heraus entwickelt werden könnte – eine »*Care Revolution*. Dabei geht es um nicht weniger als die Forderung, dass […] die Verwirklichung menschlicher Lebensinteressen und damit die Verfügung über die relevanten Lebensbedingungen zur Befriedigung grundlegender Bedürfnisse im Zentrum stehen. So werden u. a. Muße und Zeit für Sorgearbeit – bei gleichzeitiger sozialer Absicherung – das Ziel gesellschaftlicher Transformation.«[101]

Solidarische Ökonomie

Die fünfte Säule einer sozialistischen Aneignungsbewegung muss die Stärkung von Genossenschaften und anderen Organisationen sein, in denen sich Menschen zusammenschließen, um soziale und ökonomische Bedürfnisse demokratisch, solidarisch und egalitär zu befriedigen. Die Genossenschafts-

---

99 Floresmilo Simbaña: »El sumak kawsay como proyecto político«, in: Miriam Lang/Dunia Mokrani (Hg.), *Más allá del Desarrollo*, Quito: Abya Yala 2011, 219-226, hier S. 222.

100 Gabriele Winker, *Care-Revolution. Schritte in eine solidarische Gesellschaft*, Bielefeld: transcript 2015.

101 Gabriele Winker, »Soziale Reproduktion in der Krise – Care Revolution als Perspektive«, in: *Das Argument* 292 (2011), S. 1-12, hier S. 9.

und Solidarökonomie spielte in der Ausbreitung der Arbeiterbewegung des 19. Jahrhunderts eine wichtige Rolle und ist auch heute noch verbreiteter als gemeinhin angenommen. Es wird geschätzt, dass weltweit mehr als eine Milliarde Menschen in etwa drei Millionen Genossenschaften organisiert sind. Diese Zahlen sagen allerdings nichts über die Transformationsmacht der Bewegung aus, denn die Kooperativen sind in ganz verschiedenen Bereichen tätig, sehr unterschiedlichen politischen Zielen verpflichtet und verfolgen, anders als im 19. Jahrhundert, in der Regel auch kein übergreifendes gesellschaftliches Projekt mehr. Beim größten Teil der Kooperativen handelt es sich um Kreditgemeinschaften, Wohnungsbauunternehmen oder Verbände zur gemeinsamen Nutzung von Landmaschinen. Selbst die im baskischen Arrasate ansässige Genossenschafts-Holding Mondragón Corporación Cooperativa (MCC), die mit über hundert Einzelunternehmen, zwölf Milliarden Euro Umsatz und etwa 80 000 Gesellschafter*innen zu den größten Firmengruppen in Spanien gehört und von Anhänger*innen der Solidarökonomie oft als transformatorisches Paradebeispiel herangezogen wird, kann bei genauerer Betrachtung kaum als Modell gelten.[102] Die Holding, die unter anderem im Maschinenbau und als Zulieferer der Automobilindustrie tätig ist, entstand in den fünfziger Jahren während der Franco-Diktatur auf Initiative eines regimekritischen Jesuitenpfarrers, der einen

---

102 Zur Geschichte des Unternehmens vgl. José Azurmendi, *El hombre cooperativo: pensamiento de Arizmendiarrieta*, Otalora: Azatza 1971; Larraitz Altuna (Hg.), *La experiencia cooperativa de Mondragón*, Mondragón: Lanki 2008; Urko Lopez, »La gestión de la crisis en la corporación mondragón«, in: *Economiaz* 79 (2012), S. 58-81; Sharryn Kasmir, *The Myth of Mondragón. Cooperatives, Politics and Working-Class Life in a Basque Town*, New York: State University of New York Press 1996.

»dritten Weg« zwischen Kapitalismus und Marxismus propagierte. Die Genossenschaftsgruppe hält zwar bis heute an ethischen Prinzipien fest[103] – so darf ein*e Spitzenmanager*in höchstens vier bzw. sechs Mal mehr verdienen als die am schlechtesten entlohnte Hilfsarbeiter*in, und alle Unternehmen des Konsortiums müssen in Sozial- und Solidaritätsfonds einzahlen. Gleichzeitig jedoch agiert das Konsortium auf dem Markt wie ein ganz normaler Konzern, unterhält Produktionsstätten in Billiglohnländern wie China oder Mexiko und unterscheidet zwischen Genossenschafter*innen und abhängig Beschäftigten.[104]

Die Widersprüche der Mondragón-Gruppe verweisen auf die alte These des sozialdemokratischen Ökonomen Franz Oppenheimer, wonach Genossenschaften entweder wirtschaftlich erfolgreich sind oder an ihren politischen Transformationsvorhaben festhalten.[105] Kooperativen können also nicht einfach als Instrument zur Überwindung des Kapitalismus gelten, sondern besitzen ähnlich wie Gewerkschaften einen Doppelcharakter. Sie binden Gegenbewegungen in das bestehende sozioökonomische System ein, stellen zugleich aber auch eine Gegenmacht dar, weil sie einige egalitäre Prinzipien verwirklichen. Selbst wenn eine Genossenschaft auf

---

103 MCC, »Nuestros principios«, online verfügbar unter: {https://www.mondragon-corporation.com/experiencia-cooperativa/nuestros-principios/}.
104 Um den ambivalenten Charakter von MCC zu verstehen, muss man Sharryn Kasmirs Studie *The Myth of Mondragón* lesen, die zeigt, wie das politisierte Klima in den Gemeinden um Mondragón die Unternehmensphilosophie und die Debatten bei MCC bis heute beeinflusst; vgl. Kasmir, *The Myth of Mondragón*.
105 Franz Oppenheimer, *Die Siedlungsgenossenschaft: Versuch einer positiven Überwindung des Kommunismus durch Lösung des Genossenschaftsproblems und der Agrarfrage*, Leipzig: Duncker & Humblot 1896.

dem Markt wie ein normales Unternehmen agiert, stellt sie durch ihre Eigentumsstrukturen die bestehende Ordnung infrage. Das Gemeineigentum eröffnet nämlich die Möglichkeit der politischen Auseinandersetzung: Ein kritisches gesellschaftliches Klima reflektiert sich dann auch in transformatorischen Debatten in den Genossenschaften.

Infrastruktursozialismus

Die globale Gesundheitskrise im Zusammenhang mit der Corona-Pandemie beweist allerdings ebenfalls sehr deutlich, dass gesellschaftliche Praktiken und Bewegungen nicht ausreichend sind, um gute Lebensbedingungen für alle zu garantieren. Nichts ist deshalb so bedeutend wie der Kampf um den Ausbau öffentlicher Güter. Nicht nur Gesundheit, sondern auch Bildung, Nahverkehr, Kinderversorgung, Altenpflege, Wohnen, Kommunikationsnetze, Wasser- und Elektrizitätsversorgung sind öffentliche Aufgaben. Dass Gemeineigentum hier plausibler erscheint als in anderen Zusammenhängen, hat nicht zuletzt mit den Eigenschaften dieser Güter und Dienste zu tun. Die Privatisierung von Infrastrukturen schränkt deren Funktionsfähigkeit stark ein; es ist unsinnig, Strom-, Kommunikations- oder Verkehrsnetze doppelt zu verlegen. Dazu kommt außerdem, dass der Zugang zu Gesundheitsversorgung, Pflege, Bildung, Trinkwasser usw. von einem großen Teil der Bevölkerung nach wie vor als – moralisch-ökonomisches – Grundrecht erachtet wird. Vor diesem Hintergrund ist »Infrastruktursozialismus« die sechste und wohl wichtigste ökonomische Säule eines antikapitalistischen Projekts.

Die zentrale Schlussfolgerung aus dem 20. Jahrhundert lautet dabei, dass das Gemeineigentum an materiellen und sozialen Infrastrukturen unterschiedliche Formen annehmen muss, um eine Machtkonzentration im Staat zu vermeiden.

Es gibt zahlreiche, längst bekannte Möglichkeiten, wie öffentliches und Gemeineigentum über den Staatsbesitz hinausgehen kann – von den Energiegenossenschaften in Bürgerhand, über kommunale Betriebe bis hin zu den öffentlich-rechtlichen Anstalten, wie wir sie bei Krankenkassen, Rundfunk oder Universitäten kennen. Damit wir nicht wieder in die Falle der Staatsapparate tappen, müssen wir plurale »Ökosysteme« von Gemeineigentumsformen schaffen.

In diesem Sinne muss sich eine Politik des »Infrastruktursozialismus« auch darum bemühen, das Verhältnis zwischen »Öffentlichem« und »Gemeinschaftlichem« neu zu denken. In einigen linksregierten Gemeinden Südeuropas gibt es dafür interessante praktische Ansätze. Dort versucht man, mithilfe öffentlich finanzierter Gewerbeparks lokale ökonomische Strukturen zu entwickeln, die die Solidarbeziehungen in der Gemeinde stärken, und Staat, Allmende und Genossenschaften so miteinander zu kombinieren, dass möglichst wenig Macht an den Staat übertragen wird, indem Einrichtungen zwar staatlich finanziert, aber von Nachbarschaftsvereinen und Genossenschaften verwaltet und betrieben werden.[106] Die Gewerbeparks in den Gemeinden Barcelona,

---

[106] Die Gewerbeparks für Solidarökonomie in Barcelona, Hernani und Rentería beherbergen jeweils nur etwa zwei Dutzend Kleinunternehmen aus dem Dienstleistungs- und Handwerksbereich, verweisen aber auf die Möglichkeit eines öffentlichen Eigentums jenseits klassischer Verstaatlichung. Genossenschaften können in den Gewerbeparks die ersten drei Jahre mietfrei arbeiten; teilweise sind auch die Maschinen »vergesellschaftet«, das heißt, sie sind Eigentum der Gemeinde, werden den Kleinkooperativen aber zur Nutzung überlassen. Das Hausrecht liegt bei der Versammlung der Nutzer*innen (und nicht bei der Gemeinde.) Als Gegenleistung für die öffentliche Bereitstellung von Maschinen und Infrastruktur sind die Genossenschaften verpflichtet, entgeltfreie Leistungen für Bürger*innen der Gemeinde bereitzustellen. Dabei kann es sich um

Hernani und Orereta beherbergen jeweils nur etwa zwei Dutzend Kleinunternehmen aus dem Dienstleistungs- und Handwerksbereich, verweisen aber auf die Möglichkeit eines öffentlichen Eigentums jenseits klassischer Verstaatlichung.

Vom Liberalismus zur Rätedemokratie – und wieder zurück?

Zu einem neuen Sozialismusbegriff gehört neben dem ökologischen Paradigmenwechsel und einer anderen Vergesellschaftungsstrategie ein neues Demokratieverständnis. Eigentlich sollte der Sozialismus demokratischer sein als die bürgerliche Gesellschaft, weil in ihm nicht politische Eliten und Bürokratien, sondern die Gemeinschaft sich selbst mit Räten regieren würde. Davon, dass auch Zombies die Rätedemokratie für sich entdecken können, erzählt die TV-Serie *Z Nation*. Im Verlauf von fünf Staffeln muss eine zusammengewürfelte Gruppe den einzigen Überlebenden einer Impfstoff-Testreihe sicher durch die von einer Zombie-Apokalypse verwüsteten USA in ein Labor nach Kalifornien bringen. Die staatliche Ordnung ist kollabiert, selbst abgelegene Armeestützpunkte werden von der Zombie-Infektion heimgesucht. Die Mission verwandelt sich schnell in einen rastlosen Roadmovie, der allerlei Ausflüge in andere Filmgenres unternimmt – ein bisschen Mystery, ein bisschen Comedy-Drama, mit Mario van Peebles als schwarzem Farmer gibt es sogar eine Art Western-Episode. Auf ihrer Irrfahrt durch die Vereinigten Staaten begegnet die kleine Gruppe um die afroame-

---

Workshops oder auch Dienstleistungen für Kultur- und Nachbarschaftsvereine handeln.

rikanische Nationalgardistin Roberta Warren den seltsamsten Communitys: Die ehemalige Ehefrau eines polygamen Mormonen hat in Utah eine feministische Frauenkommune gegründet, in einem Reservat streiten *native americans* wie im richtigen Leben über eine Strategie gegen die Assimilation (diesmal durch Zombies), und bei einer mennonitischen Gemeinde plündert die Gruppe Überlebender die Antibiotikavorräte, um sich gegen Milzbrand zu schützen. Immerhin hat man – anders als die im 18. Jahrhundert hängen gebliebenen Wiedertäufer – eine Mission von nationaler Bedeutung.

Nachdem der Ausgangskonflikt zwischen Menschen und Zombies in der Serie mehrmals modifiziert und erweitert worden ist – gute und schlechte *survivors*, friedliche und aggressive Zombies, Mutanten, Doppelwesen, lithiumsüchtige Elektromonster –, gründen die Übriggebliebenen nach 69 Folgen schließlich eine neue Nation und kommen zu einer konstituierenden Versammlung zusammen. Die von der Infektion »geheilten« Untoten und die überlebenden Nicht-Infizierten als Rätemacht: Man verabschiedet eine neue Verfassung und wählt ein*e Führer*in. Die Welt ist zusammengebrochen, doch dank der konstituierenden Macht der Multitude kehrt die Zivilisation zurück. Es lebe die plurale Gemeinschaft der Freien und (Un-)Gleichen: »the founding fathers/mothers/zombies«!

An der *Z Nation* hätten sich die sozialistischen Staaten ein Beispiel nehmen können. Zwar propagierten sie die Rätedemokratie, in der Realität wurde diese aber nirgends eingeführt. Klaus Dörre, der 2017 forderte, die Linke müsse über einen »Neosozialismus« diskutieren, hält das für eine zentrale Lehre aus dem 20. Jahrhundert: Die sozialistischen Gesellschaften verfügten über »kein wirksames Korrektiv […], welches der ›Akkumulation politischer Macht‹ (Hannah Arendt)

Grenzen setzen könnte. Wie die Kapitalakkumulation, so ist auch das Streben nach immer größerer Machtfülle, das etwa stalinistischen Systemen eigen ist, unersättlich. Es verlangt beständig nach neuem Material, um die Machtausübung zu perfektionieren.«[107]

Gewöhnlich gibt es zwei Ansätze, um einer Konzentration politischer Macht entgegenzuwirken. Die liberale Theorie verteidigt das Konzept der Gewaltenteilung und Karl Poppers »offene Gesellschaft«.[108] Ihr zufolge wird die Willkürherrschaft durch die Ausdifferenzierung der Staatsapparate verhindert, also durch *checks and balances*, die Gegengewichte bilden und sich gegenseitig kontrollieren; mit der »offenen Gesellschaft« ist eine Öffentlichkeit gemeint, die Probleme benennt und damit bearbeitbar machen kann. Dabei wird kein idealer Endzustand angestrebt. Es geht darum, die Bedingungen für eine stete Weiterentwicklung der Verhältnisse herzustellen.

Die Transformationsfähigkeit bürgerlicher Gesellschaften scheint diesen Ansatz zu bestätigen, doch es gibt auch einen gravierenden Einwand. Wie ich in diesem Buch thematisiert habe, lässt die liberale Demokratie zwar Raum für Kritik, für die mit Konflikten behaftete Aushandlung unter-

---

107 Klaus Dörre, »Neosozialismus oder Acht Thesen zu einer überfälligen Diskussion«, in: ders./Christine Schickert (Hg.), *Neosozialismus. Solidarität, Demokratie und Ökologie vs. Kapitalismus*, München: Oekom 2019, S. 17-32, hier S. 18. Hannah Arendt erklärte mit dem Begriff der »Akkumulation politischer Macht« die Entwicklung des Imperialismus. Die politische Rechtfertigung der ökonomischen Expansionsinteressen habe sich, so Arendt, mit dem Imperialismus verselbstständigt. Zunächst suchte das Kapital nur Anlagemöglichkeiten, dann jedoch sei ein politisches Projekt entstanden, das die globale Landnahme als eigenständiges Ziel verfolgte.
108 Karl Popper, *Die offene Gesellschaft und ihre Feinde*, 2 Bde., Tübingen: Mohr 1980.

schiedlicher Interessen und damit auch für *transformismo*. Doch die jeweiligen Interessen werden keineswegs gleichberechtigt behandelt. Die *checks and balances* der bürgerlichen Demokratie stellen auch ein System von »Schützengräben« dar, dem letztlich vor allem die Aufgabe zukommt, die ungleichen Eigentumsverhältnisse abzusichern.[109] Oder konkret: Selbst wenn es einem linken Präsidenten in den USA gegen den Widerstand der Wall Street eines Tages gelänge, eine Mehrheit für ein grünes Reformprogramm oder die Einführung eines öffentlichen Gesundheitssystems zu versammeln, wären diese Reformen durch das Zweikammersystem des Kongresses (das den konservativen Bundesstaaten des Mittleren Westens im Senat überproportional viel Macht sichert[110]) vermutlich blockiert. Und selbst bei einer höchst unwahrscheinlichen Mehrheit in beiden Kammern könnten die Gesetze dann immer noch von konservativen Richter*innen zu Fall gebracht werden. Die liberale Gewaltenteilung ist nicht nur ein Instrument gegen despotische Willkürherrschaft, sondern auch eine netzwerkartige Struktur zur Sicherung der bestehenden – extrem ungleichen – Machtverhältnisse.

Der Linkssozialismus hat als Gegenmodell deshalb immer auf die Rätedemokratie verwiesen, mit der die politische Entscheidungsmacht aus »gesonderten« Institutionen in die Gesellschaft zurückgeholt wird. Im Rätemodell entscheiden die

---

109 Der israelische Historiker Ishay Landa, der die ideologischen Verbindungen zwischen Liberalismus und Faschismus in seinem Buch *The Apprentice's Sorcerer* (Chicago: Haymarket 2012) ausführlich untersucht, kommt sogar zu der Einschätzung, der frühe Liberalismus habe in erster Linie das Projekt verfolgt, die Eigentumsverhältnisse vor politischer Intervention abzuschirmen.
110 Die beiden Senatoren South Dakotas beispielsweise repräsentieren 800 000 Bürger*innen, die Kaliforniens 40 Millionen.

Versammlungen der Bürger*innen direkt, das Mandat der Delegierten ist imperativ und jederzeit widerrufbar. Wie die Übriggebliebenen in Z *Nation* konstituiert sich die Menge dabei unabhängig von Herkunft und Identität als demokratischer Souverän und setzt neues Recht.

Doch auch die Rätedemokratie hat gravierende Probleme: Da ist zunächst der Umstand, dass in der Regel ungeklärt bleibt, was mit »Räten« eigentlich gerade gemeint ist. Ursprünglich wurden darunter jene spontan gebildeten Versammlungen verstanden, wie sie die demokratischen und sozialen Aufstände (von der Pariser Kommune 1871 über die russische Revolution 1905 bis hin zu den Platzbesetzungen 2011 in Nordafrika und Spanien) prägten. In der linkssozialistischen Debatte, die 1918 im Zusammenhang mit den Revolutionen in Europa geführt wurde, meinte man mit Räten hingegen ein Delegiertensystem zur Wirtschaftslenkung, das sowohl gesetzgebende als auch exekutive Funktionen ausüben sollte. Nach dem Scheitern dieser Revolutionen wurde der Begriff für die Interessenvertretung von Beschäftigten in Betrieben übernommen – die Betriebsräte. Und schließlich definierte sich auch die Sowjetunion bis zu ihrer Auflösung als »Räte-Union«.

Interessant für seine sozialistische Demokratiediskussion ist insbesondere der Rätebegriff, wie er um 1918 von Autoren wie Ernst Däumig, Richard Müller, Otto Neurath oder Anton Pannekoek entwickelte wurde. Dabei ging es um die Frage, wie die Selbstorganisation von Arbeiter*innen in eine dauerhafte Form politischer Macht überführt werden könnte. Mit dem Aufbau einer aus Berufskammern bestehenden Arbeiterdemokratie hoffte man, den von Bürgertum und Adel dominierten Parlamenten die Macht zu entreißen. Analog hierzu zielte das wirtschaftsdemokratische Projekt, wie es in den zwanziger Jahren in linkssozialdemokratischen und linksgewerkschaftlichen Kreisen um Fritz Naphtali und Rudolf Hilferding formuliert wurde, auf die Ausweitung der Mitbestimmung hin zu einer demokratisch geplanten Wirtschaftslenkung ab.

Damit ist man jedoch bei einem zweiten grundlegenden Problem des Begriffs angelangt: Das rätedemokratische Konzept war auf Lohnarbeit fokussiert und blendete nicht nur Geschlechterverhältnisse und Hausarbeit, sondern auch Konsum, Naturverhältnisse und andere nichtproduktivistische Aspekte der Ökonomie aus. Ein Parlament der Berufssparten wäre auf andere Weise ausschließend und undemokratisch, müsste also durch Sozial- und Konsumräte ergänzt werden, was wiederum die Frage aufwirft, wer und in welchen Verhältnissen entscheiden sollte. Die, die etwas konsumieren, die, die es herstellen, oder die, bei denen es hergestellt wird und die die Umweltbelastungen tragen? Alle drei Gruppen? Aber in welcher Zusammensetzung?

Ein dritter Einwand gegen die Rätedemokratie lautet, dass auch sie die Frage nicht beantwortet, wie die Professionalisierung politischer Funktionen verhindert werden kann. Die verbreitetste Vorstellung von Rätedemokratie beruht darauf, dass Menschen sich »asamblearisch«, also in Versammlungen organisieren. Isabell Lorey hat das als »präsentische Demokratie« bezeichnet.[111] Alle neueren Erfahrungen mit der Versammlungsdemokratie – zuletzt beispielsweise bei den Platzbesetzungen der Indignados 2011 in Spanien – zeigen jedoch, dass die Beteiligung schon nach kurzer Zeit zurückgeht und in der Regel eine Gruppe von (häufig gut ausgebildeten und ökonomisch abgesicherten) Aktivist*innen zu-

---

111 Isabell Lorey, »Präsentische Demokratie. Radikale Inklusion – Jetztzeit – konstituierender Prozess«, in: Alex Demirović (Hg.), *Transformation der Demokratie, demokratische Transformation*, Münster: Westfälisches Dampfboot 2016, S. 265-277.

rückbleibt, was nicht minder problematisch ist als ein von Bürgerlichen dominiertes Berufsparlament. Überträgt man Entscheidungen hingegen an Delegierte, übernehmen auch diese schnell die Funktion von Spezialist*innen. Dem ließe sich vielleicht durch die Anwendung des aleatorischen Prinzips, also die Auswahl von Delegierten per Los entgegenwirken.[112] In der 2016 zur Verfassungsdebatte in Irland eingerichteten *citizen's assembly* diskutierten per Los bestimmte Bürger*innen gesellschaftlich besonders strittige Fragen und konnten einen tragfähigen Konsens erzielen.[113] Allerdings ist eher zweifelhaft, ob sich diese Erfahrung auf das Gros der politischen und ökonomischen Alltagsentscheidungen anwenden lässt.

Und viertens schließlich stellt sich die Frage, wie in einer Rätedemokratie, in der *ein* Gremium (nämlich die Versammlung) Entscheidungen trifft *und* umsetzt, in der also ausdrücklich auf Gewaltenteilung verzichtet wird, jene »Akkumulation politischer Macht« verhindert werden soll, die sich im Staatssozialismus als so fatal erwiesen hat. Selbst wenn das Entstehen einer bürokratischen Herrschaft vermieden werden kann, droht immer noch eine autoritäre Machtausübung der »vielen« über die Minderheit. Der liberale Hinweis, dass Freiheiten von Einzelnen und Minderheiten auch gegen die Allgemeinheit verteidigt werden müssen, hat sich im 20. Jahrhundert mehr als einmal als richtig erwiesen. Wie

---

112 Vgl. Hubert Buchstein, *Demokratie und Lotterie – Das Los als politisches Entscheidungsinstrument von der Antike bis zur EU*, Frankfurt/Mai, New York: Campus 2009.
113 Vgl. Dimitri Courant, »Deliberative Democracy, Legitimacy, and Institutionalisation. The Irish Citizens' Assemblies«, IEPHI Working Paper Series Nr. 72, Lausanne 2018, online verfügbar unter: {https://www.unil.ch/iep/files/live/sites/iep/files/publications/TSP/Cahier%20IEP%20-%20Dimitri%20Courant%20-%20version%20finale.pdf}.

aber soll eine Minderheit vor der Mehrheit geschützt werden, wenn nicht durch Institutionen, die zumindest eine relative Autonomie gegenüber den Mehrheitsentscheidungen besitzen?

Man könnte also behaupten: Weder das rätesozialistische noch das liberale Modell lösen das Demokratieproblem. Das Verhältnis von Versammlungen und Repräsentation, Rechtsgarantien und lokaler Selbstregierung, Mehrheitswillen und individuellen Freiheitsrechten bleibt spannungsreich und kann nur in der Praxis beantwortet werden. Das Land, in dem man dies zuletzt versucht hat, ist Venezuela, das mit seiner neuen Verfassung von 1999 eine »protagonische, partizipative Demokratie« einführen und neue Möglichkeiten der Selbstregierung eröffnen wollte. Die Bevölkerung sollte zur eigentlichen Protagonistin der politischen Entscheidungen werden. Dass dieses Vorhaben mittlerweile als gescheitert gelten muss, liegt auf der Hand. Gerade deshalb sollte man sich aber die Mühe machen, zu reflektieren, woran das gelegen hat und was sich daraus für eine sozialistische Demokratiedebatte ableitet. Mit einem Exkurs möchte ich veranschaulichen, welche Möglichkeiten dieses rätedemokratische Projekt eröffnete, aber auch an welche Grenzen es stieß.

Exkurs: Venezuela – Aufstieg und Fall einer »protagonischen Demokratie«

Auch wenn die Veränderungen in Venezuela von Anfang an mit einer starken Führerfigur verknüpft waren, spielten Demokratisierungsforderungen im sogenannten »bolivarischen Prozess« immer eine zentrale Rolle.[114] Der völlig überraschen-

---

[114] Für einen Überblick über die Transformation Venezuelas seit 1980

de Wahlsieg von Hugo Chávez 1998 hatte nicht zuletzt damit zu tun, dass sich eine breite Mehrheit der Bevölkerung durch das Zweiparteiensystem von der politischen und ökonomischen Teilhabe ausgeschlossen fühlte. Tatsächlich hatte die sozialdemokratische Acción Democrática und die christlich-soziale COPEI die Demokratie während der »IV. Republik« (1958-1999) vor allem als Mechanismus zur klientelistischen Verteilung der Erdölmilliarden genutzt. Durch die Schuldenkrise 1983 und eine Serie neoliberaler Sparpakete brach dieses Klientelsystem zusammen, und die Unterstützung für die traditionellen Parteien erodierte – in gewisser Weise nahm Venezuela jene Repräsentationskrise vorweg, wie sie der Neoliberalismus in der Folge fast allen westlichen Demokratien bescherte.

Bei der von Chávez proklamierten »bolivarischen Revolution« handelte es sich dementsprechend zunächst um eine Art nachholendes republikanisches Projekt zur Anerkennung historisch exkludierter Bevölkerungsschichten. Sichtbarster Ausdruck dieser Bemühungen war der verfassunggebende Prozess von 1999, der die repräsentative Demokratie durch plebiszitäre Elemente zu ergänzen und damit das diskreditierte politische System neu zu legitimieren suchte.

Tatsächlich stellte dieser Prozess, der Venezuela als »prota-

---

vgl. Steve Ellner/Daniel Hellinger, *Venezuelan Politics in the Chávez Era: Class, Polarization and Conflict*, Boulder: Lynne Rienner 2003; Dario Azzellini, *Partizipation, Arbeiterkontrolle und die Commune*, Hamburg: VSA 2010; Andreas Boeckh et al. (Hg.), *Venezuela heute*, Frankfurt/Main: Vervuert 2011; Raul Zelik, »Venezuelas ›bolivarianischer Prozess‹. Mit Gilles Deleuze in Caracas«, in: *Prokla* 142 (2006), S. 23-47; ders., »Neue Entwicklungskonzepte oder alter Staatszentrismus? ›Endogene Entwicklung‹ und der ›Sozialismus des 21. Jahrhunderts‹ in Venezuela«, in: Boeckh et al. (Hg.), *Venezuela heute*, S. 451-476; Stefan Peters, *Sozialismus des 21. Jahrhunderts*, Stuttgart: Schmetterling 2019.

gonische, partizipatorische Demokratie« definierte, in doppelter Hinsicht einen Bruch dar. Auf der einen Seite wirkte er inhaltlich demokratisierend, weil die Rechte von Frauen, Indigenen und afrovenezolanischen Communitys gestärkt, das Instrument des Referendums eingeführt und die Möglichkeit geschaffen wurde, Mandatsträger*innen durch Volksbegehren abzusetzen. Auf der anderen Seite war der »konstituierende Prozess« aber auch insofern bemerkenswert, als er nicht durch Expert*innen, sondern durch eine breit geführte, gesellschaftliche Debatte dominiert war.[115] Vor allem marginalisierte Bevölkerungsschichten wurden zum ersten Mal in der Geschichte Venezuelas an Grundsatzentscheidungen beteiligt, was aus Perspektive der Bewohner*innen der Armenviertel einer radikalen Demokratisierung des Landes gleichkam. Zwar hatte die neue Verfassung auch wichtige autoritäre Aspekte (die Position des Präsidenten wurde auf Kosten des Parlaments und der Justiz ausgebaut), doch da die Institutionen der IV. Republik in erster Linie den Interessen der ökonomischen Eliten gedient hatten, schien diese Schwächung der Gewaltenteilung zunächst nicht im Widerspruch zum proklamierten Demokratisierungsvorhaben zu stehen. Im Gegenteil: Ein nichtweißer, die unteren Klassen repräsentierender Präsident wurde im Kampf gegen eine exkludierende politische Klasse mit Handlungsmacht ausgestattet.

---

115 Als Vorbild des venezolanischen Verfassungsprozesses diente zunächst die kolumbianische *asamblea constituyente* von 1991, die nach der Wiedereingliederung der M-19-Guerilla einberufen worden war und die eine Modernisierung des politischen Systems in Kolumbien ermöglicht hatte. Aber auch Antonio Negris theoretische Überlegungen zur »konstituierenden Macht« spielten, zumindest bei einigen Intellektuellen, eine Rolle. Der radikal-transformatorische Charakter des Verfassungsprozesses wurde also durchaus erkannt.

Diese klassenpolitische Dimension verdeutlichte sich ab 2002, als der Chavismus dank der Unterstützung der Armenviertel von Caracas zwei rechte Putschversuche überstand. In der Folge legte die Regierung mithilfe steigender Öleinnahmen ambitionierte Sozialprogramme auf, die zu ihrem Höhepunkt 2011 ein Volumen von vierzig Milliarden Dollar erreichten. In fast allen Armenvierteln wurden Gesundheitsposten eingerichtet, groß angelegte Bildungskampagnen führten zu einer niedrigeren Analphabetenrate, es entstanden Millionen neuer (allerdings meist unproduktiver) Jobs im Staatsapparat, und selbst noch in den Krisenjahren 2013 bis 2017 wurde mehr als eine Million Sozialbauwohnungen errichtet. Dieser Prozess sozialer Inklusion wurde ab Mitte der 2000er Jahre als »Sozialismus des 21. Jahrhunderts« bezeichnet. Auch wenn der Chavismus nie konkretisierte, was unter dem Begriff zu verstehen war, wurde doch vorausgesetzt, dass der venezolanische Sozialismus demokratischer und partizipativer sein sollte als das untergegangene sowjetische System.[116]

2007 wurde erstmals das Vorhaben formuliert, Venezuela

---

[116] Anders als häufig kolportiert, spielten die Theorien des in Mexiko lehrenden deutschen Soziologen Heinz Dieterich (*Der Sozialismus des 21. Jahrhunderts*, Kai Homilius: Werder 2006) für das politische Projekt des Chavismus kaum eine Rolle. Chávez verwendete zwar den von Dieterich geprägten Begriff, bezog sich ansonsten aber nicht weiter auf dessen – eher fragwürdige – Thesen zur Aktualität eines Computersozialismus. Dieterich war auch nie Berater oder gar »Intimus« des Präsidenten. Zum eher diffusen Bezugssystem des »Sozialismus des 21. Jahrhunderts« vgl. Javier Biardeau, »¿El proceso de transición hacia el nuevo socialismo del siglo XXI?«, in: *Revista Venezolana de Economía y Ciencias Sociales* 13/2 (2007), S. 145-179; Edgardo Lander, »El partido único y el debate sobre el socialismo del siglo XXI«, in: *CELA* (2007), online verfügbar unter: {http://biblioteca.clacso.edu.ar/Panama/cela/20120717033318/partido.pdf}.

in einen *estado comunal*, eine Art Rätestaat, zu verwandeln, in dem neben repräsentativ-demokratischen Institutionen neue Strukturen der lokalen Selbstregierung entstehen sollten.[117] Dieses Projekt setzte auf den räteähnlichen Selbstorganisierungsformen auf, die teilweise schon in den neunziger Jahren entstanden waren und durch die die staatlichen Sozialprogramme einen neuen Schub erhalten hatten. Aufgrund des Widerstands aus der Staatsbürokratie hatte die Regierung nämlich schon während der Krise 2002 begonnen, Sozialprogramme (etwa die Verteilung von Lebensmitteln) mit selbstorganisierten Nachbarschaftsgruppen abzuwickeln.

Das Konzept des Rätestaates (*estado comunal*) zielte nun darauf ab, diese selbstorganisierten Gruppen (die zum Beispiel für eine Wasser- und Stromversorgung gekämpft hatten) als »Nachbarschaftsräte« (*consejos comunales*) zu institutionalisieren. Mit den sogenannten »Kommunen«, die ab 2010 aus dem Zusammenschluss mehrerer *consejos comunales* entstanden, wurden politisch-wirtschaftliche Selbstverwaltungseinheiten geschaffen, mit denen lokale Wirtschaftskreisläufe gestärkt werden sollten. Auf diese Weise wollte man den Bürger*innen die Kontrolle über Haushaltsmittel übertragen und die dramatische Korruption im Staatsapparat bekämpfen.

Bemerkenswert an dieser Politik war, dass politische Demokratie und sozioökonomische Aktivität zusammengeführt werden sollten. Das Ziel war eine auch wirtschaftliche Selbstregierung von Stadtteilen und Dörfern, wie sie auch in rätesozialistischen Modellen propagiert wird. Interessant war zudem, dass diese Selbstverwaltung gleichzeitig »von unten«

---

117 Eine gute Einordnung bietet Margarita López Maya, »Socialismo y comunas en Venezuela«, in: *Nueva Sociedad* 274 (2018), online verfügbar unter: {https://nuso.org/articulo/socialismo-y-comunas-en-venezuela/}.

und »von oben« aufgebaut wurde. Mit der Gründung von staatlich versorgten, aber von Nachbarschaftskomitees verwalteten Lebensmittelgeschäften versuchte die Regierung, die Macht der privaten Einzelhandelsketten zurückzudrängen. Im Rahmen des Gesundheitsprogramms Barrio Adentro errichtete der Staat Tausende von Gesundheitsposten, die von selbstorganisierten Gesundheitskomitees betreut wurden. Im Produktionsbereich förderte die Regierung die Gründung von Genossenschaften, überführte Betriebe wie das Staatsunternehmen Aluminio del Caroní (Alcasa) im Osten des Landes in die Arbeiterselbstverwaltung und setzte bei der Landreform auf lokale Kleinbauernorganisationen. Das große Interesse der internationalen Linken an Venezuela war diesen Maßnahmen geschuldet, die auf den Aufbau einer Rätedemokratie zu verweisen schienen.

Doch schon vor dem Tod von Präsident Hugo Chávez im März 2013 und dem Einbruch der Ölpreise ein Jahr später befand sich dieses Projekt in einer tiefen Krise. Während man im sozialpolitischen Bereich beachtliche Erfolge erzielt hatte,[118] scheiterte man beim Aufbau neuer politischer und ökonomischer Beziehungen. Die Selbstverwaltung in den Betrieben, die Gründung von Genossenschaften, und die rätedemokratischen *comunas* reproduzierten innerhalb kürzester Zeit die alten venezolanischen Strukturprobleme. Fast alle der 180 000 neu gegründeten Kooperativen zerfielen innerhalb weniger Monate wieder, in den selbstverwalteten Betrieben brach die Produktion zusammen, und auch in den *comunas* grassierte die Korruption.

---

118 Unter Chávez ging nicht nur die Armut deutlich zurück, sondern Venezuela wies neben Uruguay auch den niedrigsten Gini-Koeffizienten bei der Ungleichheit der Einkommen in Lateinamerika auf; vgl. Comisión Económica para América Latina y el Caribe (CEPAL), *Panorama social 2009*, Santiago de Chile: CEPAL 2010.

Woran lag das? Die wichtigste Ursache für das Scheitern des venezolanischen »Rätestaats« war zweifelsohne die Tiefenstruktur der Gesellschaft. Seit mittlerweile einem Jahrhundert machen ökonomische Akteur*innen in Venezuela die Erfahrung, dass es stets lukrativer ist, um einen Anteil an den Exporterlösen zu kämpfen, als selbst etwas herzustellen. Das hat die produktiven Strukturen so stark zerstört, dass siebzig Prozent der Grundnahrungsmittel importiert werden müssen – und das in einem Flächenstaat mit fruchtbaren Böden und geringer Bevölkerungsdichte.

Dieser »rentistische« Charakter von Ökonomie und Gesellschaft infizierte auch die neu gegründeten »Räte«. Da die *consejos comunales* ihre Finanzmittel weiter aus den staatlichen Öleinnahmen bezogen, blieben sie von jenem Apparat abhängig, den sie eigentlich substituieren sollten. Indem Politiker*innen der Regierungspartei PSUV (Partido Socialista Unido de Venezuela) die Zuteilung von Geldern an die Unterstützung durch die Basis knüpften, verwandelten sie die Selbstverwaltung der Viertel in ganz ordinäre Klientelstrukturen. Doch auch »von unten« wurde der Rentismus reproduziert, was sich in der Praxis etwa folgendermaßen ausnahm: Der Nachbarschaftsrat eines Armenviertels in Caracas beantragte Jeeps, um an den steilen Hängen der Außenbezirke eine Kleinbusverbindung einzurichten. Die Gelder bezog der *consejo comunal* von dem staatlichen Ölkonzern Petróleos de Venezuela und unterstützte als Gegenleistung die politischen Kader, die die Zuteilung der Gelder ermöglicht hatten, bei parteiinternen Konflikten. Im Viertel selbst wurden die Kleinbusse von einer Genossenschaft übernommen, deren Führung wiederum enge persönliche oder sogar verwandtschaftliche Beziehungen zur Leitung des Nachbarschaftsrates unterhielt. Die politischen und ökonomischen Strukturen waren zwar kollektiviert, dienten aber weiterhin Partikularinteressen. (Was im Übrigen nicht anders gewesen wären, wenn man die Buslinie staatlich betrieben hätte, weil das Partikularinteresse dann in der Zuteilung von Jobs und Leitungsposten bestanden hätte.) Die Versammlung der Barrio-Bewohner*innen hätte diese Verbindung von politischer Macht und finanziellen Interessen zwar durch eine Abwahl der Führung aufbrechen können, doch dies wiederum war kaum möglich, weil diejenigen, die die Ressourcen kontrollierten, auch Stimmen mobilisieren konnten. Die Fahrer*innen der Nahverkehrsgenossenschaft oder die Angestellten des kommunalen Lebensmittelprogramms waren der Führung des *consejo comunal* verpflichtet. Außerdem wäre ein Angriff auf die »bolivarianische« Leitung des Nachbarschaftsrates als »konterrevolutionär« abgewehrt worden.

Der Fall Venezuela ist deshalb so interessant, weil er meines Erachtens die marxistische Annahme widerlegt, in Rätedemokratien könnten gesetzgebende und -ausführende Funktionen in eins fallen, weil der Widerspruch zwischen partikularen und kollektiven Interessen aufgehoben ist. Die Ermächtigung der Bevölkerung und regelmäßig stattfindende Versammlungen erwiesen sich als unzureichende Maßnahmen zur Bekämpfung der Korruption. Um der Konzentration von Ressourcen und politischer Macht entgegenzuwirken, hätte man Gegengewichte und Mechanismen innerhalb der Gemeinschaft selbst, aber eben auch unabhängige Kontrollinstanzen benötigt, die über die Einhaltung von Normen hätten wachen können. In einer Gemeinschaft, in der sich Interessengruppen politische Mehrheiten organisieren können, kann nicht einfach die Mehrheit selbst über die Einhaltung von Regeln wachen. Dafür bedarf es offenbar gesonderter Institutionen wie Ombudsleute (für Menschen- und Grundrechte), unabhängige Rechnungshöfe (zur Korruptionsbekämpfung) oder Gerichte (zur Lösung von Streitfällen und Verfolgung schwerer Regelverstöße). Genau diese »Sonderung« von Kontrollmechanismen außerhalb der Gemeinschaft ist aber ein zentraler Aspekt der liberalen Staatstheorie und ihres Konzepts der Gewaltenteilung, die zumindest Teile des Marxismus immer wieder kritisiert haben.

Das scheint mir eine extrem wichtige Beobachtung für rätedemokratische Debatten der Zukunft zu sein. Revolutionäre Bewegungen haben sich in der Annahme, die Revolution nur auf diese Weise verteidigen zu können, bisher darauf konzentriert, Gegengewichte und unabhängige Kontrollinstanzen *auszuschalten*. Das schien im Fall Venezuelas anfangs insofern alternativlos, als die Institutionen der IV. Republik – Justiz, Medien, Verwaltungsbürokratie, Polizei, das Management der Staatsbetriebe – alles in ihrer Macht Stehende unternahmen, um die vom Chavismus angestrebten, egalitären Reformen zu blockieren. Der Verfassungsprozess, der Aufbau neuer staatlicher Institutionen und die Praxis, Haushaltsgelder informell über den staatlichen Ölkonzern Petróleos de Venezuela statt über die bürokratischen Apparate zu verteilen, waren Bestandteil einer Strategie zur Neutralisierung der oligarchischen Macht. Als der Chavismus 2003 anfing, die Sozialprogramme nicht mehr über die Ministerien, sondern durch eine direkte Kooperation zwischen Basisorganisationen und Armee abzuwickeln, sprach man in diesem Sinne auch von einem »Bypass«, der die alten Machtgruppen im Staat umgehen sollte.

Doch diese Strategie führte ab Mitte der 2000er Jahre zu einer Konzentration von politischer Macht und Reichtum innerhalb des »bolivarischen« Lagers, was den Chavismus zusehends in ein Projekt aufstrebender Eliten verwandelte und von innen zersetzte. Diese neuen Eliten pflegten zwar einen revolutionären Diskurs und verfolgten andere Legitimationsstrategien, eigneten sich die Reichtümer aber ganz ähnlich an wie die Eliten der IV. Republik: Die Kontrolle über den Staatsapparat erlaubte ihnen den Zugriff auf die Petro-Dollars.

Die Konzentration politischer und ökonomischer Macht in der Staatsbürokratie ließ in der Folge sämtliche rätesozialistischen Anstrengungen hinfällig werden. Weil der Chavismus sich gleichzeitig von den »bürgerlichen« Vorstellungen von Gewaltenteilung und Normen verabschiedet hatte, kam es zu der paradoxen Situation, dass der venezolanische Staatschef heute zwar mehr formale Vollmachten besitzt als je zuvor, aber kaum über reale Handlungsmacht verfügt. Jene Netzwerke in Polizei, Armee, Justiz und Verwaltung, die sich auf Schmuggel, Schutzgelderpressung, Devisengeschäfte und Korruption spezialisiert haben, folgen nämlich nur noch ihrem eigenen ökonomischen Kalkül. Da sowohl die schon zuvor nur rudimentär ausgebildete Gewaltenteilung als auch oppositionelle Medien zurückgedrängt wurden, haben diese Gruppen freie Hand. Der Regierung fehlen damit die exekutiven Organe, mit denen sie regieren könnte. Die Konzentration der politischen Macht im Staat hat dessen Handlungsfähigkeit ausgehöhlt.

Aus dieser Entwicklung lässt sich nun allerdings nicht ableiten, dass der rätedemokratische Ansatz in jeder Hinsicht gescheitert wäre. Phasenweise zeigte sich in Venezuela durchaus, wie sehr solche Strukturen die unteren Klassen ermächtigen, die in der repräsentativen Demokratie von den realen Entscheidungsprozessen weitgehend ferngehalten werden.[119] Doch ein fundamentaler Konstruktionsfehler bestand offen-

---

119 Über die Selbstorganisierungsprozesse »von unten« konnte ich 2003 im Rahmen eines siebenmonatigen Stipendiums der Kulturstiftung des Bundes in den Armenvierteln von Caracas forschen; vgl. Sabine Bitter/Helmut Weber/Raul Zelik, *Made in Venezuela. Notizen über die »bolivarianischen Revolution«*, Berlin, Hamburg: Assoziation A 2004.

bar darin, dass man die »Räte« – ganz ähnlich wie in der Sowjetunion oder auf Kuba – als Teil des Regierungsprojekts oder sogar als Transmissionsriemen der Staatsführung betrachtete. Schon Chávez hatte Mitte der 2000er Jahre die Weichen in diese Richtung gestellt, als er einforderte, die *consejos comunales* müssten sich zum bolivarischen Projekt bekennen. In der Praxis lief das darauf hinaus, dass ausschließlich »revolutionäre« *consejos comunales* bei der Zuteilung von Geldern berücksichtigt wurden. Was in den Anfangsjahren der Linksregierung noch insofern verständlich erschien, als die Rechte ja tatsächlich weiterhin Medien, Wirtschaft und Verwaltung kontrollierte und die Linke gewissermaßen die strukturelle Ungleichheit der südamerikanischen Klassengesellschaft durch eine strukturelle Ungleichheit staatlicher Politik zu kompensieren suchte, verwandelte sich nach einiger Zeit in ein Instrument zur politischen Gleichschaltung. Die Räte verkamen zu Vorfeldorganisationen aufsteigender Staatseliten.[120]

Nun ließe sich aus rätekommunistischer oder anarchistischer Perspektive einwenden, dass man diese Unterordnung dann eben durchbrechen und die Räte in das eigentliche Machtzentrum hätte verwandeln müssen. Doch auch das scheint zu kurz gegriffen. Selbst wenn sich die Machtstrukturen des rentistischen Staates über Nacht aufgelöst und Venezuela sich magischerweise in eine perfekte Rätedemokratie verwandelt hätte, in der Bürgerversammlungen (und nicht die Staatsbürokratie) über die Vergabe von Ressourcen entscheiden, wäre die Verteilung strittig geblieben, und es hätten sich neue Machtnetzwerke, Fraktionen und Zweckbündnis-

---

[120] Vgl. Edgardo Lander, »El Estado y las tensiones de la participación popular en Venezuela«, in: *OSAL* 22 (2007), S. 65-86, und López Maya, »Socialismo y comunas en Venezuela«.

se gebildet. Die erfolgreichen Gruppen hätten ihre partikularen Interessen abzusichern und stabile Koalitionen zu bilden versucht, aus denen wiederum leicht privilegierte, klassenähnliche Strukturen hätten hervorgehen können.

Es spricht also einiges dafür, dass die liberale Theorie in diesem Punkt recht hat: Um der Konzentration politischer Macht entgegenzuwirken, bedarf es nicht nur radikaldemokratischer Strukturen und Verfahren, sondern darüber hinaus unabhängiger Einrichtungen, die über die Einhaltung von Normen und Prozeduren wachen. Die Existenz gesonderter Institutionen stellt zwar ebenfalls ein Problem dar, weil sich auch dort Macht konzentriert, doch die Beseitigung der *checks and balances* wirkte sich in Venezuela noch weitaus fataler aus.

Die extreme Orientierung an einem politischen Führer, das Beschwören der »Einheit«, das Zurückstellen jeder Kritik und die Ausschaltung der Gegenkräfte in Justiz, Wahlbehörden, Rechnungshöfen, Lokalverwaltungen, Medien usw. bereiteten (ganz ähnlich wie in den anderen sozialistischen Staaten) nicht etwa dem Egalitarismus, sondern neuen Eliten den Weg. Wer gegenüber »der Revolution« loyal war, konnte in Venezuela ungehindert agieren. Solange Chávez am Leben war, gab es noch ein Gegengewicht gegen diese Kräfte. Doch mit der Krebserkrankung des Präsidenten war der Weg frei für jene Gruppen, die in Venezuela als *boli-burguesía*, als »bolivarianische Bourgeoisie«, bezeichnet werden. Verschleiert wurde dieses Projekt nicht zuletzt dadurch, dass man die Auseinandersetzung mit der rechten Opposition und den USA immer stärker hervorhob.

Zurückgeblieben ist ein wahrer Scherbenhaufen.[121] Von

---

[121] Für eine ausführlichere Analyse der Entwicklung in Venezuela vgl. Raul Zelik, »Venezuela: Kein ›Sozialismus des 21. Jahrhunderts‹«,

den sozialpolitischen Errungenschaften des chavistischen Venezuelas der 2000er Jahre ist nichts geblieben. Zwischen 2012 und 2016 sind die Exporteinnahmen des Landes von 97,8 Milliarden auf 27,4 Milliarden US-Dollar eingebrochen, was nicht nur mit dem Verfall des Ölpreises, sondern auch mit dem Zustand der Förderanlagen zusammenhängt.[122] Die Korruption im Staat hat nämlich dafür gesorgt, dass nicht mehr ausreichend in die Infrastruktur investiert wurde. Lag die Ölförderung um die Jahrtausendwende noch bei etwa 3,5 Millionen Barrel täglich, so fiel sie 2018 auf unter 1,2 Millionen Barrel.[123] Anders ausgedrückt: Die politische Form – das Fehlen von Kontrollmechanismen – wirkte sich unmittelbar auf die ökonomischen Prozesse aus.

Die These Klaus Dörres, dass sozialistische Gesellschaften bisher nie ein Korrektiv gegen die »Akkumulation politischer Macht« entwickelten, wird vom venezolanischen Fall also recht eindeutig bestätigt. Die Stärke des liberalen Staates beruht darauf, dass er die Macht des Souveräns begrenzt (und

---

in: Klaus Dörre/Christiane Schickert (Hg.), *Neosozialismus. Solidarität, Demokratie und Ökologie vs. Kapitalismus*, München: Oekom 2019, S. 73-96.

122 CEPAL, »Estudio Económico de América Latina y el Caribe 2018. República Bolivariana de Venezuela«, Santiago de Chile 2019, S. 6, online verfügbar unter: {https://repositorio.cepal.org/bitstream/handle/11362/43964/105/EEE2018_Venezuela_es.pdf}.

123 Nach offiziellen Angaben Venezuelas ging die durchschnittliche Tagesförderung allein von 2017 auf 2018 von 2,035 Millionen Barrel auf 1,516 Millionen Barrel 2018 zurück. Aufgrund von Marktanalysen schätzt die OPEC die tatsächliche Tagesproduktion des Landes allerdings deutlich geringer ein. Im letzten Quartal von 2018 soll das Land nur noch 1,178 Millionen Barrel täglich gefördert haben; vgl. OPEC, *Monthly Oil Market Report*, 17. Januar 2019, S. 56, online verfügbar unter: {https://www.opec.org/opec_web/static_files_project/media/downloads/publications/MOMR%20January%202019.pdf}.

damit intensiviert). Das vollzieht sich einerseits über die Gewaltenteilung und den Schutz der Privatsphäre, also über Maßnahmen, welche die absolutistische Willkürherrschaft zurückdrängen (und die Macht des Bürgertums stärken) sollten, andererseits hatte es aber auch mit der Genese der frühen bürgerlichen Staaten und vor allem der USA zu tun. Die Geschichte der jungen USA war längst nicht so glanzvoll, wie Hannah Arendt in ihrem Buch über die amerikanische Revolution behauptet,[124] doch richtig ist ihr Hinweis, dass die Vereinigten Staaten als föderativer Siedlerstaat eine netzwerkartige Machtstruktur ausbildeten, in der ein System der *checks and balances* von Anfang an angelegt war. Die sozialistischen Staaten hingegen setzten auf die Konzentration revolutionärer Macht und verfügten deshalb nie über einen Korrektur- und Transformationsmechanismus zur Bearbeitung von Krisen.

Die Herausforderung für ein sozialistisches Demokratiekonzept besteht in diesem Sinne darin, netzwerkartige Machtstrukturen zu schaffen, die nicht hinter die Errungenschaften des liberalen Staates zurückfallen. Am Fall Venezuelas lässt sich veranschaulichen, was das bedeuten würde: Der Chavismus hätte die Räte als polyzentrische Struktur und als radikaldemokratische Variante von *checks and balances* begreifen müssen. Der verfassunggebende Prozess von 1999 und die Selbstorganisation in der Bevölkerung waren im Prinzip der richtige Ansatz: Hier formierte sich ein neuer demokratischer Souverän, der mit Partizipationsmechanismen (zum Beispiel den Verfahren zur Bürgerbeteiligung oder zur Abwahl von Mandatsträger*innen) ein Gegengewicht zur

---

124 Hannah Arendt, *Über die Revolution*, München: Piper 1965. Daran anschließend vgl. Antonio Negri/Michael Hardt, *Empire. Die neue Weltordnung*, Frankfurt/Main, New York: Campus 2002, insbes. S. 172-194.

Staatsmacht etablierte. Die Unterordnung dieser neuen Instrumente unter den messianischen Führer und die Einbindung der *consejos* in den Regierungsapparat hoben diese demokratische Ermächtigung aber sofort wieder auf. Statt die finanziellen Zuweisungen als Geschenke der revolutionären Staatsführung zu inszenieren, hätte man transparente, verbindliche und für alle gleiche Mechanismen zur Verteilung von Ressourcen etablieren müssen. Zudem fehlte es dem rätedemokratischen Ansatz an regierungsunabhängigen Institutionen, die über die Einhaltung von Normen bei der Ressourcenvergabe oder in politischen Entscheidungsprozessen hätten wachen können. Alles Instrumente, die der liberalen Theorie als Rechtsstaatlichkeit bezeichnet werden.

V. Was ist machbar und woher kommt die transformatorische Macht?

Spiegelneuronen oder einfach nur das Mittlere?

Aber was, wenn wir gar keine »Untoten des Kapitals«, sondern Opfer unserer Gene sind? Wenn das Scheitern der Emanzipationsversuche nichts mit der Wirtschaftsordnung, sondern mit der Natur des Menschen zu tun hat? Täuschen, fressen, vergewaltigen – steht das in der Primatenhorde nicht etwa auch auf der Tagesordnung?

Jede*r, die oder der schon einmal über Alternativen zum Kapitalismus diskutiert hat, kennt das Argument: Schöne Idee, aber mit echten Menschen leider nicht zu machen. Im Anschluss daran folgen in der Regel einige krude Thesen über den Homo sapiens – ein bisschen Adam Smith, ein bisschen Conan der Barbar. Als hätten die vergangenen 150 Jahre sozialanthropologische, Kognitions- und Verhaltensforschung nie stattgefunden. Deshalb muss man sich an dieser Stelle vielleicht auch noch einmal verdeutlichen, wie das viel zitierte menschliche Sozialverhalten eigentlich funktioniert.

Im Dezember 2018 kam es am Max-Planck-Institut für Kognitions- und Neurowissenschaften in Leipzig zu einem großen Skandal, der in den Medien breite Beachtung fand. Tania Singer, Leiterin des Instituts, musste zurücktreten, weil sie Mitarbeiter*innen und vor allem Schwangere gemobbt haben soll.[1] Die Geschichte reichte weiter zurück. Bereits Ende 2017 war ein Mediationsversuch gescheitert, worauf-

---

[1] Vgl. Florian Schuhmann, »Nach Mobbing-Vorwürfen: Tania Singer ist als Max-Planck-Direktorin zurückgetreten«, in: *Der Tagesspiegel* (5. Dezember 2018).

hin sich die Institutsleiterin für ein Jahr ins Sabbatical verabschiedet hatte. Als einige Monate später ihre Rückkehr bevorstand, richteten sich die Mitarbeiter*innen mit einer Erklärung an die Öffentlichkeit und äußerten die Befürchtung, die Situation werde erneut eskalieren. Es gehe nicht einfach um ein zerrüttetes persönliches Verhältnis. Die Qualität der Wissenschaft sei gefährdet, denn die Institutsleiterin habe die Forschenden dazu gedrängt, nur solche Ergebnisse zu präsentieren, die ihren eigenen Hypothesen entsprachen.

Interessant an der Geschichte war nicht nur, dass die betroffene Forschungsgruppe ausgerechnet zu Mitgefühl und Empathie arbeitete, sondern auch die Person Singer selbst. Die Neurowissenschaftlerin hatte sich 2004 international einen Namen gemacht, als sie nachweisen konnte, dass die für das Schmerzempfinden zuständigen Hirnregionen bei Proband*innen auch dann aktiviert werden, wenn diese nur beobachten, wie anderen Personen Schmerz zugefügt wird. Das war ein erstaunliches Ergebnis, verwies es doch auf eine neurologische Grundlage des Mitgefühls. Dazu kam, dass auch der Vater der Wissenschaftlerin – der Neurophysiologe Wolf Singer – als Koryphäe der Hirnforschung in Deutschland gilt. Anfang der 2000er Jahre hatte er in mehreren Artikeln, unter anderem in der *Frankfurter Allgemeinen Zeitung*, die Existenz eines freien menschlichen Willens grundsätzlich infrage gestellt. Wolf Singer vertrat die Ansicht, das gesamte Wissen und Empfinden von Menschen beruhe auf angeborenen oder während der Kindheit erlernten Verhaltensstrategien, Denkmustern, Wertesystemen und Überzeugungen, die sich in der »funktionellen Architektur, in der spezifischen Verschaltung der vielen Milliarden Nervenzellen« neuronal niederschlagen.[2] Dieser biophysikalische Aufbau unseres Gehirns deter-

---

2 Wolf Singer, »Keiner kann anders, als er ist«, in: *Frankfurter Allge-*

miniere unser Verhalten, weshalb unsere Entscheidungen unbewusst, auf der Grundlage neuronaler Verknüpfungen gefällt würden. Das, was wir für freie Entscheidungen halten, wäre demnach nur eine Art Echo bereits ablaufender Prozesse.

Tania Singer forschte gewissermaßen in die entgegengesetzte Richtung. Sie beschäftigte sich mit der Frage, wie sich unser Gehirn und unsere Wahrnehmungen gezielt verändern lassen. Ihre Untersuchungen zum Schmerzempfinden zeigten nämlich nicht nur, dass Menschen eine ausgeprägte Fähigkeit zum Mitfühlen besitzen, sondern dass diese Fähigkeit je nach Kontext sehr unterschiedlich abgerufen wird. Die Reaktion der Proband*innen war besonders stark, wenn diese sich den Personen, denen Schmerz zugefügt wurde, verbunden fühlten, wobei diese Verbundenheit völlig oberflächlich und konstruiert sein konnte. Bereits das Wissen, Fan desselben Fußballclubs zu sein, reichte aus, um Empathie auszulösen. In weiteren Testreihen stellte man fest, dass gemeinsam gesammelte Erfahrungen die spontanen Reaktionen konditionierten. Wenn die Proband*innen vor dem Test ein Spiel spielten, bei dem miteinander geteilt oder der individuelle Vorteil gesucht werden konnte, überwog gegenüber denjenigen, die zuvor kooperiert hatten, die »mitfühlende« Reaktion. Waren die Personen hingegen als »unfair« erlebt worden, war bei vielen Testpersonen eine Aktivierung jener Gehirnareale zu beobachten, die mit Belohnung und Freude verknüpft sind. Die negative Bewertung der Person sorgte offenbar dafür, dass die Beobachtung von Schmerzen kein Mitleid, sondern Schadenfreude auslöste. Bemerkenswerter-

---

meine Zeitung (8. Januar 2004), online verfügbar unter: {https://www.faz.net/aktuell/feuilleton/hirnforschung-keiner-kann-anders-als-er-ist-1147780.html?printPagedArticle=true#pageIndex_2}.

weise war diese Reaktion bei Männern im Durchschnitt ausgeprägter als bei Frauen.

Tania Singer stellte sich im Anschluss daran Fragen wie diese: »Wenn unser Gehirn darauf ausgerichtet ist, mit anderen Wesen in affektive Resonanz zu treten und mit ihnen verbunden zu sein, warum wenden wir uns dann nicht permanent allen Menschen mit Empathie zu? Welche Umstände können einfühlsame Reaktionen blockieren? Oder sie sogar umkehren […]?«[3]

Diese Suche führte sie – kein Witz – zum Dalai Lama. Singer verfasste unter Beteiligung »Seiner Heiligkeit« populärwissenschaftliche Publikationen, organisierte mit dem buddhistischen Mönch Matthieu Ricard Meditationssitzungen, ließ Proband*innen einen Schnellkurs in »liebender Güte« absolvieren, traf sich mit Geistlichen zu einer Konferenz über »Caring Economics«[4] und wurde mit der Botschaft, dass wir gar nicht so selbstsüchtig sind, wie wir immer befürchten, sogar zum Weltwirtschaftsforum nach Davos eingeladen. Die Manager*innen dürften sehr erleichtert darüber gewesen sein, dass sich Rücksichtslosigkeit bei Bedarf wegmeditieren lässt.

Denn tatsächlich lautete die Botschaft Singers vor allem, dass das Gehirn große Plastizität besitzt, sich Mitgefühl dementsprechend erlernen lässt und Meditation gut dafür geeignet ist. Überspitzt könnte man behaupten, Singer habe die These ihres Vaters widerlegt, ohne dessen neurodeterministischen Ansatz aufgeben zu müssen. Die neuronale Architektur des Gehirns ist entscheidend, doch wir haben es in der

---

3 Tania Singer/Matthieu Ricard, *Mitgefühl in der Wirtschaft. Ein bahnbrechender Forschungsbericht*, München: Knaus 2015, S. 46f.

4 Tania Singer/Matthieu Ricard, *Caring Economics*, London: Picador 2015.

Hand, sie zu optimieren – wir müssen nur hart genug an uns arbeiten.

Das Zeug zum Kinofilm hatte Singers Geschichte nicht nur deshalb, weil man sie mit ein wenig erzählerischer Freiheit als Familiendrama ausgestalten könnte und sich dank der Verbindungen zum Dalai Lama auch gleich ein paar beeindruckende Landschaftsbilder einbauen ließen. Der eigentliche Clou bestand darin, dass Singers Bemühen, das menschliche Vermögen zu Güte und Barmherzigkeit nachzuweisen, sie dazu trieb, als Wissenschaftsmanagerin besonders hart und rücksichtslos vorzugehen.

Dass die Empathieforschung seit einigen Jahren einer der Schwerpunkte der Neuro- und Verhaltenswissenschaften geworden ist, hat nicht zuletzt mit der Entdeckung sogenannter »Spiegelneuronen« zu tun. Anfang der neunziger Jahre untersuchte eine Gruppe um den Hirnforscher Giacomo Rizzolatti den Ablauf motorischer Prozesse bei Makaken und stellte dabei fest, dass die Affengehirne die Bewegungen der Hand antizipierten.[5] Die Tiere »spiegelten« die von ihnen beobachteten Bewegungen gewissermaßen im eigenen Gehirn, das heißt, bestimmte Neuronen feuerten bei der Beobachtung einer Handlung genauso, als hätte der Affe die Bewegung selbst durchgeführt.

Diese Beobachtung wurde in der Folge von unzähligen Autor*innen interpretiert und popularisiert. Nicht wenigen galt sie als physikalischer Beweis dafür, was jeder emotional nicht komplett gestörte Mensch vermutlich schon vorher zu sagen gewusst hätte – dass Menschen Verbundenheit miteinander spüren. Doch mit den »Spiegelneuronen« ließ sich das in den schillerndsten Farben ausschmücken, was den Publi-

---

[5] Giacomo Rizzolatti/Corrado Sinigaglia, *Empathie und Spiegelneurone. Die biologische Basis des Mitgefühls*, Frankfurt/Main: Suhrkamp 2008.

zisten Jeremy Rifkin, der noch nie eine Gelegenheit verpasst hat, ein neues Zeitalter auszurufen (von ihm verkündet wurden unter anderem das »Ende der Arbeit«, die Geburt der »Wasserstoff-Ökonomie«, der Anbruch des »biotechnischen Zeitalters« und die »Null-Grenzkosten-Gesellschaft«), dazu veranlasste, die Stunde der »empathischen Zivilisation« zu proklamieren.[6] Mitfühlende Gehirnareale als biologische Grundlage einer »kollaborativen« Wirtschaft – »new age goes neuroscience«.

Bei der Welle der Begeisterung geriet allerdings aus dem Blick, dass sich die Neurowissenschaften bis heute unsicher sind, was sie da eigentlich beobachten. Dass das unbewusste »Spiegeln« von Handlungen anderer im eigenen Gehirn insofern evolutionär nützlich ist, als es das Erlernen von Fähigkeiten erleichtert und zur Verbreitung erprobter Verhaltensweisen führt, leuchtet sofort ein. In diese Richtung deutet auch die Tatsache, dass es offenbar eine Rolle spielt, ob eine Handlung eine Intention verfolgt. Die Bewegung der Hand wurde in den Affengehirnen nämlich nur dann »gespiegelt«, wenn mit ihr ein bestimmtes Ziel verfolgt wurde. Schnappte die Hand ziellos herum, geschah nichts; erst als sie nach Essen griff und damit ein interessantes Ziel verfolgte, konnte eine Aktivierung der entsprechenden Neuronen beobachtet werden. Eine Erklärung hierfür könnte sein, dass das Gehirn Bewegungen durch Beobachtung gewissermaßen einstudiert.

Die Entdeckung der »Spiegelneuronen« bot im Übrigen aber auch Anknüpfungspunkte zu einem Phänomen, mit dem sich die Verhaltenspsychologie schon länger beschäftigt, nämlich der Theory of Mind. Im Unterschied zu fast allen anderen Tieren entwickeln Menschen im frühkindlichen Alter

---

6 Jeremy Rifkin, *Die empathische Zivilisation. Wege zu einem globalen Bewusstsein*, Frankfurt/Main, New York: Campus 2010.

die Fähigkeit, die räumliche Perspektive eines anderen einzunehmen und sich in Gefühlszustände oder Überzeugungen anderer hineinzuversetzen. Dieser Entwicklungsprozess erlaubt es den Kindern, zwischen der Meinung anderer und der eigenen zu unterscheiden, auf diese Weise schneller von anderen zu lernen und sich besser in sozialen Kontexten zu bewegen.

Doch die Frage, ob prosoziales Verhalten etwas mit dem Phänomen der »Spiegelneuronen« zu tun hat, ist völlig ungeklärt. Weder ist sicher, ob die Zellen das Sich-Hineinversetzen erleichtern, noch sagt die Fähigkeit zur Empathie irgendetwas darüber aus, wie sich eine Person im Anschluss daran verhält. Das menschliche Verhalten ist ungleich komplexer. Zweifelsohne gibt es »affektive Resonanz«: Säuglinge reagieren auf das Weinen anderer Babys häufig damit, dass sie ebenfalls zu schreien anfangen. Doch diese »Resonanz« hat noch nichts mit Mitleid zu tun, denn die Babys unterscheiden nicht zwischen der eigenen Emotion und ihrer Umwelt. Und selbst wenn eine Person später eine starke Empathie entwickelt und das Leiden anderer wahrnimmt, bedeutet das nicht, dass sie einfühlend handeln wird. Starke Empfindungen können das genaue Gegenteil auslösen: Sie können zu einer Art Schockstarre führen (die das Handeln blockiert), dafür sorgen, dass man sich abwendet, oder die mitfühlende Person nach Erklärungen suchen lassen, warum eine leidende Person es nicht anders verdient hat – was dann möglicherweise eher Schadenfreude provoziert. Darüber hinaus sollten wir nicht vergessen, dass auch Psychopathen Meister der Empathie sein können. Der Wallstreet-Yuppie Patrick Bateman in Bret Easton Ellis' Roman *American Psycho* kann sich ganz gut in die Emotionen anderer hineinversetzen – sie sind ihm nur einfach egal. Er nutzt seine empathischen Fähigkeiten, um Mitmenschen zu quälen und zu ermorden.

Spiegelneuronen, affektive Resonanz, Empathie, Mitgefühl und solidarisches Handeln sind also offenbar verschiedene Phänomene, die »irgendwie« miteinander zu tun haben, aber mehr auch nicht.

Was jedoch ist es dann, das menschliches Verhalten in die eine oder andere Richtung lenkt, solidarischer oder egoistischer, aggressiver oder kooperativer werden lässt? Der Neuroendokrinologe Robert Sapolsky, der sich jahrzehntelang und aus ganz unterschiedlichen Perspektiven mit der Frage beschäftigt, schreibt:

> Es ist [...] unheimlich wichtig, die Biologie [der] menschlichen Verhaltensweisen zu verstehen. Doch leider ist die Sachlage teuflisch kompliziert. Würden wir uns beispielsweise für die Biologie des Orientierungsvermögens von Zugvögeln interessieren oder für den Paarungsreflex, der bei weiblichen Hamstern während der Ovulation auftritt, hätten wir es mit einer einfacheren Aufgabe zu tun. Aber wir interessieren uns [...] für menschliches Sozialverhalten, und in vielen Fällen sogar für abnormes menschliches Sozialverhalten. Und da stehen wir wirklich vor einem fürchterlichen Durcheinander aus Neurochemie, Hormonen, Sinnesreizen, pränataler Umgebung, Früherfahrung, Genen, biologischer und kultureller Evolution, Umwelteindruck und vielem mehr.[7]

Sapolsky ist ein echter Glücksfall in einer von Fachidioten dominierten Wissenschaftswelt. Der aus einer russisch-jüdischen Familie stammende und in Brooklyn geborene Biologe forscht zur Verknüpfung von Hormon- und Nervensystem, hat als Primatenforscher eine Weile in afrikanischen Dorfgemeinschaften gelebt, wo er einiges über kulturelle Differenz und sozialanthropologische Fragestellungen gelernt hat, und ist als Post-Achtundsechziger in der Lage, die gesellschaftliche Dimension von Klasse, Gender und Rassismus

---

7 Robert Sapolsky, *Gewalt und Mitgefühl. Die Biologie des menschlichen Verhaltens*, München: Hanser 2017, S. 13 f.

zu reflektieren. Sapolskys zentrale These lautet, dass menschliches Sozialverhalten zwar über biochemische Prozesse abläuft und insofern materiell determiniert ist, dass aber umgekehrt diese materiellen Abläufe wiederum von kulturellen und sozialen Verhältnissen bestimmt werden. Unser Verhalten ist somit unablässig im Fluss. Produziert wird es von einem Ensemble kultureller, ökologischer, sozialer, neuronaler und hormoneller Prozesse.

Wie komplex die Verschränkung dieser Faktoren ist, veranschaulicht Sapolsky anhand zahlreicher Experimente und Studien. Sein besonderes Interesse gilt dem Hormonsystem, das Determinist*innen gewöhnlich große Freude bereitet, weil es Geschlechterrollen und Marktkonkurrenz zu naturalisieren scheint. Zentrale Bedeutung bei der Motivation menschlicher Aktivitäten kommt bekanntlich dem Botenstoff Dopamin zu, der Glücksgefühle auslösen kann und damit starke Handlungsanreize liefert. Dass die Dopamin-Ausschüttungen beim Sex groß sind, haben vermutlich die meisten von uns schon einmal in jenen Hochglanzmagazinen gelesen, die in den Wartezimmern der Arztpraxen auslegen. Interessanterweise werden aber offenbar sehr viele soziale Interaktionen mit Dopamin »belohnt«. Bei den bereits erwähnten ökonomischen Spielanordnungen zeigte sich, dass die Ausschüttung bei einer Kooperation der Mitspieler*innen größer war, als wenn ein*e Proband*in ihren/seinen persönlichen Vorteil verfolgte. Umgekehrt wurde bei vielen Menschen das Belohnungssystem aktiviert, als sie beobachteten, wie eine Person bestraft wurde, die sie für unfair oder zu erfolgreich (!) hielten.[8] Wollte man aus diesen Erkenntnissen eine Gesellschaftstheorie basteln, müsste sie wohl so aussehen: Unser Organismus belohnt uns, wenn wir andere Menschen

---

8 Vgl. Sapolsky, *Gewalt und Mitgefühl*, S. 91.

anfassen, mit ihnen teilen und uns als gute Kommunist*innen erweisen! Und er fördert Gleichheit, denn gegen diejenigen, die zu stark herausstechen, regt sich Widerstand.

Leider lässt sich im menschlichen Organismus aber für ziemlich viele Theorien irgendetwas finden. Anhänger*innen Carl Schmitts dürften sich dafür interessieren, dass viele der sozial lebenden Säugetiere ausgeprägte Hierarchien kennen. Bei Versuchen mit Ratten kann man beobachten, wie Tiere Stress abbauen, indem sie Artgenossen beißen, die in der Rangordnung weiter unten stehen. Und manche Schimpansenmütter bringen ihrem Nachwuchs offenbar bei, sich dem Kind eines höher stehenden Weibchens unterwürfig zu nähern. Wenn das Quälen von Underdogs genetisch veranlagt ist und schon bei Menschenaffen der soziale Status »vererbt« wird, muss der feudale Despotismus dann nicht als natürliche Lebensweise der Menschen gelten? Wobei: Wäre es nicht noch viel natürlicher, wenn wir den Autoschlüssel wegwürfen und zu Fuß in die Savanne zurückkehrten?

Es liegt auf der Hand, warum die Debatten über Gesellschaftsordnungen immer so schnell auf Biologie und menschliche Anlagen zu sprechen kommen. Nicht alles an uns ist »konstruiert«. Egal in welchem Kontext – Menschen bekommen Hunger, wenn sie nicht essen, werden müde, wenn sie nicht schlafen, und wünschen sich in Gemeinschaften zu leben, in denen es immer auch um sozialen Status und Anerkennung geht. Letzteres macht die Angelegenheit kompliziert, denn obwohl es ein starkes Bedürfnis nach Gemeinschaft gibt, sind die damit einhergehenden sozialen Hierarchien für viele Menschen ausgesprochen belastend. In ihrer berühmt gewordenen Meta-Studie haben die britischen Gesundheitsforscher*innen Kate Pickett und Richard Wilkinson gezeigt, dass von ungesundem, lang anhaltendem Stress nicht in erster Linie Manager*innen und Unternehmer*innen, sondern arbeitslose Sozialhilfeempfänger*innen am stärksten betroffen sind, die in der gesellschaftlichen Hierarchie unten stehen.⁹ Entscheidend ist dabei weniger die objektive Armut als das *Gefühl* der Armut, also das Wissen um den niederen sozialen Status. Diese Stressbelastung, die gesellschaftlich »konstruiert« ist, schlägt sich materiell im Körper nieder, denn die regelmäßigen Ausschüttungen von Glukokortikoiden wie Cortisol simulieren einen permanenten Entzündungszustand und wirken sich auf das Herz-Kreislauf-System, aber auch den Stoffwechsel negativ aus. Ausgeprägte Hierarchien und fehlende Anerkennung sind in diesem Sinne ähnlich schädlich wie Vereinsamung und Isolation.

An dieser Stelle müsste eine gesellschaftskritische Debatte ansetzen. Denn der Witz ist natürlich, dass es auch »in der Natur« unterschiedliche Formen gibt, um mit solchen biologischen Konstanten umzugehen. Die sozialanthropologische Forschung hat in den letzten 150 Jahren gezeigt, wie unterschiedlich menschliche Kulturen das Soziale gestalten, doch das lässt sich offenbar auch bei Tieren beobachten. Bei gewöhnlichen Schimpansen sind Männchen dominant, bei Bonobos eher die Weibchen, und innerhalb der Arten variiert das Sozialverhalten offenbar nicht nur zwischen Individuen, sondern ebenfalls zwischen Gruppen. Schon seit Längerem ist bekannt, dass Schimpansenpopulationen kulturelle Eigenheiten ausbilden und Werkzeuge herstellen oder verwenden; neuere Studien deuten darauf hin, dass auch soziale Umgangsformen kulturell weitergegeben werden.¹⁰ So gibt es Grup-

---

9 Kate Pickett/Richard Wilkinson, *Gleichheit ist Glück: Warum gerechte Gesellschaften für alle besser sind*, New Berlin: Haffmans & Tolkemitt 2010.
10 Edwin van Leeuwen et al., »Population-specific Social Dynamics in Chimpanzees«, in: *PNAS* 115/45 (2018), online verfügbar unter: {https://www.pnas.org/content/pnas/115/45/11393.full.pdf}.

pen, die sorgsamer oder weniger aggressiv gegenüber Schwächeren auftreten. Es scheint, als hätten Affenpopulationen differenzierte soziale Umgangsformen ausgebildet.

Was sagt es uns, wenn manche Primaten Körperkontakte pflegen, Essen teilen und sich gegenseitig lausen, um ihre sozialen Bindungen zu stärken und Aggressionen abzubauen? Es bedeutet, dass sie durch Umgangsformen und »Rituale« bestimmte Verhaltensweisen fördern, und die daran anschließende Frage müsste lauten, in welcher Ordnung man lieber leben möchte: in einer, in der das Recht des Stärkeren trainiert wird und die von Angst und Gewalt bestimmt ist, oder in einer, die kooperative und respektvolle Umgangsformen ermöglicht und belohnt?

Die Bedeutung des sozial, kulturell und politisch organisierten Rahmens für individuelle Verhaltensstrukturen ist enorm. Sogar im Zusammenhang mit so »animalischen« Vorgängen, wie sie von Sexual- und Bindungshormonen ausgelöst werden. Sapolsky schreibt über ein wunderbares Experiment zu Testosteron, das auf den ersten Blick alle biologistischen Vorurteile zu bestätigen scheint. In einer Testreihe wurde den Teilnehmern Testosteron verabreicht, die in der Folge häufiger als zuvor davon überzeugt waren, im Recht zu sein und die Ansichten ihrer Gesprächspartner*innen ignorieren zu können. (Offenbar wird ein hoher Testosteronspiegel auch als angenehm empfunden; zumindest hat sich bei Ratten – andere Forschungsreihe – gezeigt, dass die Tiere sich lieber auf der Käfigseite aufhielten, wo sie Testosteron verabreicht bekamen.) Doch das Experiment zeigte außerdem, dass das Hormon nicht nur narzisstische Anwandlungen, sondern ebenso prosoziales Verhalten fördert. Als die Teilnehmer*innen bei einer Spielanordnung wieder einmal entscheiden konnten, ob sie den persönlichen Vorteil verfolgen oder Geld in einen gemeinsamen Topf geben wollten, trugen sie nach einer Testosteron-Dosis mehr zur Gemeinschaftskasse bei. Was bedeutet das nun wieder?

»Testosteron stärkt unsere Bereitschaft«, erläutert Sapolsky, »das zu tun, was nötig ist, um einen bestimmten Status zu erwerben und zu bewahren. Entscheidend ist, was dazu nötig ist. Unter geeigneten sozialen Bedingungen und bei einer Erhöhung der Testosteronspiegel während einer Herausforderung mobilisieren die Versuchsteilnehmer alle ihre Ressourcen, um sich gegenseitig an Freundlichkeiten zu überbieten. In unserer Welt, die unter einem Übermaß an männlicher Gewalt leidet, besteht das Problem nicht darin, dass Testosteron die Aggressionsniveaus verstärkt, sondern darin, dass wir Aggressionen so häufig belohnen.«[11]

Ähnliches gilt im Übrigen für das Bindungshormon Oxytocin, das in Wartezimmermagazinen gern als »Kuschelhormon« bezeichnet wird, weil es ausgeschüttet wird, wenn Menschen enge körperliche Kontakte zu Partner*innen oder ihrem Nachwuchs haben. Seltsamerweise stellte sich bei einer niederländischen Versuchsreihe heraus, dass Frauen nach einer Oxytocin-Dosis zwar mehr für diejenigen zu tun gewillt waren, denen sie sich verbunden fühlten, gleichzeitig aber eher in Kauf nahmen, dass Personen außerhalb dieser Gruppe (deren Namen nicht niederländisch klangen) etwas zustieß.[12] Auch das ist vermutlich eine Beobachtung, die jede*r schon mal auf dem Schulhof gemacht hat: Enge Bindungen können zu sehr unsolidarischem Verhalten gegenüber anderen führen. Aber kein Grund zur Sorge: Wenn man durch gemeinsame Alltagserfahrungen dafür sorgt, dass andere Namen (Kleidungsstile, Haarfarben etc.) vertraut sind, werden auch andere Personen innerhalb kürzester Zeit als

---

11 Sapolsky, *Mitgefühl und Gewalt*, S. 144.
12 Ebd., S. 156.

dazugehörig empfunden. Wenn man weiß, dass schon ein Schal des eigenen Fußballclubs reicht, um Menschen als Verbündete wahrzunehmen, kann man sich vorstellen, wie wenig soziales »Engineering« nötig wäre, um Ausgrenzungsmechanismen zu überwinden. Wer mit anderen arbeitet, mit ihnen gemeinsam Freizeit verbringt und vielleicht schon mal auf einer Geburtstagsfeier eingeladen war, sieht nicht mehr den Fan eines verfeindeten Clubs, sondern eine konkrete Person, die zur Gemeinschaft gehört.

Ganz offensichtlich hängt es also von einer Vielzahl Faktoren ab, wie die neuronalen und biochemischen Prozesse im Körper in Handlungen umgesetzt werden. Unsere Reaktion durchläuft einen Filter, der von Kultur, Wertvorstellungen und Erfahrungen geprägt ist und der durch die menschliche Gemeinschaft co-produziert wird. Dieser Filter wirkt sich sogar auf die Sinneswahrnehmungen aus. Bei einem Experiment, bei dem man Menschen aus unterschiedlichen Weltregionen für einen sehr kurzen Moment Fotos zeigte, erwies sich, dass die kulturelle Prägung das spontane Sehen beeinflusst. In Ostasien, wo Kulturen als eher »kollektivistisch« orientiert gelten, blieb den Testpersonen eher das Gesamtbild in Erinnerung, in den USA, wo »individualistische« Werte stärker propagiert werden, konnten die Teilnehmer*innen die Personen im Zentrum des Fotos besser beschreiben. Bei in die USA ausgewanderten Ostasiat*innen wuchs sich die »kollektivistische« Wahrnehmung nach einiger Zeit aus. Kulturelle Muster einer Gesellschaft wirken sich also auf die neuronalen Strukturen der Individuen aus, zugleich ist die Plastizität von Gehirnen so groß, dass sich Fähigkeiten weiterentwickeln.

Menschliches Sozialverhalten wird also durch ein Ensemble von Faktoren bestimmt: emotionale Zustände, Wertvorstellungen, Umweltbedingungen, eigene Erfahrungen, die

Fähigkeit zur Reflexion. Mal ist der erste emotionale Reflex prosozial (schon Kleinkinder sind hilfsbereit), bisweilen ist es ganz gut, den ersten Reflex zu hinterfragen, weil eine intuitive Reaktion aggressiv und abgrenzend ausfällt (aktivierte Amygdala, anderer Fußballverein). Einerseits steuern Gene biologische Prozesse, andererseits sind soziale, kulturelle und Umweltbedingungen entscheidend dafür, welche Gene überhaupt aktiviert werden, denn auch das kommt noch hinzu: Gene sind nicht gleich Gene. Erbmaterial ist kein Computerprogramm, das stets auf dieselbe Weise abläuft. Welche Gene bei der Reproduktion unserer Zellen jeweils aktiviert werden, variiert stark und hängt von Rahmenbedingungen ab. Diese Umweltfaktoren wiederum sind nicht einfach »objektiv«, sondern können kultureller oder moralischer Natur sein. Ein emotionsarmer Umgang mit Säuglingen beispielsweise beeinträchtigt die körperliche Entwicklung von Kindern dramatischer als Armut und ähnlich wie Hunger – die Kinder werden später eher ängstlich und bilden bestimmte intellektuelle Fähigkeiten nicht aus. Nicht nur soziale Ungleichheit und materielle Not, sondern auch Erziehungskonzepte, die als Teil einer »Nationalkultur« gepflegt werden und Emotionslosigkeit propagieren, wirken sich – im Übrigen bleibend – auf die epigenetischen Prozesse im Körper aus. Kultur und Wertvorstellungen werden auf diese Weise biochemisch-materiell.

Worin also besteht die menschliche »Natur«? Aus all dem. Unser Verhalten und unsere Selbstwahrnehmung sind von Biochemie und neuronaler Architektur bestimmt, die eine genetische Grundlage haben, gleichzeitig aber produzieren die sozialen Verhältnisse, Kulturformen, Wertesysteme und Umweltbedingungen die stofflichen Abläufe unserer Körper und unserer Epigenetik.

Bei einer Studie in den USA stellte sich vor einigen Jahren

heraus, dass Müllgestank reaktionäre Ressentiments und im Besonderen die Ablehnung der Schwulenehe verstärkte.[13] Eine Erklärung für dieses bizarre Ergebnis könnte sein, dass moralische Bewertungen in der frühkindlichen Sozialisation mit Ekelgefühlen gekoppelt werden, der abstoßende Geruch also wiederum eine antrainierte Abscheu antriggerte, die durch die Fähigkeit zur Reflexion gewöhnlich neutralisiert wird. Beides – das Ekelgefühl wie der Respekt – wären im Übrigen erlernt. Andere Experimente haben schon früher Hinweise auf diesen Zusammenhang geliefert: In schmutzigen Umgebungen vertraten Testpersonen plötzlich konservativere Moralvorstellungen. Das Ekelgefühl aktiviert offenbar jene Gehirnareale, in denen anerzogene Moral erinnert wird.

Aber was bedeutet das nun alles für ein Projekt, das sich die soziale Befreiung auf die Fahnen schreibt? Zum Fall Tania Singers verfasste der Wissenschaftsjournalist Ulrich Schnabel in der *Zeit* damals einen treffenden Kommentar. Er merkt an, dass es offenbar »weniger auf die Hirnströme meditierender Probanden ankommt als auf die Umstände, die ein mitfühlendes Verhalten fördern – oder eben verhindern«.[14] Die extrem leistungs- und konkurrenzorientierte Struktur des Wissenschaftsbetriebs kitzelte die unangenehmsten Seiten einer Forscherin heraus. Umgekehrt kann man

---

13 Yoel Inbar et al., »Disgusting Smells Cause Decreased Liking of Gay Men«, in: *American Psychological Association* (2011), online verfügbar unter: {https://minddevlab.yale.edu/sites/default/files/files/disgusting-smells.pdf}.
14 Ulrich Schnabel, »Mitgefühl im widrigen Alltag. Was der Fall von Tania Singer für die Meditationsforschung bedeutet«, in: *Die Zeit* (18. Dezember 2018), online verfügbar unter: {https://www.zeit.de/2018/53/tania-singer-ruecktritt-empathie-meditationsforschung}.

wohl davon ausgehen, dass ein gesellschaftlicher Rahmen, der Kooperationsbereitschaft belohnt und Gleichheit stärkt, es uns erleichtert, rücksichtsvoller mit anderen umzugehen. Insofern geht es nicht um »Herkunft«, sondern um Zukunft. Menschen sind Organismen, die in Gemeinschaften leben (und sich selbst bereits aus vielen Einzelorganismen zusammensetzen), zugleich aber auch einen individuellen Überlebenstrieb besitzen. Dass sie sowohl großzügig als auch egoistisch, friedlich wie aggressiv, konkurrenzorientiert und kooperativ sein können, liegt auf der Hand. Die ganze gesellschaftstransformatorische Debatte muss dementsprechend um die Frage kreisen, unter welchen Voraussetzungen wir unserem Wunsch nach materieller Sicherheit als Individuen und einem erfüllenden Leben mit den anderen am besten nachkommen können. Vielleicht geht es, wie Bertolt Brecht meinte, bei der großen linken Utopie also doch einfach nur um das »Mittlere«. Um das Allernächstliegende und Vernünftige. Nämlich um einen sozialen Rahmen, der uns die Angst vor sozialem Abstieg nimmt, zum Teilen ermutigt, einfühlendes Verhalten belohnt und die Zusammenarbeit erleichtert. Nicht viel mehr, als man Kindergartenkindern in einer guten Vorschule zu vermitteln versucht.

Macht, Gewalt, Hegemonie

Wie aber lässt sich dieses »Mittlere« durchsetzen? In ihrem kurzen und düsteren »Manifest für einen Zombie-Kommunismus« fordert die russische Philosophin Oxana Timofeeva, Mitglied des Petersburger Kunst- und Theoriekollektivs Chto Delat (»Was tun?«), jede Zuversicht fahren zu lassen.[15]

---

15 Oxana Timofeeva, »Manifesto for Zombie-Communism«, online

Sie macht drei Arten der politischen Hoffnung aus: die konformistische, die darauf setzt, dass sich die Lage von selbst verbessert, die reformistische, die meint, dass die Zukunft durch Kämpfe verändert werden kann, und die revolutionäre, die glaubt, dass durch die Verschlechterung der Verhältnisse eine messianische Situation eintritt, nach der wiederum alles besser werden kann. Timofeeva weist alle drei Varianten zurück: »Wenn wir an die Zombie-Apokalypse denken, neigen wir dazu, uns mit den Überlebenden zu identifizieren (wobei wir beispielsweise vergessen, dass man im Kapitalismus auf Kosten anderer überlebt – ist dieser Umstand nicht bereits völlig unerträglich?). Doch was ist, wenn wir nicht unter den glücklichen Überlebenden sind? Was, wenn wir bereits auf der anderen Seite stehen?«

Für Zombies interessiert sich Timofeeva, weil sie auf andere Weise angetrieben werden:

> Der Zombie ist derjenige, der bereits tot ist und deshalb keine Hoffnung mehr besitzt, aber immer noch begehrt und ein Bewusstsein besitzt, oder ein Körpergefühl oder eine Art Instinkt oder von einer Trägheit angetrieben wird, die mit der Tatsache zu tun hat, dass die extreme Ungerechtigkeit der Situation nicht toleriert werden kann – das ist die ultimative Verzweiflung. Als bereits Toter kann er nicht leben, und das ist es, was ihn paradoxerweise untot oder zu einem lebenden Toten macht. Sein zerfallender Körper ist nicht mehr individuell, er gehört zu keiner Person mehr. Ein Zombie besitzt kein individuelles Leben, er sorgt sich um nichts und dennoch ist er nicht bereit zu ruhen, er begehrt noch, und sein unpersönlicher Körper handelt.

Die Vorstellung eines kommunistischen Zombie-Kollektivs, das, jeder Individualität beraubt, dennoch handelt, erinnert an die Figuren Andrej Platonows. Auch die ziellos umher-

---

verfügbar unter: {https://chtodelat.org/b9-texts-2/timofeeva/oxana-timofeeva-manifesto-for-zombie-communism/}.

streifenden, hungernden »Übrigen«, die in *Tschewengur* eingesammelt werden, um den Kommunismus aufzubauen, besitzen keine Persönlichkeit mehr, und noch stärker rücken Menschen wie sie in Platonows 1964 postum veröffentlichtem Roman *Dshan* in den Fokus. Darin erzählt der russische Schriftsteller von dem frisch ausgebildeten Techniker Nasar Tschagatajew, der in die turkmenische Steppe geht, um das Volk der Dshan an einen sicheren Ort zu führen. Die Dshan sind eine ethnisch heterogene Gruppe halbverhungerter Nomaden, die Elendsten der Elenden. »Flüchtlinge und Waisen von überall her«, erklärt Tschagatajew an einer Stelle des Romans, »alte, entkräftete Sklaven, die man vertrieben hat.« Ein »verlorenes Volk«, das »außerhalb seines Körpers nichts besitzt«.[16]

Platonow macht genau das, was Timofeeva einfordert: Obwohl das Wort »Dshan« in den Turksprachen Leben oder Seele bedeutet, erzählt der Roman aus der Perspektive derer, für die selbst das Leben »nur ein Traum ist«. Während die Progatonist*innen der Horrorfilme, selbst die Underdogs der Horrorserie *Z Nation*, als Individuen mit Träumen und Charakter geschildert werden, steht das Volk der Dshan auf der anderen Seite der Zombie-Apokalypse: Sie sorgen sich um nichts mehr, sind nur noch Körpergefühl.

Während Platonows Romane noch als dunkler Schatten der vorrevolutionären Verhältnisse verstanden werden können, weil das Elend der Dshan ein Erbe der zaristischen Zeit ist, fällt Timofeevas Pessimismus ganz auf die Sowjetunion zurück. Der Zombie-Kommunismus der 1978 in Kasachstan geborenen Timofeeva spiegelt, was der Sozialismus der russischen Gesellschaft hinterlassen hat – nämlich nicht etwa Zu-

---

16 Andrej Platonow, *Dshan oder Die erste sozialistische Tragödie*, Berlin: Quintus 2019, S. 33.

sammenhalt, Solidarität oder gar Klassenbewusstsein, sondern »ultimative Verzweiflung«.

Wenn man auf diese Weise auf den Sozialismus zurückblickt, könnte man tatsächlich meinen, die Kämpfe der Linken seien alle umsonst gewesen: Revolutionäre Befreiungsbewegungen mündeten in einen plumpen Elitentausch, Gewerkschaftsführer*innen nutzten die Macht ihrer Organisationen, um selbst in den Kreis der Finanzeliten aufzusteigen,[17] anarchistische Kommunen entpuppten sich als patriarchale Sekten.

Doch das ist nur die halbe Wahrheit, denn aus Sicht der sozialen Emanzipation sind die vergangenen zwei Jahrhunderte durchaus erfolgreich verlaufen. Man kann es sich nicht oft genug in Erinnerung rufen: Mitte des 19. Jahrhunderts konnten in den USA, damals die wichtigste aufstrebende Wirtschaftsmacht der Welt, mehr als zehn Prozent der Bevölkerung nach Belieben ihrer »Eigentümer« misshandelt, verkauft, vergewaltigt oder gefoltert werden. Gerade einmal ein Jahrhundert ist es her, dass Frauen in den meisten europäischen Ländern das Wahlrecht erhielten; in Deutschland benötigten sie bis 1977 die Genehmigung ihres Mannes, wenn sie eine Arbeit annehmen wollten, bis 1997 konnten Männer sie in der Ehe ungestraft vergewaltigen. Ebenfalls erst wenige Jahrzehnte ist es her, dass Homosexualität in den meisten Industrieländern nicht mehr unter Strafe steht, höchstens dreißig Jahre, dass gleichgeschlechtliche Beziehungen auch im Alltag gelebt werden können. In England, immerhin »Mutterland der Demokratie«, durften bis 1918 vierzig Prozent der Bevölkerung nicht wählen, weil sie kein Vermögen besaßen.

---

17 Zum Aufstieg brasilianischer Gewerkschaftsführer in die Finanzeliten zu Beginn des 21. Jahrhunderts vgl. Raúl Zibechi, *Brasil potencia. Entre la integración regional y un nuevo imperialismo*, Lima: Programa Democracia y Transformación Global 2013, S. 49-88.

Die 40-Stunden-Woche wurde in den meisten Industriestaaten noch mal einige Jahrzehnte später durchgesetzt, und der Rechtsanspruch auf soziale Mindestversorgung existiert in Deutschland ebenfalls erst seit den sechziger Jahren – zu einer Zeit, als rassistische Kolonialregime noch etwa die Hälfte der globalen Kontinentalflächen unter sich aufgeteilt hatten.

Es mag schon sein, dass sich viele dieser Erfolge als Pyrrhussiege erwiesen haben oder später wieder rückgängig gemacht wurden. Nicht streiten lässt sich indes darüber, dass die Bewegungen, die antraten, eine Welt von Freiheit, Gleichheit und Solidarität zu erschaffen, Rechte erstritten, auf die sich breite Mehrheiten nach wie vor beziehen. Woher aber rührt dieser soziale Fortschritt, wenn doch die Linke immer wieder gescheitert ist und es keinen eingebauten Geschichtsmechanismus hin zum »Besseren« gibt? Am verbreitetsten ist die Erklärung, dass geduldige Reformer den Freiheitsrechten in einer Politik der kleinen Schritte und ohne Gewaltexzesse Geltung verschafften. Aber das ist, wie bereits skizziert, nicht nur im Fall Bismarcks oder Ludwig Erhards eine Legende. Kehren wir noch einmal zu dem Gründervater Thomas Jefferson zurück, von dem am Anfang dieses Buchs bereits die Rede war. Jefferson, 1743 in Virginia geboren, gilt als Autor jenes berühmt gewordenen Satzes aus der amerikanischen Unabhängigkeitserklärung: »Folgende Wahrheiten erachten wir als selbstverständlich: dass alle Menschen gleich geschaffen sind, dass sie von ihrem Schöpfer mit gewissen unveräußerlichen Rechten ausgestattet sind; dass dazu Leben, Freiheit und das Streben nach Glück gehören.«

Alle Menschen außer den Schwarzen, meinte Jefferson damit wohl, denn als Großgrundbesitzer besaß er um die 200 Sklav*innen, die er aus ökonomischen Gründen auch bis zu seinem Tod nicht freiließ. Wie weit er beim Ausnutzen seiner Privilegien zu gehen bereit war, zeigt der Umstand, dass er 1787 begann, die versklavte vierzehnjährige Sally Hemings sexuell zu missbrauchen. Aus der Vergewaltigung eines Kindes wurde ein dauerhaftes Verhältnis; Hemings bekam mehrere Kinder von Jefferson, die dieser als seinen Besitz eintragen ließ und erst auf Drängen der Frau nach Erreichen der Volljährigkeit in die Freiheit entließ. Jefferson steht emblematisch für »moderate Politik«: Er kritisierte die Sklaverei, aber abschaffen wollte er sie nicht, weil er die Plantagenbesitzer (und wohl auch sich selbst) nicht vor den Kopf stoßen wollte. Eine solche Haltung soll den sozialen Fortschritt ermöglicht haben?

Wenn von der Abschaffung der Sklaverei die Rede ist, fällt auch fast immer der Name Abraham Lincolns. Weniger bekannt ist, dass von ihm diese zutiefst rassistischen Ausführungen stammen: »Es gibt einen körperlichen Unterschied zwischen der weißen und der schwarzen Rasse, der es, wie ich glaube, für immer verbietet, dass die beiden Rassen auf der Grundlage von sozialer und politischer Gleichheit zusammenleben. Und da sie so nicht leben können und doch zusammenbleiben, muss es die Position des Überlegenen und Unterlegenen geben, und ich bin genauso wie jeder andere dafür, dass die überlegene Position der weißen Rasse zuerkannt wird.«[18]

Wer sich mit der amerikanischen Sklavenbefreiung beschäftigt, wird überrascht feststellen, dass der amerikanische Bürgerkrieg gar nicht mit ihr begann, sondern durch sie entschieden wurde. Im ersten Kriegsjahr internierten die Truppen der Nordstaaten die versklavten Menschen als »Schmuggelware« (*contraband*). Erst die drohende militärische Nieder-

---

18 Zitiert nach Ibram X. Kendi, *Gebrandmarkt. Die wahre Geschichte des Rassismus in Amerika*, München: C.H. Beck 2017, S. 223.

lage ebnete 1862 den Weg für den sogenannten Second Confiscation Act, bei dem es sich (wie die Bezeichnung schon sagt) um ein Gesetz zur »Beschlagnahmung« des Eigentums konföderierter Rebellen handelte. Die Befreiung der Schwarzen wurde als kriegsentscheidendes Mittel eingesetzt, weil deren Flucht von den Plantagen die Wirtschaft des Südens schädigte und gleichzeitig den Truppen der Nordstaaten Zulauf verschaffte. »Ende 1863 waren 400 000 von ihnen [von den versklavten Menschen] von ihren Plantagen geflohen und hatten sich zu den Linien der Union durchgeschlagen«, schreibt der Historiker Ibram X. Kendi[19] und verweist in diesem Kontext auf die Bedeutung eines damals bereits Jahrzehnte zurückliegenden Ereignisses: »In den letzten Monaten von 1860 gab es mehr Berichte denn je über ungebührliches Verhalten von Sklaven, Brandstiftungen und Mord an Plantagenbesitzern. Die Sezessionisten von South Carolina mussten nur ein Wort äußern, um alle in Angst und Schrecken zu versetzen: Haiti – alle wussten, was das bedeutete.«[20] Die haitianische Revolution von 1791 bis 1804, die ebenfalls als Tragödie in die Geschichtsbücher eingegangen ist, weil an ihrem Ende eine neue Despotie stand, war offenbar nicht vergebens. Sie bewies, dass das Sklavendasein nicht gottgegeben war, und diente den Schwarzen in den USA als Versprechen.[21]

Wer von einer besseren Welt oder zumindest einer, in der

---

19 Ebd., S. 239.
20 Ebd., S. 231.
21 Wichtig ist in diesem Zusammenhang auch, der alten ökonomistischen These zu widersprechen, wonach die Sklaverei abgeschafft wurde, weil sie sie wirtschaftlich nicht mehr lukrativ gewesen sei. Wie eng die industrielle Revolution und die Sklavenökonomie in den USA verschränkt waren, hat Sven Beckert in *King Cotton: Eine Globalgeschichte des Kapitalismus* (München: C. H. Beck 2017) sehr überzeugend nachgezeichnet.

nicht alles schlechter wird, träumt, muss sich diesen Zusammenhang vergegenwärtigen: Wäre es ohne schnell wachsende revolutionäre Arbeiterbewegung zu den Bismarck'schen Sozialversicherungen gekommen? Hätten sich liberale Verfassungen durchsetzen können, wenn absolutistische Herrscher nicht zuvor die Erfahrung gemacht hätten, dass nicht nur die Köpfe ihrer Untertanen, sondern auch ihre eigenen rollen können? Hatte die Einführung des Frauenwahlrechts in Großbritannien nicht vor allem mit den Suffragetten zu tun, die 1910 Schaufenster einwarfen und Landsitze anzündeten? Die Geschichte der sozialen Emanzipation mag widersprüchlich, gebrochen und deprimierend sein, aber umsonst war sie nicht. Und sie folgte einer einfachen Regel, die Andreas Novy, Präsident der Internationalen Karl Polanyi Gesellschaft, auf einer Tagung 2018 in den messerscharfen Satz gegossen hat: »Reformen gibt's, wenn die oben Angst haben.«

Wenn es aber nicht die Politik der Mäßigung war, die uns Emanzipation ermöglichte, sondern der Mut zur Befreiung, wie könnte dann eine kluge Strategie hierfür aussehen? Bei einem Vortrag auf dem Weltsozialforum 2010 im brasilianischen Porto Alegre schlug der Theoretiker David Harvey, in Deutschland vor allem wegen seiner stadtgeografischen Bücher bekannt,[22] einen Begriff von Antikapitalismus vor, der quer zu den hergebrachten Debatten über Reform und Revolution lag.[23] Harvey plädierte dafür, sich den postkapitalistischen Übergang ähnlich vorzustellen wie die Transition vom Feudalismus zur bürgerlichen Gesellschaft: Der Kapitalis-

---

22 David Harvey, *Rebellische Städte. Vom Recht auf Stadt zur urbanen Revolution*, Berlin: Suhrkamp 2013.
23 David Harvey, *Den antikapitalistischen Übergang organisieren*, Hamburg: VSA 2010.

mus sei nirgendwo »eingeführt« worden, sondern habe sich durchgesetzt, weil sich verschiedene Entwicklungen überlagerten und gegenseitig verstärkten:

> Gesellschaftsveränderungen entstehen aus der dialektischen Entfaltung der Beziehungen zwischen sieben Momenten, die zum politischen Körper des Kapitalismus als einem Ensemble oder einer Ansammlung von Tätigkeiten und Praktiken gehören: a) technologische und organisatorische Formen der Produktion des Austauschs und der Konsumtion, b) Beziehungen zur Natur, c) gesellschaftliche Beziehungen zwischen den Menschen, d) geistige Vorstellungen von der Welt, einschließlich Kenntnissen und kulturellen oder religiösen Auffassungen, e) Arbeitsprozesse und die Produktion bestimmter Güter, Geografien, Dienstleistungen oder Affekte, f) institutionelle, rechtliche und staatliche Arrangements, g) die alltägliche Lebensführung, auf der die gesellschaftliche Reproduktion beruht.[24]

Die Überwindung des Kapitalismus, so Harvey, müsse analog hierzu gedacht werden: Als eine Verbindung ökonomischer, politischer, sozialer, kultureller und philosophischer Prozesse, die sich gegenseitig verstärken. Harvey setzt dabei nicht auf sozialdemokratische »Evolution«, denn er betont zugleich, dass jede Einzelbewegung, die wir als emanzipatorisch bezeichnen würden – zum Beispiel ein anderes Naturverhältnis, die Ausbreitung der Solidarökonomie, progressive Sozialgesetzgebung –, den Kapitalismus auch einfach erweitern und modernisieren kann. Sein Anliegen besteht in erster Linie darin, dass man sich das Ende des Kapitalismus nicht als Ereignis, sondern als Prozess vorzustellen hat, der der Kommodifizierung des Lebens auf vielen Ebenen gleichzeitig entgegenwirkt und dessen Ausgang offen ist.

Harveys Antikapitalismus unterscheidet sich deutlich von den sozialistischen Strategien des 20. Jahrhunderts. Für ihn ist klar, dass auf ganz unterschiedlichen Ebenen gleichzeitig

---

24 Ebd., S. 13.

Alternativen zum Kapitalismus entwickelt werden müssen, keiner der sieben genannten Momente als zentral gelten kann und diese Veränderungen längst nicht nur von Linken getragen werden. Und doch geht es um eine politische Strategie, denn die auf verschiedenen Feldern stattfindenden emanzipatorischen Prozesse müssen miteinander in Verbindung gesetzt, gegen Angriffe verteidigt und reflektiert werden. Das könnte man als die spezifische Aufgabe linker Politik bezeichnen: Wenn plebejische Solidarität, egalitäre Lebensgemeinschaften und spontane Rebellionen bereits ausreichen würden, um eine freie Welt zu erkämpfen, hätte sich der soziale Fortschritt viel früher seinen Weg gebahnt, denn die Subalternen wehren sich, seit es Unterdrückung gibt – sie verweigern sich, laufen davon, greifen zu den Waffen oder entwickeln eine eigene, widerständige Kultur. Dieses Aufbegehren hatte im Rückblick allerdings immer etwas von einer Pendelbewegung: Auf die Revolten folgten Zugeständnisse, die wieder rückgängig gemacht wurden. Die Rebellion des Spartacus, die millenaristischen Bewegungen des Mittelalters, die Bauernkriege – sie alle hinterließen keine bleibenden Erfolge. Das änderte sich erst, als im 19. Jahrhundert eine politische Bewegung mit einer Strategie, einem politischen Projekt und einer großen Erzählung zur Überwindung der Herrschaftsverhältnisse auf die Bühne trat.

Mit welchen strategischen Mitteln könnte eine solche Bewegung heute agieren? Erik Olin Wright, der 2019 verstorbene, ehemalige Präsident des US-Soziologenverbandes, arbeitete über viele Jahrzehnte am sogenannten Real Utopias Project, mit dem er Transformationswissen zu sammeln und zu systematisieren versuchte. Interessant an Wrights Ansatz ist, dass er die Strategien der vergangenen 150 Jahre noch einmal kritisch resümierte und dabei zwischen drei Linien unterschied: dem »Bruch« (*ruptural transformation*), der »Symbiose« (*symbiotic transformation*) und dem »Freiraum« (*interstitial transformation*).²⁵

Das zentrale Problem der *ruptural transformation* habe darin bestanden, so Wright, dass Brüche tiefe gesellschaftliche Krisen und eine Verschlechterung der materiellen Lage nach sich ziehen, was wiederum die Legitimation des Projekts unterminiert und die Revolutionär*innen dazu zwingt, die Macht autoritär zu verteidigen. Auf diese Weise mündeten die revolutionären Projekte in Diktaturen. Die »symbiotische« Strategie hingegen, die ohne traumatischen Bruch auszukommen versucht und dafür eine Art Koexistenz mit den bestehenden Machtverhältnissen eingeht (Wright zieht den fordistischen Klassenkompromiss als Beispiel heran), habe im 20. Jahrhundert zwar wichtige Verbesserungen ermöglicht, gleichzeitig aber zum Entstehen neuer »robuster Formen von Kapitalismus« beigetragen und damit weiter reichende Veränderungen blockiert. Das lag auch daran, dass die Träger*innen dieser Strategie ihre gesellschaftskritische Haltung nach der Einbindung in die wohlfahrtsstaatlichen Institutionen aufgaben und sich eher mit dem erzielten Kompromiss als mit dem Emanzipationsprojekt zu identifizieren begannen.

Die »Freiraum«-Strategie schließlich, die gewissermaßen auf die Entwicklung von antikapitalistischen Inseln setzte, sei historisch daran gescheitert, dass sie die grundlegenden Zwangsverhältnisse nicht berührte und deshalb entweder marginal blieb oder sich (wie die meisten Genossenschaften) doch wieder an ihre kapitalistische Umgebung anpassen musste. »Freiraumstrategien können erweiterte Räume für nichtkommodifizierte, nichtkapitalistische Wirtschaftsbeziehun-

---

25 Erik Olin Wright, *Reale Utopien. Wege aus dem Kapitalismus*, Berlin: Suhrkamp 2017.

gen schaffen«, schreibt Wright, doch es sei ist nicht zu erkennen, dass sie die Macht des Kapitals weit genug aushöhlen, um die auferlegten Schranken zu überwinden.[26]

Da man sich nun allerdings kaum Alternativen zu diesen drei Ansätzen vorstellen kann, bleibt nur eine Schlussfolgerung: Es kommt darauf an, Freiraum, Symbiose und Bruch neu miteinander zu verschränken. Der Aufbau solidarischer Arbeits- und Lebensprojekte kann dazu beitragen, solidarische und egalitäre Beziehungen vorstellbar zu machen, Reformpolitik in den Institutionen die Voraussetzungen für die Ausbreitung egalitärer Praktiken in der Gesellschaft schaffen, und erst die Perspektive des Bruchs vermittelt einer Politik der konkreten Schritte ihre Bedeutung. (Genossenschaften beispielsweise halten erfahrungsgemäß nur dann an ihren demokratisch-egalitären Prinzipien fest, wenn sie als Bestandteil eines Projekts zur radikalen Veränderung der Gesellschaft begriffen werden.)

Interessant ist auch Wrights Versuch, den Sozialismusbegriff zu entstaatlichen, und zwar mithilfe eines einfachen Modells zur Kategorisierung politischer Systeme. Dafür skizziert Wright ein Dreieck aus Wirtschafts-, Staats- und gesellschaftlicher Macht und fragt, welcher Akteur jeweils ermächtigt wird. Der »etatistische Sozialismus« zeichnet sich in diesem Modell dadurch aus, dass »die Gesellschaft« Macht an den Staat delegiert, die dieser wiederum über »die Wirtschaft« ausübt – während Letztere kaum noch eigenständige Macht entfaltet. Demgegenüber ist im kapitalistischen Etatismus die Zivilgesellschaft weitgehend entmachtet. Staat und »Wirtschaft« üben die Kontrolle über die Ressourcenallokation allein aus. Ein »partizipatorischer Sozialismus« schließlich, wie er Wright vorschwebt, wäre dadurch bestimmt, dass

---

26 Ebd., S. 451.

»die Gesellschaft« direkt (aber auch vermittelt über den von ihr kontrollierten Staat) über die ökonomischen Prozesse entscheidet, »die Wirtschaft« hingegen überhaupt nicht mehr als eigenständiger, von der Gesellschaft getrennter Handlungsakteur auftaucht.[27]

Gegen diesen Ansatz lässt sich vieles einwenden. Auch das Erstarken des Ku-Klux-Klan und evangelikaler Sekten wäre eine Ermächtigung »der Gesellschaft«, und der Begriff der »Wirtschaft« verstellt den Blick darauf, dass es um Eigentumsverhältnisse und kapitalistischen Akkumulationszwang geht. Trotzdem liefert Wrights Argumentation drei wichtige Hinweise: Sie erinnert uns daran, dass sich erstens der Begriff »Sozialismus« nicht von »Staat«, sondern von »Gesellschaft« herleitet und Vergesellschaftung dementsprechend auch nur von dort vorangetrieben werden kann (demokratisch-egalitäre Verhältnisse können nur demokratisch-egalitär geschaffen werden), dass zweitens das Terrain staatlicher Institutionen für jedes transformatorische Projekt trotzdem unverzichtbar ist, weil dort die Rahmenbedingungen des gesellschaftlichen Lebens organisiert werden, und dass sich drittens transformatorische Macht vor allem dann entfaltet, wenn unterschiedliche strategische Ansätze nicht als Gegensätze, sondern als komplementär zueinander verstanden werden.

Sicher – das ist im Prinzip keine neue Erkenntnis. Schon Rosa Luxemburg und der marxistische Teil der Sozialdemokratie des späten 19. Jahrhunderts vertraten die Ansicht, dass der Kampf für konkrete Verbesserungen und eine revolutionäre Gesamtperspektive nicht im Widerspruch zueinander stehen. Luxemburg verwendete den später populär gewordenen Begriff der »revolutionären Realpolitik« zwar nur ein

---

27 Ebd., S. 198-214.

einziges Mal (nämlich in einer 1903 ohne Autorenhinweis veröffentlichten Gedenkschrift für Karl Marx im *Vorwärts*[28]), doch schon ihre wenige Jahre zuvor verfasste Schrift *Sozialreform oder Revolution?* beginnt mit dem Hinweis, dass zwischen Reform und Bruch »ein unzertrennlicher Zusammenhang besteht, indem ihr der Kampf um die Sozialreform das Mittel, die soziale Umwälzung aber der Zweck ist«.[29] Der Unterschied zwischen der Reformpolitik Luxemburgs und dem Reformismus ihres Parteikollegen Eduard Bernstein (der sich 1917 wegen der Haltung zum Krieg von der SPD Friedrich Eberts trennte, zuvor aber die zentralen Argumente für die Versöhnung der Sozialdemokratie mit dem preußischen Obrigkeitsstaat beigesteuert hatte) bestand darin, dass Luxemburg es für ausgeschlossen hielt, den Kapitalismus mit parlamentarischer Politik, der Ausbreitung von Genossenschaften und einer größeren materiellen Teilhabe der Arbeiter*innen evolutionär überwinden zu können, Bernstein hingegen genau das propagierte. Im Umkehrschluss bedeutete dies jedoch nicht, dass Rosa Luxemburg die Beteiligung an Wahlen, gewerkschaftliche Kämpfe oder den Aufbau von Genossenschaften für falsch gehalten hätte. »Grobkörniges Entweder-oder« war der Sozialistin immer zuwider.

Noch sehr viel deutlicher in der Frage, wie eine Durchsetzungsstrategie jenseits des »Entweder-oder« aussehen könnte, sind die Überlegungen, die Antonio Gramsci während seiner Haftzeit im faschistischen Italien 1926 bis 1934 notierte. Vermutlich wird kein anderer politischer Denker heute so intensiv, von links wie von rechts, rezipiert wie Gramsci. Im Zentrum seines politischen Denkens stand das Konzept der

---

28 Rosa Luxemburg, »Karl Marx«, in: dies., *Gesammelte Werke*, Bd. 1/2: *1893 bis 1905*, Berlin 2000, S. 369-377.

29 Rosa Luxemburg, *Sozialreform oder Revolution*, Berlin 1899, online verfügbar unter: {http://www.mlwerke.de/lu/lue.htm}.

»Hegemonie«, also die Fähigkeit zu »intellektueller und moralischer Führung« einer bestimmten Klasse oder Gruppe.[30] Gramsci stellte nicht infrage, dass sich auch bürgerlich-demokratische Gesellschaften auf Zwang, Gewalt und Eigentumsmacht stützen und es in ihnen dementsprechend kein freies, gleichberechtigtes Ringen der Meinungen gibt. Doch stabil werden Herrschaftsverhältnisse seiner Ansicht nach erst dann, wenn eine führende Gruppe die Bevölkerungsmehrheit davon zu überzeugen vermag, dass die Ordnung im allgemeinen Interesse, also auch dem der Subalternen ist. Hergestellt wird diese Hegemonie durch eine Vielzahl von Mechanismen und Apparaten: Schule, Medien und die Kirche gehören für Gramsci hier ebenso dazu wie Literatur oder Musik, die bestimmte Überzeugungen popularisieren, politische Bündnisse, die eine Vormachtstellung markieren, und eine Alltagspraxis, die »moralische« Haltungen sichtbar macht.

Für eine emanzipatorische Strategie bedeutet das im Umkehrschluss, dass diejenigen, die bestehende Machtverhältnisse herausfordern wollen, den herrschenden Konsens aufsprengen, gegenhegemoniale Überzeugungen verbreiten und eine kulturelle und intellektuelle Attraktivität entwickeln müssen. Mit einer auf Parlamente fixierten Politik hat das wenig zu tun, denn wie die Beispiele der (Mitte-)Linksregierungen im vorderen Teil des Buchs gezeigt haben, ist es bestens möglich, an der Regierung zu sein, ohne die Machtverhältnisse und die Hegemonie der Gegenseite anzutasten. Auch

---

30 Antonio Gramsci, *Gefängnishefte*, Bd. 8, Hamburg: Argument Verlag 1991 ff., S. 1947. Der Begriff der »Moral« wird an Nietzsche oder Foucault geschulte Leser*innen vermutlich sofort zum Widerspruch reizen. In den Texten Gramscis oder E. P. Thompsons sind mit Moral jedoch soziale Gerechtigkeitsvorstellungen und nicht das Macht- und Schulddispositiv gemeint.

die Erfolge der extremen Rechten beweisen, wie sehr sich ein gesellschaftlicher Konsens und die Haltung der Staatsapparate »von außen« verändern lassen. Die europäische Rechte baut ihre Positionen im Staat heute vor allem aus der Opposition heraus auf – eine insofern sehr effiziente Strategie, als sie ihre Kräfte nicht bei der alltäglichen Regierungsarbeit vergeudet. Sie markiert die Position des großen Antagonisten und strukturiert damit das Feld der gesellschaftlichen Auseinandersetzung; zudem hat sie gegenüber der Linken den großen Vorteil, dass sie die tiefer liegenden Machtstrukturen (der Eigentumsverhältnisse) nicht antastet und damit geringere strukturelle Widerstände mobilisiert.

Eine Politik der Gegenhegemonie gab es selbstverständlich auch schon vor Gramsci. Wenn E. P. Thompson in seinen berühmt gewordenen Untersuchungen zur plebejischen Kultur und der Frühgeschichte der englischen Arbeiterklasse die Brotrevolten der Armen damit erklärt, dass diese eine eigene, »moralische« Vorstellung von gerechten Preisen geltend machten, dann beschreibt er letztlich nichts anderes als eine Form von Gegenhegemonie.[31] In einem bestimmten sozialen Milieu wurden Gerechtigkeits- und Gleichheitsvorstellungen vertreten, die den Interessen und Ideen der herrschenden Gruppen widersprachen. Diese »moralische Ökonomie« war nicht stark genug, um die Eigentumsfrage zu stellen, aber sie erzwang immerhin Kompromisse – der Brotpreis wurde immer wieder gesenkt oder finanzielle Hilfe ausgezahlt. Auch das Entstehen der Arbeiterklasse führt Thompson auf die Verbreitung gemeinsamer »moralischer« Überzeugungen zurück. Die sozioökonomischen Verhält-

---

31 Edward P. Thompson, *Plebeische Kultur und moralische Ökonomie. Aufsätze zur Sozialgeschichte des 18. und 19. Jahrhunderts*, Frankfurt/Main und Wien: Ullstein 1980, sowie ders., *Die Entstehung der englischen Arbeiterklasse*, Frankfurt/Main: Suhrkamp 1987.

nisse waren für ihn nur der Rahmen der Entwicklung; zur Grundlage des politischen Handelns, aus dem wiederum eine gemeinsame politische Subjektivität entstand, wurde das Gerechtigkeitsempfinden »von unten«. Die Klasse erschuf sich selbst.[32]

Auch über die deutsche Sozialdemokratie des späten 19. Jahrhunderts könnte man Vergleichbares sagen: Bei ihr handelte es sich zu diesem Zeitpunkt noch nicht um eine Parlaments- und Regierungspartei, sondern um eine gewerkschaftlich und in sozialen Milieus organisierte Bewegung. Kultur- und Bildungsvereine, Arbeiterchöre und Konsumgenossenschaften, Sparvereine und ein ganzer Kosmos eigener Zeitungen – darauf gründete die Macht der Sozialdemokratie. Eine zentrale Rolle hierin spielte die »Beziehungsweise« (um einen Begriff der queerfeministischen Theoretikerin Bini Adamczak zu verwenden); in den kulturellen und sozialen Organisationen der Arbeiterbewegung wurden solidarischere und egalitärere Umgangsformen gelebt. Die Bewegung wuchs, solange sie alternative Welterklärungen anbot, mit den Wohnungs- und Konsumgenossenschaften auch ökonomische Lösungen konkreter Probleme organisierte, mit der Volksbühnen-Bewegung und proletarischen Verlagen zur Verbreitung einer gesellschaftskritischen Kultur beitrug und in Verbindung zu den künstlerischen Avantgarden stand, die die bürgerliche Gesellschaft in Lebensführung und Ästhetik herausforderte. Der parlamentarische Aufstieg der SPD war dieser Gegenmacht insofern überhaupt nicht zuträglich, als er dafür sorgte, dass die soziale und kulturelle Alltagspraxis aus dem Blick geriet und den Bedürfnissen der Wahlpartei unterwor-

---

[32] Auf Englisch ist bei Thompson dementsprechend auch nicht von der »Entstehung« der Arbeiterklasse die Rede, sondern von »the making of the working class«.

fen wurde. Der parlamentarische Erfolg des frühen 20. Jahrhunderts unterminierte die Macht der sozialistischen Bewegung – weil die Prioritäten dadurch anders gesetzt wurden. Die Parlamentsarbeit stand nicht im Dienst der gesellschaftlichen Gegenbewegung, sondern die gesellschaftliche Gegenmacht wurde als Sprungbrett verstanden, um Regierungspositionen zu erobern (deren Transformationsmacht sich dann als bescheidener erwies als erhofft).

Aber was meint nun eigentlich »Macht«? Ironischerweise herrscht in den Politikwissenschaften in dieser Frage große Uneindeutigkeit. Für die einen ist Macht eine Form der »Willensdurchsetzung« (Max Weber), für die anderen mit Foucault eine »Vielfältigkeit von Kräfteverhältnissen«. Dritte wiederum beziehen sich auf Hannah Arendt, die Macht erst dort am Werk sieht, wo nicht mit Gewalt geherrscht wird. Weiterhin beschäftigen sich manche Gramscianer*innen so viel mit Hegemonie, dass sie die Bedeutung von Eigentumsverhältnissen und Gewaltapparaten aus dem Blick verlieren, und im politischen Journalismus wird »Macht« als Synonym für Personen verwendet, die häufig im Fernsehen zu sehen sind, in Wirklichkeit aber von Personalentscheidungen abgesehen wenig eigenen »Willen« und emanzipatorische Veränderung durchsetzen können.

Über eine überzeugende Definition des Machtbegriffs lässt sich streiten. Durchaus beantwortbar ist hingegen, wie sich die »Machtfrage« aus der Perspektive einer Bewegung stellt, die die gesellschaftlichen Verhältnisse nicht nur verwalten, sondern emanzipatorisch transformieren will. Unter parteipolitischen Linken wurde in den letzten Jahren vor allem über die Konzepte Linkspopulismus, Klassenpolitik oder Intersektionalität gestritten.[33] Unter Populismus wurde dabei

---

33 Auf sehr abstraktem Niveau geführt wurde sie unter anderem von Ju-

in erster Linie eine Diskursstrategie verstanden, die durch scharfe Abgrenzung vom Gegner und einer gewissen Ambivalenz eigener Positionen ein möglichst breites Bündnis zu schaffen versucht, um dadurch Regierungsmacht zu erobern. Die »klassenpolitische« Position forderte, die sozioökonomische Analyse der Ungleichheit in den Mittelpunkt der Politik zu stellen und statt eines diffusen »Volks« die unteren Klassen zu adressieren. Der Ansatz der Intersektionalität schließlich betonte, dass sich Diskriminierungs- und Unterdrückungsverhältnisse immer kreuzen, überlagern und verstärken (migrantische Arbeiterinnen haben aufgrund rassistischer Mechanismen im Durchschnitt schlechter bezahlte Jobs, werden als Frauen unterdrückt und sind zugleich auch Arbeiter*innen) und es dementsprechend immer darum gehen muss, Bündnisse zu schmieden, in denen die unterschiedlichen Perspektiven gleichberechtigt repräsentiert sind.

Die Debatte ist interessant, beantwortet die Frage nach der transformatorischen Durchsetzungsmacht aber nicht wirklich. Denn unabhängig davon, ob das politische Subjekt nun eine »Volksbewegung« mit starken Führungspersonen, die organisierte »Klasse« oder, wie antirassistische Feminist*innen einfordern, als Solidaritätsbündnis sehr unterschiedlicher Gruppen verstanden wird, stellt sich die Frage, was Emanzipation im Kapitalismus eigentlich erschwert und verhindert. Das ist je nach Art der Unterdrückung, Ausbeutung oder Diskriminierung sehr unterschiedlich, weil sich beispielsweise das Patriarchat anders reproduziert als die Klassenverhältnisse. Aus der Perspektive der politischen Interven-

---

dith Butler/Ernesto Laclau/Slavoj Žižek, *Kontingenz – Hegemonie – Universalität. Aktuelle Dialoge zur Linken*, Wien/Berlin: Turia + Kant 2013 (2000).

tion würde ich allerdings behaupten, dass emanzipatorische Bewegungen vor allem mit fünf Widerständen konfrontiert sind: a) den Eigentumsverhältnissen, b) dem Staat und seinen Zwangsapparaten, c) der »Öffentlichkeit« und kollektiven Überzeugungen, d) dem gelebten Alltagsverhalten und e) Technologien, die Machtverhältnisse verdichten und Pfadabhängigkeiten schaffen. Die fünf Bereiche sind eng miteinander verschränkt: Private Medienkonzerne haben massiven Einfluss auf die öffentliche Meinung, was sich in parlamentarischen Mehrheiten und damit auf längere Sicht auch in der Zusammensetzung der Staatsapparate, also von Justiz und Verwaltung, niederschlägt. Bestimmte Technologien prägen das Alltagsverhalten und begünstigen eine Machtkonzentration, hätten sich aber nicht so entwickelt, wenn Eigentumsverhältnisse demokratischer wären. Das Alltagsverhalten stellt kollektive Überzeugungen her und umgekehrt usw.

Das Problem für emanzipatorische Bewegungen besteht darin, dass sie erst einmal nur über einen einzigen Ansatzpunkt verfügen: die Überzeugungen und Umgangsformen der Menschen. Erst wenn sich sehr viele organisieren und gemeinsam handeln, wirkt sich das auf die öffentliche Meinung, staatliche Strukturen und eine Alltagskultur aus. Genau das erklärt aber auch, warum es für emanzipatorische Politik keine Abkürzungen gibt. Die egalitär-demokratische Macht der vielen entsteht erst dann, wenn viele auf unterschiedlichen gesellschaftlichen Feldern Gegenpositionen etablieren, sich als gemeinsame Bewegung verstehen und einer verbindenden, transformatorischen Erzählung bedienen.

Wenn diese Beobachtung richtig ist, dann stellt sich die Frage, wie die Komplementarität transformatorischer Strategien organisiert werden kann, noch einmal viel konkreter. Alex Demirović hat in seinem nur wenige Seiten umfassenden Aufsatz »Reform, Revolution, Transformation« wichtige Hinweise hierfür geliefert.[34] Ähnlich wie Erik Olin Wright geht er davon aus, dass die beiden großen linken Ansätze des 20. Jahrhunderts – Reform und Revolution – jeweils auf ihre Weise gescheitert sind. Die messianische Vorstellung (wie sie sich etwa bei Walter Benjamin findet), eine Revolution könne das »Kontinuum der Geschichte« aufsprengen und sozusagen neu anfangen, hat sich als falsch erwiesen, weil die Gesellschaft »am Tag danach« die alte ist. Auf der anderen Seite ist aber auch die Perspektive einer gradualistischen Reform naiv, denn warum sollten Mächtige tatenlos zusehen, wie ihre Privilegien in einem lang andauernden Prozess »wegreformiert« werden? Auf der Suche nach Alternativen landet auch Demirović bei postgramscianischen Ansätzen. Zwei hebt er besonders hervor: die Staatstheorie des griechisch-französischen Marxisten Nicos Poulantzas und den »radikalen Reformismus« des Frankfurter Politikwissenschaftlers Joachim Hirsch.

Poulantzas entwickelte in den siebziger Jahren einen Staatsbegriff, der sich von den traditionellen Vorstellungen der Linken deutlich unterschied.[35] Auf der einen Seite widersprach Poulantzas der Idee, dass es sich beim Staat – wie von Liberalen und Sozialdemokrat*innen vertreten – um eine neutrale, normativ organisierte Einrichtung handelt, die von einer Regierung transformatorisch genutzt werden kann. Auf der anderen hielt er aber auch die von Kommunist*innen

---

34 Alex Demirović, »Reform, Revolution, Transformation«, in: Michael Brie/Mario Candeias (Hg.), *Transformation im Kapitalismus und darüber hinaus. Beiträge zur Ersten Transformationskonferenz*, Berlin: Rosa-Luxemburg-Stiftung 2012, S. 33-48.

35 Nicos Poulantzas, *Staatstheorie. Politischer Überbau, Ideologie, Autoritärer Etatismus*, Hamburg: VSA 2002; vgl. auch: Lars Bretthauer et al. (Hg.), *Poulantzas lesen. Zur Aktualität marxistischer Staatstheorie*, Hamburg: VSA 2006.

und Anarchist*innen vertretene Position für falsch, der Staat diene »als Klassenstaat« nur den Vermögenseigentümer*innen. Poulantzas schlug stattdessen vor, den Staat als eine »Verdichtung« von Kräfteverhältnissen zu betrachten, wobei Gesetze, Verwaltungsprozeduren und Gewaltapparate zwar die Funktion haben, die bestehende Eigentums- und Machtordnung zu sichern, Widerstände und Protest aber immer auch eingebunden werden muss, um die Legitimation der Herrschaft zu erweitern. Die Forderungen »von unten« schreiben sich also in den Staat ein – gesetzlicher Arbeitsschutz, demokratische Reformen, die Einbindung von Parteien – und besitzen stets auch eine *materielle* Dimension. Anders ausgedrückt: Der Staat organisiert einen sozialen und ökonomischen Kompromiss, der die ungleichen Macht- und Eigentumsverhältnisse bekräftigt, und ist damit sowohl Akteur als auch Feld der Auseinandersetzung.

Dementsprechend stellt sich die »Machtfrage« im Staat differenziert: Die Bildung einer Linksregierung ist noch keine – wie es im Jargon linker Parteien heute oft heißt – »Machtoption«, da das Ensemble von Gesetzen und bürokratischen Strukturen von ihr erst einmal unberührt bleibt. Gleichzeitig ist Staatlichkeit aber auch nicht festgeschrieben, sondern verändert sich unter dem Druck gesellschaftlicher Kämpfe.

Diese Veränderung darf man sich nicht als Eroberung bürokratischer Positionen vorstellen, bei der sich die Akteure erfahrungsgemäß oft stärker verändern als die Strukturen, sondern als widerständige Praxis, die daran zu messen ist, ob sie Kräfteverhältnisse verschiebt, staatliche Prozeduren demokratisiert und die politische Kultur transformiert.[36] Linke Reformpolitik im Staat müsste sich dementsprechend nicht an Wahlergebnissen und reibungsloser Verwaltung, sondern

---

36 Vgl. Demirović, »Reform, Revolution, Transformation«, S. 44.

daran messen, ob bei der Demokratisierung von Institutionen und dem Ausbau sozialer Rechte konkrete Erfolge erzielt werden.[37]

Der zweite transformatorische Ansatz, auf den sich Demirović positiv bezieht, ist der »radikale Reformismus« Joachim Hirschs, der ausdrücklich außer- und antiinstitutionell argumentiert. Für Hirsch *können* emanzipatorische Veränderungen *nicht* vom Staat ausgehen:

> Es ist unmöglich, mittels eines Herrschaftsapparates die gesellschaftlichen Verhältnisse zu beseitigen, die seine Grundlage darstellen. Der Staat besitzt nicht Macht, sondern ist Ausdruck gesellschaftlicher Machtverhältnisse, und dass es ein Zentrum gäbe, von dem aus die Gesellschaft kontrolliert und gesteuert werden kann, entspricht heute weniger denn je der Realität. Wenn es darum geht, Herrschafts- und Unterdrückungsverhältnisse abzuschaffen, so müssen die gesellschaftlichen Strukturen verändert werden, aus denen sie hervorgehen. Dies gilt für die herrschenden Arbeitsteilungsverhältnisse, die Formen der gesellschaftlichen Produktion, die Familien- und Geschlechterbeziehungen bis hin zu den Bewusstseinsinhalten, Wertvorstellungen und den Konsumstilen. Staatliche Eingriffe und administrative Zwänge können diese modifizieren, aber nicht grundlegend verändern. Die emanzipatorische Umwälzung [...] ist eine Angelegenheit der Menschen, eine Frage konkreter Praxis, die im unmittelbaren Lebenszusammenhang ansetzen muss. Insofern ist das »Private« in der Tat das »Politische«.[38]

Hirsch plädiert also für eine Strategie von unten, die nicht aufgrund ihrer Ziele radikal ist, sondern weil sie sich den bestehenden »sozialen Formen bewusst entgegenstellt und sie

---

37 In diesem Zusammenhang muss man konstatieren, dass es in den vergangenen zwanzig Jahren in Europa bei der Transformation des Staates schwere Niederlagen für die Linke vor allem aufgrund der neoliberalen Ausweitung der Eigentumsmacht, aber auch bemerkenswerte Fortschritte etwa in den Geschlechterbeziehungen gegeben hat.
38 Joachim Hirsch, *Materialistische Staatstheorie. Transformationsprozesse des kapitalistischen Staatensystems*, Hamburg: VSA 2005, S. 229f.

durchbricht«. Der gesellschaftliche Aufbruch von 1968, aber auch die meisten neueren sozialen Bewegungen können als Beispiele für einen solchen »radikalen Reformismus« gelten. Wenn Umweltgruppen Castortransporte blockieren oder Jugendliche Häuser besetzen, stellen sie sehr konkrete Forderungen – sie wollen ein Endlager für Atommüll verhindern oder ein selbstverwaltetes Jugendzentrum in ihrer Stadt durchsetzen. Ihre Radikalität äußert sich darin, dass sie sich den Mechanismen von Repräsentation und Vermittlung verweigern, die darauf angelegt sind, Bewegungen in bürokratische Abläufe zu verwickeln und dadurch zu erschöpfen.

Der große Vorteil eines Reformismus von unten, wie ihn Hirsch vorschlägt, besteht darin, dass die Bewegungen nicht in herrschende Strukturen und Institutionen eingebunden werden. Anders als parteipolitische Akteur*innen, die wiedergewählt werden wollen und dafür ihre Erfolge zu überhöhen suchen, sind sie nicht den erzielten Kompromissen, sondern weiterhin den transformatorischen Zielen verpflichtet.

Meine These wäre nun, dass Transformationsmacht vor allem dann entsteht, wenn sich diese beiden Ansätze – eine Demokratisierung des Staates im Sinne Poulantzas und ein außerinstitutioneller »radikaler« Reformismus aus der Gesellschaft, wie Hirsch ihn propagiert – ergänzen. Bei großen gesellschaftlichen Aufbrüchen geschieht das fast immer auch automatisch: Die Arbeiterbewegung schlug sich in Gesetzen zum Arbeitsschutz nieder, der Feminismus hat Familienmodelle ebenso verändert wie staatliche Regelungen, und die antiautoritäre Bewegung von Achtundsechzig wirkte sich längst nicht nur auf die politische Kultur der Grünen aus. Im Augenblick jedoch fehlt ein gesellschaftlicher Aufbruch von links, und es gilt, die Frage zu beantworten, wie sich mit begrenzten Kräften Erfolge erzielen und unterschiedliche politische Ansätze gezielt verbinden lassen. Reformistische Politik muss darauf abzielen, die Naturzerstörung zu verlangsamen, die sozialen Existenzbedingungen in Anbetracht der heraufziehenden großen Krise zu sichern und Spielräume für egalitäre und solidarische Beziehungen von unten zu erweitern. Im Unterschied zum Reformismus des 20. Jahrhunderts, der überwiegend aus der Perspektive der Avantgarden und Regierungen formuliert wurde, muss sich diese Politik ihrer Widerständigkeit bewusst und dazu bereit sein, Konflikte in den Staat hineinzutragen. Das bedeutet zunächst einmal, der Vorstellung zu widersprechen, der liberaldemokratische Staat sei bereits jene Gemeinwohlinstanz, die im Interesse aller handelt, und linke Regierungen könnten die erhofften Veränderungen einfach einführen. Ein Reformismus im Sinne Poulantzas, dessen Hauptanliegen darin besteht, die Kommodifizierung des gesellschaftlichen Lebens zu stoppen und die Macht der großen Privatvermögen zurückzudrängen, muss heftigen Widerstand provozieren und kann deshalb gar nicht »reibungslos regieren«.

Genau aus diesem Grund aber – weil der Konflikt mit der »Wirtschaft« Steuereinnahmen sinken, Börsenkurse abstürzen und die Zinsen für Staatanleihen (wie in Griechenland) explodieren lässt und die Linksregierungen dadurch destabilisiert – können progressive Reformen nur in Verbindung mit außerinstitutioneller Politik erzwungen werden. Erst der gesellschaftliche »Überschuss« eröffnet Spielräume für ökologische, demokratische und soziale Reformen im Staat. Damit progressive Regierungen Verhandlungsmacht gegenüber den Eigentumsinteressen entwickeln können, muss es gesellschaftlichen Druck geben, der Zugeständnisse aus der Perspektive der Vermögenseliten als kleineres Übel erscheinen lässt.

Diese Verbindung von staatlicher und außerinstitutioneller Politik wird häufig mit den Begriffen »Partei« und »Bewegung« gelabelt, doch das verstellt den Blick darauf, worum es eigentlich geht. Die Kraft einer emanzipatorischen Gegenbewegung beruht nicht darauf, wie oft demonstriert und protestiert wird (was gewöhnlich als sichtbarer Ausdruck von Bewegungen gilt), sondern ist das Ensemble gesellschaftlicher Praktiken und Organisationsformen, die sich der Inwertsetzung (Kommodifizierung) entziehen: soziale und kulturelle Orte, kritische Öffentlichkeiten, solidarisches Alltagsverhalten, kollektive Überzeugungen, Arbeitskämpfe und vieles andere mehr. Parteien, die nicht ausschließlich parlamentarisch arbeiten, sind Bestandteil dieser außerinstitutionellen Macht. Deswegen geht es nicht um »Partei versus Bewegung«, sondern um den Aufbau eines vielfältigen politischen Projekts, das sich den Zielen Solidarität, Gleichheit und Demokratie verschrieben hat und die Forderungen der gesellschaftlichen Bewegung in die Staatsapparate hinein verlängert.

Wie kann so eine Verbindung konkret aussehen? An zwei aktuellen Beispielen lässt sich das zumindest skizzieren. 2018 starteten mietenpolitische Initiativen in Berlin einen Volksentscheid zur Enteignung großer Immobilienfonds, um spekulative Investitionen abzuschrecken und die Mietenexplosion in der Stadt zu stoppen. Diese Kampagne, die sich auf den weitgehend vergessenen Vergesellschaftungsparagrafen im Grundgesetz berief,[39] erhielt nach einigem Zögern die Unterstützung von Teilen der rot-rot-grünen Regierungskoalition (der Linken und einigen Grünen), obwohl die Kampagne

---

39 Nicht ganz unbedeutend ist, dass auch das Grundgesetz als eine Verdichtung von Kräfteverhältnissen, nämlich jenes der späten vierziger Jahre zu betrachten ist. Die Verbreitung kapitalismuskritischer Positionen sorgte dafür, dass die Vergesellschaftung von Eigentum als Möglichkeit in der provisorischen Verfassung von 1949 festgehalten wurde.

sich auch kritisch gegenüber dem Berliner Senat positionierte. Im Windschatten des Volksentscheids wurde der Senatskoalition schließlich von einem kritischen Verwaltungsjuristen eine juristische Strategie zur Einführung eines Mietendeckels vorgeschlagen.[40] Diese Initiative aus der Stadtgesellschaft wurde zunächst nur von einzelnen Abgeordneten und Regierungsmitgliedern aufgegriffen und gegen den Widerstand der Immobilienwirtschaft, teilweise aber auch der eigenen Fraktionen (die ein Auseinanderbrechen der Koalition fürchteten) vorangetrieben. Man könnte also resümieren, dass eine widerständige Forderung aus der Berliner Stadtgesellschaft von Abgeordneten und Regierungsmitgliedern in die Institutionen hinein verlängert wurde. Obwohl keine der beteiligten Seiten eine Führungsrolle innehatte, ergänzten sich die Kräfte außer- und innerhalb der Institutionen.

Als Gegenbeispiel aus dem jüngeren politischen Tagesgeschäft könnte man auf die Haltung der spanischen Linkspartei Podemos nach ihrem Eintritt in die Regierung von Pedro Sánchez verweisen.[41] Podemos war 2014 aus der Indignados-Bewegung heraus gegründet worden, verstand sich anfangs als eine Art Plattform im Dienste gesellschaftlicher Kämpfe und vereinbarte Ende 2019 mit der sozialdemokratischen PSOE die Bildung einer Mitte-links-Koalition. Als es im Januar 2020 zu einem regionalen Generalstreik für eine Rentenerhöhung kam, distanzierte sich die Linkspartei öffent-

---

40 Dabei handelte es sich um den Verwaltungsjuristen Peter Weber, der auf eigene Faust ein Gutachten erstellte und den Regierungsparteien dann zur Verfügung stellte; vgl. Ulrich Paul, »Erfinder des Berliner Mietendeckels spricht über seine weiteren Pläne«, in: *Berliner Zeitung* (9. August 2019).

41 Ausführlich zu den jüngeren Entwicklungen in Spanien vgl. Raul Zelik, *Mit Podemos zur demokratischen Revolution*, Berlin: Bertz & Fischer 2015; sowie aktualisiert und erweitert ders., *Spanien. Eine politische Geschichte der Gegenwart*, Berlin: Bertz & Fischer 2018.

lich von der Arbeitsniederlegung, weil sie fürchtete, die gesellschaftliche Mobilisierung könnte die neue Regierung unter Druck setzen. Hier kam also eher die traditionelle Sichtweise zum Tragen, dass Parteien einen Führungs- und Kontrollanspruch gegenüber gesellschaftlichen Bewegungen formulieren müssen. Eine »komplementäre« Strategie hätte darin bestanden, den Streik trotz der Regierungsbeteiligung zu unterstützen und soziale Forderungen innerhalb der Koalition stark zu machen.

Aber auch wenn man sich darüber verständigen könnte, dass unterschiedliche, auf den ersten Blick sogar widersprüchliche Strategien eine komplementäre Wirkung entfalten können, ist noch nichts darüber gesagt, wie sich eigentlich die transformatorische Macht in der Gesellschaft entfaltet.

In der Debatte außerparlamentarischer Bewegungen wird oft so getan, als entstünden diese aus sich selbst heraus. Das ist nicht komplett falsch, denn tatsächlich gibt es unvorhersehbare Ereignisse – ein aktuelles Beispiel hierfür wäre das Entstehen der französischen Gelbwesten-Bewegung, die sich im November 2018 praktisch über Nacht formierte und aus Bevölkerungsschichten zusammensetzte, denen niemand eine politische Mobilisierung zugetraut hätte (eher vereinzelt lebende Menschen aus der Provinz).[42] Doch mindestens ebenso wichtig sind Organisierungsprojekte, wie sie von Basisgruppen und Gewerkschaften seit einigen Jahren in den USA, aber auch in Deutschland verfolgt werden. Die Bedeutung der mietenpolitischen Initiativen in Berlin beispielsweise ist maßgeblich dem Umstand geschuldet, dass die Bewohner*innen der von Mietsteigerungen betroffenen Wohnblöcke

---

42 Für eine intelligente Einordnung dieser ambivalenten und kontrovers debattierten Bewegung vgl. Guillaume Paoli, *Soziale Gelbsucht*, Berlin: Matthes & Seitz 2019.

von Aktivist*innen gezielt angesprochen und bei der Organisation von Versammlungen unterstützt wurden. Dabei wurden *Organizing*-Konzepte angewandt, die aus den USA stammen, teilweise aber auch von befreiungstheologischen Gruppen in Lateinamerika schon lange praktiziert werden.[43] Die Idee hinter diesem Ansatz ist, Betroffene so anzusprechen, dass sie selbst Verantwortung übernehmen und ihre eigenen Forderungen entwickeln. Von klassischer Agitation unterscheidet sich dies insofern, als Ziele und Strategien nicht von außen herangetragen, sondern Menschen ermutigt werden, gemeinsam mit anderen eigene Positionen zu entwickeln. Der Zweck der Organisierung besteht sozusagen darin, »Untertanen« zu selbstbewussten, kollektiv handelnden Akteur*innen zu machen.

Systematisch kommen *Organizing*-Methoden seit einigen Jahren auch in Arbeitskämpfen zur Anwendung. Geraume Zeit hatten sich Tarifauseinandersetzungen in den meisten Industriestaaten darauf beschränkt, dass hauptamtliche Sekretär*innen Kampfmaßnahmen planten, Beschäftigte zu Arbeitsniederlegungen aufriefen und stellvertretend für sie verhandelten. Der Mitgliederschwund auf Seiten der Gewerkschaften und die Aufkündigung der Sozialpartnerschaft durch das Management vieler Unternehmen hat bei Arbeitnehmer-

---

[43] Zu den Ursprüngen der Gemeinwesenorganisierung in den USA vgl. Saul Alinsky, *Rules for Radicals. A Practical Primer for Realistic Radicals*, New York: Vintage Books 1989. Zur christlich beeinflussten Befreiungspädagogik in Lateinamerika vgl. Paulo Freire, *La educación como práctica de la libertad*, Madrid: Siglo XXI. Für einen Einblick in aktuelle Projekte vgl. Steve Williams, *Organizing Transformation. Best Practices in the Transformative Organizing Model*, New York: Rosa-Luxemburg-Foundation 2015; Peter Bremme et al. (Hg.), *Never Walk Alone*, Hamburg: VSA 2007; Detlef Wetzel (Hg.), *Organizing. Die Veränderung der gewerkschaftlichen Praxis durch das Prinzip Beteiligung*, Hamburg: VSA 2013.

vertretungen das Bewusstsein gestärkt, dass zunächst Handlungsmacht organisiert werden muss. Ein Paradebeispiel in diesem Zusammenhang waren die Erfahrungen am Berliner Charité-Krankenhaus, wo sich die Beschäftigten 2017 nach vielen Jahren der Auseinandersetzung einen besseren Pflegeschlüssel erkämpften und damit den allgemeinen Pflegenotstand bundesweit auf die politische Agenda setzten. Dieser Arbeitskampf verlief deshalb erfolgreich, weil er mindestens in drei Hinsichten *Organizing*-Elemente berücksichtigte: Erstens wurde die Auseinandersetzung langfristig vorbereitet, indem man den zunächst überschaubaren Organisierungsgrad des Pflegepersonals zu heben versuchte, Beschäftigte gezielt ansprach und »politisierte«. Zweitens wurde insofern ein beteiligungsorientierter Ansatz verfolgt, als die Beschäftigten Strategie und Ziele des Arbeitskampfs gemeinsam und schrittweise mit den Gewerkschaftssekretär*innen entwickelten, was die Basis der Auseinandersetzung verbreiterte. Und drittens schließlich organisierte man ein Bündnis gesellschaftlicher Gruppen außerhalb des Krankenhauses, wodurch die nichttarifliche, politische Dimension des Konflikts, nämlich die allgemeine Unterbesetzung der Krankenhausstationen mit Pflegepersonal, sichtbar wurde.

Was sich an diesem Konflikt, der seitdem an vielen deutschen Krankenhäusern nachgeahmt und durch eine Kampagne zur Wiedereingliederung des outgesourcten Personals bei städtischen Unternehmen ergänzt wurde,[44] lernen lässt, ist, dass gerade Basisgruppen und Bewegungen konkrete Ziele formulieren müssen. Die Neuen Sozialen Bewegungen der

---

44 Zum Kampf des outgesourcten Personals um Wiedereingliederung bei den städtischen Arbeitgeber*innen vgl. Jana Seppelt/Reinhold Niemerg, *Aufstand der Töchter. Botanischer Garten Berlin: Gemeinsam staatlich organisierte prekäre Beschäftigung überwinden*, Hamburg: VSA 2018.

siebziger Jahre waren lange davon überzeugt, es sei ihre Aufgabe, größtmögliche symbolische Differenz zu markieren: Sie charakterisierten sich häufig durch eine subkulturelle Abgrenzung von der als normiert empfundenen Mehrheitsgesellschaft. Doch diese »radikale Differenz« hat jede Ausstrahlung verloren. Die Demonstrationen schwarz gekleideter Jugendlicher verlaufen nicht weniger ritualisiert als traditionelle Gewerkschaftsumzüge, Aktivismus ist längst auch eine Form subkultureller Lebensführung. Das entscheidende Kriterium ist deshalb nicht die Radikalität der »Differenz«, sondern die Fähigkeit, Menschen für solidarische Ziele zu mobilisieren, und hier wiederum ist die Erfahrung entscheidend, dass es sich lohnt, etwas zu unternehmen. Nichts ermutigt Menschen nämlich so sehr wie das Beispiel eines erfolgreich ausgetragenen Konflikts. Anders ausgedrückt: Radikalität misst sich nicht an möglichst weitreichenden Forderungen, sondern an den möglichst weitreichenden *Erfolgen*. Das aber bedeutet, dass Kräfte, Mittel und Ziele immer im Zusammenhang diskutiert werden müssen. Protestbewegungen haben sich in den letzten Jahrzehnten oft dadurch ausgezeichnet, dass sie in erster Linie Bilder produzierten und dementsprechend in Innenstädten oder vor symbolisch bedeutsamen Orten aktiv wurden. Wenn jedoch konkrete Ziele erreicht werden sollen, wäre es wahrscheinlich viel interessanter, dort zu agieren, wo finanzielle Kosten erzeugt werden können und sich dementsprechend politischer Druck aufbauen lässt (zum Beispiel an Knotenpunkten von Infrastruktur und Verkehr). In gewerkschaftlichen Kämpfen ist dieser Zusammenhang seit je bekannt – jede*r Gewerkschaftssekretär*in wird darum bemüht sein, einen Arbeitskampf so zu organisieren, dass mit einer möglichst geringen Belastung der Streikkasse maximaler Druck erzeugt werden kann; beispielsweise indem man kleine, aber zentrale Zulieferbetriebe bestreikt. Vergleichbare Überlegungen müssten auch soziale Bewegungen viel häufiger anstellen: Wie kann eine konkrete Forderung lauten? Welche Mittel stehen zur Verfügung? Wie lässt sich der dafür notwendige Druck aufbauen?

In linksgewerkschaftlichen Kreisen in Deutschland wurde zuletzt viel über das Konzept Jane McAleveys gesprochen, die den Ansatz des sogenannten *deep organizing* propagiert.[45] Dabei handelt es sich im Wesentlichen um eine Wiederentdeckung alter US-amerikanischer Gewerkschaftspraktiken, die während der Sozialpartnerschaft der Nachkriegszeit verloren gingen. McAlevey zufolge müssen gewerkschaftliche Kämpfe das Leben außerhalb des Betriebs, also das der Nachbarschaften und der Familien, viel stärker berücksichtigen. Zudem fordert sie eine radikale Demokratisierung der Auseinandersetzungen. Durch die systematische Ansprache der Beschäftigten und ihre Beteiligung an den Entscheidungen sollen sich Arbeitskämpfe in langfristig angelegte Lernprozesse verwandeln. Hier werden also auf verschiedenen Ebenen machtstrategische Fragen formuliert: Wie durchbrechen Subalterne das Gefühl der Ohnmacht? Wie lässt sich der Organisationsgrad erhöhen? Wo und wie kann gesellschaftlicher Druck erzeugt werden, wenn ein Arbeitskampf im Betrieb nicht möglich ist? Wie kann anhand erster kleiner Erfolge ein längerer Prozess eingeleitet werden, der auf andere ausstrahlt? Usw.

---

[45] Jane McAlevey, *Keine halben Sachen. Machtaufbau durch Organizing*, Hamburg: VSA 2019. Für eine Einordnung siehe Christoph Wälz, »Was ist dran an McAlevey? Zur Debatte um ›Deep Organizing‹ in Deutschland«, in: *Luxemburg* 9 (2019); Sabine Herzig et al., »Alles neu macht … das Organizing?«, in: *Die Berliner Bildungszeitschrift – bbz* (2019), online verfügbar unter: {https://www.gew-berlin.de/aktuelles/detailseite/neuigkeiten/alles-neu-macht-das-organizing/}.

Wenn es stimmt, dass die Bedeutung von Regierungsmacht für emanzipatorische Bewegungen insofern überschätzt wird, als diese die tiefer liegenden Machtstrukturen kapitalistischer Gesellschaften nicht berührt und Emanzipationsprojekte auch gar nicht vom Staat aus gelenkt werden können, dann stellen sich die machtstrategischen Fragen gerade im Alltag und an der »Basis«. Soziale Bewegungen und Solidaritätsprojekte brauchen eine Vorstellung davon, was mit welchen Forderungen und Mitteln konkret erreicht werden kann. Die große Herausforderung besteht dabei darin, Ziele zu formulieren, die groß genug sind, um zum Mitmachen zu motivieren, aber nicht so überdimensioniert, dass die Hoffnungen nur enttäuscht werden können, und gleichzeitig Ergebnisse so auszuwerten, dass man Erfolge erkennt, ohne sie sich schönzureden. Auch hier ist Gramsci übrigens ein guter Ratgeber: »Pessimismus des Verstands, Optimismus des Willens«.

Zur Debatte um Durchsetzungsmacht gehört aber noch ein letzter Aspekt: Die Kraft von Emanzipationsbewegungen beruht maßgeblich auf ihrer Fähigkeit, die transformatorischen Ziele vorwegzunehmen, als »konkrete Utopie«, wie es bei Ernst Bloch heißt, zu antizipieren.[46] Dass die Befreiungsbewegungen des Südens, der in den sechziger Jahren in Anlehnung an den *tiers état* der Französischen Revolution »Dritte Welt« getauft wurde, so große Ausstrahlung besaßen, lag nicht zuletzt daran, dass sie revolutionäre Veränderungen in ihren eigenen Reihen praktizierten. Sie setzten in ihren Gebieten Landreformen durch, veränderten Geschlechterbeziehungen und kämpften ohne militärische Rangabzeichen. Das ist die Grundlage des »Mythos Che Guevara«, und um-

---

46 Vgl. Ernst Bloch, *Das Prinzip Hoffnung*, Frankfurt/Main: Suhrkamp 1985.

gekehrt begann der Abstieg linker Organisationen fast immer dann, als solche radikal-egalitären Praktiken aufgegeben wurden. Bini Adamczak hat geschrieben, es gelte, »die emanzipatorische Revolution nicht als Machterringung, sondern als Transformationsprozess zu konzipieren, in dessen Zentrum nicht die Destruktion der herrschenden Gesellschaft steht, sondern die Konstruktion einer herrschaftsfreien«.[47] In diesem Sinne vergleicht Adamczak in ihrem Buch die Ereignisse von 1917 und 1968 anhand der Geschlechterkonzepte und -beziehungen: Während 1917 von einer »universellen Maskulinisierung« bestimmt und »hegemonial gleichheitsorientiert« gewesen sei, habe sich 1968 durch eine »differentielle Feminisierung« und Freiheitsorientierung ausgezeichnet. In einem emanzipatorischen Projekt der Zukunft müsse es, so Adamczak, nun vor allem darum gehen, die »Beziehungsweise« in den Blick zu nehmen, also das Versprechen einer schrankenlosen Solidarität. »Stärker als Gleichheit und Freiheit, die sich eher an einem äußerlichen Maßstab manifestieren – Verteilung von Gütern, Abwesenheit von direkten Zwängen –, erfordert das Verständnis der Solidarität ein Denken jenes *zwischen*, das den eigentlichen Lebensraum der Beziehungsweise bildet.«[48]

Emanzipatorische Gegenmacht entsteht nur dort, wo egalitär-solidarische Ziele auch »nach innen« umgesetzt werden. Das war im Prinzip immer schon so: Eine Partei, Bewegung oder Gewerkschaft, die eine freie Zukunft propagiert, aber autoritär von einem Zentralkomitee (oder, wie neuerdings üblich, einer Abteilung von Spindoktors und Medienexpert*innen) geführt wird, kann vorübergehende Erfolge erzielen,

---

47 Bini Adamczak, *Beziehungsweise Revolution: 1917, 1968 und kommende*, Berlin: Suhrkamp 2017, S. 225.
48 Ebd., S. 227.

verliert aber schnell an Glaubwürdigkeit. Dauerhaft gibt es Gegenmacht nur dort, wo sich Solidarität, Gleichheit und Freiheit auch in Umgangsformen, Milieus und Organisationskulturen niederschlagen. Bergarbeiterstädte waren Orte proletarischer Gegenmacht, weil der Geist der Solidarität durch ihre Straßen wehte, und weniges verkörpert den Bankrott der DDR so sehr wie die Siedlung Wandlitz, in der sich die SED-Kader von ihrer Bevölkerung absonderten. Skandalös daran war weniger das Ausmaß der materiellen Privilegien, die über den Konsumstandard westdeutscher Mittelschichten nicht hinausgingen, sondern die neofeudale Geste. Andererseits muss eine Bewegung aber auch immer erkennen, dass es »kein richtiges Leben im Falschen« geben kann und Ansprüche deshalb schnell in ihr Gegenteil umschlagen können, nämlich in einen Moralismus, bei dem es um Verbote, die Einhaltung von Regeln und die Sanktionierung von Verstößen geht. Wenn Gleichheits- und Gerechtigkeitsnormen zum Mittelpunkt des politischen Umgangs werden, wie es in den Neuen Sozialen Bewegungen seit den siebziger Jahren immer wieder passiert ist, erschöpft sich emanzipatorische Politik selbst. Auch hier braucht es ein Mindestmaß dialektischer Intelligenz. Niemand muss ein »neuer Mensch« werden, und doch ist es wichtig, jene Beziehungsweisen zu pflegen, die als Kern des linken Projekts gelten können, nämlich die Solidarität und die Sorge umeinander. Dieses Bemühen ist das eigentliche Kraftzentrum emanzipatorischer Macht.

Epilog

1989

1989, als die Mauer fiel, änderte sich auch für mich persönlich alles – allerdings hatte das mit Deutschland und dem Fall der Mauer gar nichts zu tun. Ich war nach der Schule für ein Jahr nach Lateinamerika gegangen und in einer tropisch-heißen Stadt gelandet, die sich von dem Münchener Vorort, in dem ich aufgewachsen war, radikal unterschied.

Barrancabermeja, an Kolumbiens größtem Strom – dem Magdalena – gelegen, ist eine unscheinbare Stadt: einstöckige Häuser, zersiedelte Wohnviertel, unbefestigte Straßen, ein sehr kleines Geschäftszentrum. Umso beeindruckender war der Monsun, der die Stadt zweimal im Jahr fest im Griff hatte. Über Stunden lag die Hitze wie eine Bleiplatte über den Eternitdächern, bis es plötzlich den Himmel zerriss und prasselnder Regen die Straßen überflutete.

Die Stadt besaß nur aus einem einzigen Grund größere Bedeutung: In ihr befand sich die wichtigste Erdölraffinerie Kolumbiens. Da von den Führungskräften des Ölkonzerns so gut wie niemand in der Stadt wohnte, gab es keine Reichenviertel. Alle im Ort schienen einfache Arbeiter*innen zu sein, und so galt Barrancabermeja als Gewerkschaftsbastion, als »rote« Insel, die von einem großen Militärstützpunkt in Schach gehalten wurde.

Ich arbeitete in einem Flüchtlingslager – wobei das Wort »arbeiten« vermutlich die falschen Assoziationen weckt. Eine Kleinbauernorganisation hatte ein Gebäude gemietet, um Vertriebene aufzunehmen, und wir teilten den Alltag mit etwa siebzig Bäuer*innen, die meisten von ihnen Frauen und Kinder, die in einem kleinen Gebäudetrakt mit Innenhof darauf warteten, in ihre Dörfer zurückzukehren. Mitte der achtziger Jahre war der kolumbianische Bürgerkrieg eskaliert, in vielen Dörfern kontrollierten linke Guerillas den Alltag, und die Armee vertrieb bei der Rebellenbekämpfung schon auch mal die gesamte Zivilbevölkerung eines Dorfes. Das Leben in unserem Camp hatte etwas von einer Bauernkommune, denn alles wurde gemeinsam organisiert: Kochen, Bildungsabende, Einkauf, Putzen. Nachts mussten wir mit Machete oder Schrotflinte Wache schieben, denn es gab Morddrohungen gegen das Projekt.

Die Zeit, die ich in Barrancabermeja verbrachte, war – von den ersten Lebensmonaten meiner Kinder einmal abgesehen – die intensivste meines Lebens. Bevor wir aus den Büros der Erdölarbeitergewerkschaft auf die Straße traten, überprüften wir durchs Fenster zunächst die Gefahrenlage, und auf Seminaren wurde über *poder popular*, »Volksmacht«, diskutiert, was so etwas wie eine lateinamerikanische Adaption der Hegemonietheorie war. »Macht wird nicht erobert, sondern aufgebaut«, hieß es in einer Broschüre, die wir lasen, und dass es darum gehe, räteähnliche Versammlungen in Dörfern und Stadtteilen zu gründen. Das klang erfreulich anarchistisch, obwohl vieles auch immer noch sehr stalinistisch war: Die – allerdings kaum gelesenen – Handbücher der Politischen Ökonomie stammten aus der Sowjetunion, in den Gewerkschaftsbüros hingen Lenin-Porträts, und in einer besonders skurrilen Wochengazette wurden die Vorzüge des albanischen Sozialismus gefeiert. Kolumbiens Linke war ein Kuriositätenzoo.

Wirklich in Erinnerung geblieben ist mir allerdings etwas anderes: die menschlichen Begegnungen. Im Flüchtlingslager hatten Frauen das Sagen, eine Gruppe Studierende kam regelmäßig aus der nächstgelegenen Universitätsstadt, um bei lauter Salsamusik Straßenwände zu bemalen, und bei den Bäuer*innen erlebte ich, der ich im Geist des kleinkleinbürgerlichen deutschen Kosten-Nutzen-Prinzips aufgewachsen war, wie alles miteinander geteilt wurde. Natürlich wurde im Camp auch veruntreut und gestohlen – wie sollte es unter Menschen, von denen viele die Medikamente ihrer Kinder nicht bezahlen konnten, anders sein? Aber meistens versuchten alle sich daran zu halten: Alles für alle, keine*r bleibt allein zurück.

Und dann war da noch die Familie Chacón: Eine damals etwa dreißigjährige Frau, die mit drei kleinen Kindern ein paar Straßen entfernt von uns wohnte. Ihr Mann, Manuel Gustavo, war einige Monate zuvor erschossen worden. Ein bärtiger, auf Fotos fast immer lachender Gewerkschafter, von dem die Leute erzählten, er habe auf Kundgebungen Flöte gespielt und sei überall mit den Menschen ins Gespräch gekommen. Weil nach seinem Tod seine Witwe bedroht wurde, verbrachten wir die Abende und Nächte oft bei den Chacóns im Haus. Damit sie nicht allein waren. In Barrancabermeja habe ich erlebt, dass eine neue Gesellschaft auf der Sorge umeinander beruhen und dass man das, was in der Zukunft kommen soll, im Heute vorwegnehmen muss. Unter Bäuer*innen und Gewerkschafter*innen, die gewiss keine »neuen Menschen« waren, aber sich doch darum bemühten, die »Beziehungsweise« zu verändern.

Wenn ich mich an diese Zeit erinnere, muss ich auch an »das Untote« denken, denn in Barrancabermeja befand man sich damals immer im Limbus, auf der Schwelle zwischen Leben und Tod. In der Region um Barrancabermeja hatte es im Jahr zuvor große Bauernproteste gegeben, und die Armee unternahm alles, um zu verhindern, dass der Funke auf die Städte übersprang. Deshalb wurden Gewerkschafter*innen wie Gustavo Manuel Chacón, geflohene Bäuer*innen und linke Bürgermeister*innen immer wieder von Auftragsmördern erschossen. In manchen Ortschaften verabschiedete man sich von denjenigen, die als Linke bei einer Wahl kandidierten, weil sie von nun an das Leben von Untoten führten: noch nicht ermordet, aber mit einem Fuß schon auf der anderen Seite. Seltsamerweise teilten die Opfer dies mit den Tätern, denn die Auftragsmörder*innen waren jung, oft nicht einmal zwanzig Jahre alt, stammten aus dem Umfeld des Medellíner Drogenkartells und wurden nach vollbrachter Tat nicht selten von ihren Auftraggeber*innen aus dem Weg geräumt. Kolumbien war formal nach wie vor ein Rechtsstaat, und die Hintermänner der Gewalt versuchten, die Spuren zu verwischen. Viele der jugendlichen Täter*innen waren nicht mehr als ein Werkzeug, das nach seiner Verwendung entsorgt wurde.

Je mehr sich der soziale Konflikt in Kolumbien in einen Krieg verwandelte, desto dominierender wurde das »Untote«. Die Kalküle militärischer Gewalt überlagerten alles: Die Linke mordete, um das Morden zu beenden, der Staat säte Chaos, um für Ordnung zu sorgen. Und dazwischen der Drogenhandel. Vor allem in Medellín florierte im Umfeld des Kartells eine grauenhafte Mystifizierung des Todes. Die Jugendlichen, die damit rechneten, schon bald erschossen zu werden, suchten das schnelle Geld und den schnellen Kick. In der Folge zerfiel jener Zusammenhalt, der die kolumbianischen Städte überhaupt erst ermöglicht hatte, denn die meisten Armenviertel waren von ihren Bewohner*innen in Nachbarschaftsarbeit errichtet worden. Man hatte Straßen gebaut und gemeinsam Wasserleitungen verlegt. Der Drogenhandel, der übrigens viel von einem »freien Markt« hat, einem Markt ohne staatliche Regulierung, zerstörte jede Erinnerung an diese Solidarität.

Vor einigen Jahren erzählte die Fernsehserie *Narcos* die Geschichte jener Jahre für ein internationales Publikum neu. Sie schildert die Jagd der beiden US-Agenten Javier Peña und Steve Murphy auf den Capo des Medellín-Kartells Pablo Escobar. In mehreren Hinsichten handelte es sich um eine erstaunliche Serie: Obwohl *Narcos* kaum mit kolumbianischen Schauspieler*innen besetzt war, wurde das südamerikanische Land auf dem Bildschirm wirklich lebendig. Pablo Escobar, der seinen Aufstieg als Kleinkrimineller in der Stadt Envigado begonnen hatte und noch viele Jahre nach seinem Tod 1993 als Legende durch Medellín geisterte, wurde in der Serie von dem brasilianischen Schauspieler Wagner Moura gespielt, der den Akzent der *paisas*, wie die Bevölkerung des Departements Antioquia in Kolumbien genannt wird, zwar nicht perfekt, aber immerhin so gut imitierte, dass ich, der einige Jahre in der Stadt gelebt hatte, den Unterschied nicht bemerkte. Auch der Titelsong »Tuyo«, mit dem jede der mittlerweile sechzig Folgen der Serie beginnt, stammt zwar von einem Brasilianer, nämlich dem Songwriter Rodrigo Amarante, aber transportiert erstaunlich viel von der lichten Melancholie Medellíns. Denn seltsamerweise spielt Schwermut in der Lokalkultur der Stadt, in der ein sprichwörtlicher »ewiger Frühling« herrscht und der Blick morgens aus dem Fenster auf Kolibris und Paradiesvogelblumen fällt, eine bedeutende Rolle. Seitdem der argentinische Tangosänger Carlos Gardel 1935 bei einem Flugzeugabsturz in Medellín tödlich verunglückte, fühlen sich die *paisas* der Traurigkeit des südamerikanischen Südens verpflichtet. Der Vorspann von *Narcos* findet einen ganz eigenen Ausdruck dafür. Zu farbgefilterten Luftaufnahmen, die mich jedes Mal zu Tränen rühren, weil sie mich an die Stadt und die mit meinen Kindern dort verbrachte Zeit erinnern, ertönt der Bolero-Text: »Soy el fuego que arde tu piel / Soy el agua que mata tu sed / El castillo, la torre soy yo« (»Ich bin das brennende Feuer auf deiner Haut / Das

Wasser, das deinen Durst löscht / Das Schloss, der Turm bin ich«).

Obwohl *Narcos* eine ästhetisierte, massenkompatible Hochglanzproduktion ist, erkennt man in den Bildern doch immer auch das real existierende Kolumbien. Die Szenen auf Märkten, in Armenvierteln oder Spelunken sind wirklich auf Märkten, in Armenvierteln und Spelunken gedreht, der Prunk in den Villen der Neureichen ist geschmacklich genauso eklektizistisch verwirrt wie im echten Leben, und die Schauspieler*innen erinnern in Körpersprache und Aussehen so stark an ihre Vorbilder, dass man im Nachhinein die Figuren für die realen Personen zu halten beginnt. Zudem berauscht sich die Serie immer wieder an überbordenden Bildern tropischer Natur.

In ihrer Erzählhaltung ist *Narcos* sehr darum bemüht, ihre Hauptperson den Dämonisierungs- und Heroisierungsnarrativen zu entreißen. Der grausame Pablo Escobar als tapsiger, sorgender Familienvater, der am Ende allein stirbt wie ein verlassenes Kind. Interessant ist die Serie aber vor allem deshalb, weil die zentralen Ereignisse der jüngeren kolumbianischen Geschichte verhandelt werden. Vieles ist erstaunlich wahrheitsgetreu und präzise geschildert: Man versteht, mit welch unterschiedlichen Strategien die Kartelle ihre Interessen geltend zu machen versuchten. Während Pablo Escobar brachial die Machtfrage stellte und selbst in die politischen Eliten aufzusteigen versuchte, verfolgte das Cali-Kartell eine subtilere Strategie: Es verzichtete auf direkte Teilhabe und ordnete sich den traditionellen Eliten unter, um sich ganz auf das eigene Geschäft zu konzentrieren und dadurch Macht zu entfalten. Genauso realistisch beschreibt *Narcos*, wie uneinheitlich die Regierenden darauf reagierten. Während die einen sich dauerhaft mit der aufstrebenden Macht der Drogenökonomie verbündeten oder von Fall zu Fall kooperierten, begriffen andere den Aufstieg des Medellín-Kartells als einen Angriff auf die Staatlichkeit und widersetzten sich ihm mit allen verfügbaren Mitteln.

In einer Hinsicht jedoch betreibt die Serie Geschichtsklitterung: Die Darstellung beruht auf der Version der beiden Agenten Javier Peña und Stephen Murphy (gespielt von Pedro Pascal und Boyd Holbrook) von der US-amerikanischen Drug Enforcement Administration (DEA). *Narcos* verschweigt nicht, dass sich die DEA mit Abtrünnigen des Medellín-Kartells verbündete, um Pablo Escobar zu Fall zu bringen. Man sieht sogar, wie einer der Agenten sich regelmäßig mit einem Drogenbaron in der Kneipe trifft, um ihm Informationen der Nachrichtendienste zukommen zu lassen – tatsächlich wurde Pablo Escobar von einer skurrilen Allianz aus US-Behörden, der kolumbianischen Polizei, dem Cali-Kartell und einer Todesschwadron namens Los Pepes[1] besiegt, die sich aus ehemaligen Verbündeten Pablo Escobars zusammensetzte. Was die Serie hingegen nicht erzählt, ist die Tatsache, was das alles für die Menschen bedeutete, mit denen ich Ende der achtziger Jahre lebte.

Die ersten Todesschwadronen, die Jagd auf Gewerkschafter*innen und linke Gemeinderäte machten, waren auf Fincas des Medellín-Kartells ausgebildet worden – von westlichen Geheimdiensten und nur wenige Kilometer südlich der Erdölstadt Barrancabermeja. Dahinter steckte ein eigenartiger Deal zwischen Armee und Organisierter Kriminalität: Ihr räumt unsere politischen Gegner*innen aus dem Weg, wir lassen euch bei euren Geschäften freie Hand.

Pablo Escobar starb, weil er mit seinen Ansprüchen zu weit gegangen war, doch nach seinem Tod wurde alles nur noch

---

[1] Kurz für *Perseguidos por Pablo Escobar*: »verfolgt von Pablo Escobar«.

systematischer. Der Drogenbaron Don Berna, der in *Narcos* zu sehen ist, wie er Informationen der US-Geheimdienste entgegennimmt, nach der zweiten Staffel aber plötzlich nicht mehr auftaucht, wurde zum faktischen Nachfolger Pablo Escobars, herrschte bis Mitte der 2000er Jahre in Medellín und verwandelte sich in den Albtraum meiner kolumbianischer Freund*innen. Seine Organisation, die paramilitärischen »Selbstverteidigungsgruppen Kolumbiens«,[2] war für siebzig Prozent der politischen Morde im Land verantwortlich.

Eine der großen politischen Erzählungen der Gegenwart lautet, die Ausbreitung der Organisierten Kriminalität bedrohe die staatliche und gesellschaftliche Ordnung. Das stimmt – und ist doch falsch. Denn wenn man genauer hinblickt, stellt man oft sehr erstaunt fest, wie reibungslos Ordnung und Terror, Rechtsstaat und Anomie koexistieren können. In Kolumbien genau wie in vielen anderen Ländern des globalen Südens wird das immer deutlicher. Gerade die ganz normale Erschließung für den Weltmarkt geht mit unglaublichen Gewaltexzessen einher. Vor allem an seinen Rändern ist der freie Weltmarkt wie eine Fräse, die sich immer tiefer in die Erde gräbt – ein Snowpiercer, aus dem niemand aussteigen kann. Das Gewaltunternehmertum der Organisierten Kriminalität, das in den Fernsehserien heute so gern porträtiert und stilisiert wird, steht emblematisch für diesen Endzeitkapitalismus: »the pursuit of economic happiness« – mit allen verfügbaren Mitteln.

Auf den Beerdigungen in Kolumbien wurde in den späten achtziger Jahren eine Parole skandiert, deren Bedeutung sich mir erst später richtig erschloss: »Por la muerte jamás daremos nada – por la vida siempre daremos todo« (»Für den Tod werden wir nie etwas geben – für das Leben werden wir

---

2 Auf Spanisch: *Autodefensas Unidas de Colombia.*

immer alles geben«). Vielleicht ist das die wichtigste Trennlinie zwischen den politischen Projekten: zwischen Leben und Tod, zwischen einer Vielfalt, die nicht unendlich wachsen kann und doch wuchert, und der Herrschaft des Wertes, der alle Grenzen niederreißt und dabei so vieles unwiederbringlich zerstört.

In Kolumbien entstand damals der Brauch, sich bei politischen Aktionen Pflanzensamen zu schenken. Handgemachte, oft mit Stempeln bedruckte Papiertüten, in denen die großen, häufig farbigen Pflanzensamen tropischer Bäume steckten. Von Chile und Argentinien aus breitete sich auf dem Kontinent eine Bewegung aus, die sich das Motiv zum Motto gemacht hatte. Die »Kinder der Verschwundenen«, bei denen sich die Hinterbliebenen der während der Militärdiktaturen ermordeten Oppositionellen organisierten, sprachen von sich selbst als einer »Saat«, die aufgegangen war: »Somos semilla, somos memoria« (»Wir sind die Saat, wir sind Erinnerung«).

Vielleicht ist das das passende Ausgangsbild für ein ökosozialistisches Projekt. Es trägt das Erbe der alten Linken in sich; mit all ihren Tragödien und Niederlagen. Es steht für eine wiederkehrende Zukunft und das Leben, das vor der Verwandlung in eine Ware geschützt werden muss. Vor allem aber beginnt es mit einer Geste gegenseitiger Freundschaft: einem Geschenk. Mit nichts kann der Kapitalismus weniger anfangen als mit ein paar Pflanzensamen, die nichts kosten, die man sich ohne Hintergedanken überreicht und die einen noch Jahre später daran erinnern, dass Kämpfe niemals umsonst sind.

Von allen politischen Gesten hat mich diese am tiefsten berührt.

Danksagung

Bei der Arbeit an diesem Buch habe ich auf unzählige Diskussionen zurückgegriffen, die ich im politischen oder wissenschaftlichen Kontext geführt habe. Ich habe mir Texte wieder angeschaut, die ich in den frühen neunziger Jahren als Student gelesen habe, und mich an politische Debatten an ganz unterschiedlichen Orten der Welt erinnert – in lateinamerikanischen Bauernorganisationen, gewerkschaftlichen Bildungseinrichtungen in Europa und sozialen Netzwerken, an der Universität in Kolumbien und Deutschland, in politischen Gruppen. All den Menschen, mit denen ich diskutiert habe und weiterhin diskutiere, bin ich zu Dank verpflichtet.

Besonders erwähnen möchte ich meine Kolleg*innen der Schweizer *Wochenzeitung*, bei denen ich manches Motiv dieses Essays schon einmal in der Zeitung darlegen durfte, das Jenaer Forschungskolleg »Postwachstumsgesellschaften«, das mir mit einem Stipendium ermöglichte, die Struktur dieses Essays zu entwickeln, und im Besonderen Christine Schickert sowie Klaus Dörre, der mich in den vergangenen Jahren immer wieder ermutigt hat, über alte und neue Sozialismuskonzepte nachzudenken. Dankbar bin ich auch dem manchmal unfreundlichen, manchmal zu strengen, aber oft auch intelligenten »Schwarm« in den sozialen Netzwerken, der mir geholfen hat, meine Ideen über eine feministische bzw. internationalistische Transformationsagenda zu sortieren. Wichtig waren außerdem der – leider viel zu – sporadische Austausch mit Alex Demirović, Klaus Meschkat und César Rendueles sowie die sehr kritischen und klugen Anmerkungen von Birgit Mahnkopf, die mich gedrängt hat, in der Klimafrage die Zeichen der Zeit zu erkennen. Erwähnen möchte ich auch den 2018 verstorbenen Elmar Altvater, der über viele Jahrzehnte forderte, Gesellschafts- und Naturverhältnisse im Zusammenhang zu betrachten, und als Pionier eines globalen ökosozialistischen Denkens gelten kann. Besonderer Dank gilt schließlich auch meinen Lektoren bei Suhrkamp Christian Heilbronn und Heinrich Geiselberger sowie Jana Pareigis, die mich mit kritischem Blick, aber immer ermutigend und in bedingungsloser Freundschaft auf Widersprüche und Schwächen meiner Argumentation hingewiesen hat. Ohne Dich, Jana, hätte ich es nicht geschafft.

edition suhrkamp
Eine Auswahl

Bini Adamczak. Beziehungsweise Revolution. 1917, 1968 und kommende. es 2721. 313 Seiten

Giorgio Agamben et al. Demokratie? Eine Debatte. es 2611. 137 Seiten

Bruno Amable / Stefano Palombarini. Von Mitterrand zu Macron. Über den Kollaps des französischen Parteiensystems. es 2727. 255 Seiten

Perry Anderson. Hegemonie. Konjunkturen eines Begriffs. es 2724. 249 Seiten

Scott Anderson. Zerbrochene Länder. Wie die arabische Welt aus den Fugen geriet. es-Sonderdruck. 263 Seiten

Wolfgang Bauer
- Bruchzone. Krisenreportagen. es-Sonderdruck. 349 Seiten
- Über das Meer. Mit Syrern auf der Flucht nach Europa. es-Sonderdruck. 133 Seiten

Zygmunt Bauman
- Die Angst vor den anderen. Ein Essay über Migration und Panikmache. es-Sonderdruck. 124 Seiten
- Retrotopia. es-Sonderdruck. 220 Seiten

Michael Butter. »Nichts ist, wie es scheint«. Über Verschwörungstheorien. es-Sonderdruck. 270 Seiten

Colin Crouch
- Gig Economy. Prekäre Arbeit im Zeitalter von Uber, Minijobs & Co. es 2742. 135 Seiten
- Postdemokratie. es 2540. 159 Seiten

Didier Eribon
- Gesellschaft als Urteil. Klassen, Identitäten, Wege. es-Sonderdruck. 264 Seiten
- Rückkehr nach Reims. es-Sonderdruck. 237 Seiten

Heiner Flassbeck / Paul Steinhardt. Gescheiterte Globalisierung. Ungleichheit, Geld und die Renaissance des Staates. es 2722. 410 Seiten

Heinrich Geiselberger (Hg.). Die große Regression. Eine internationale Debatte über die geistige Situation der Zeit. es-Sonderdruck. 318 Seiten

Kristen R. Ghodsee. Warum Frauen im Sozialismus besseren Sex haben. Und andere Argumente für ökonomische Unabhängigkeit. es-Sonderdruck. 275 Seiten

Mark Greif. Bluescreen. Essays. es 2629. 231 Seiten

Jürgen Habermas. Im Sog der Technokratie. Kleine politische Schriften XII. es 2671. 193 Seiten

Lea Haller. Transithandel. Geld- und Warenströme im globalen Kapitalismus. es 2731. 512 Seiten

David Harvey. Rebellische Städte. es 2657. 283 Seiten

Wilhelm Heitmeyer. Autoritäre Versuchungen. Signaturen der Bedrohung 1. es 2717. 394 Seiten

Axel Honneth. Vivisektionen eines Zeitalters. Porträts zur Ideengeschichte des 20. Jahrhunderts. es 2678. 307 Seiten

Eva Illouz. Israel. Soziologische Essays. es 2683. 228 Seiten

Dirk Jörke. Die Größe der Demokratie. Über die räumliche Dimension von Herrschaft und Partizipation. es 2739. 280 Seiten

François Jullien. Es gibt keine kulturelle Identität. es 2718. 95 Seiten

Ivan Krastev. Europadämmerung. Ein Essay. es 2712. 143 Seiten

Benjamin Kunkel. Utopie oder Untergang. Ein Wegweiser für die gegenwärtige Krise. es 2687. 245 Seiten

Bruno Latour. Das terrestrische Manifest. es-Sonderdruck. 136 Seiten

Philipp Lepenies. Die Macht der einen Zahl. Eine politische Geschichte des Bruttoinlandsprodukts. es 2673. 186 Seiten

Enis Maci. Eiscafé Europa. Essays. es 2726. 240 Seiten

Philip Manow
- Im Schatten des Königs. Die politische Anatomie demokratischer Repräsentation. es 2524. 171 Seiten
- Die Politische Ökonomie des Populismus. es 2728. 160 Seiten

Lorenzo Marsili/Niccolò Milanese. Wir heimatlosen Weltbürger. es 2736. 280 Seiten

Steffen Mau. Das metrische Wir. Über die Quantifizierung des Sozialen. es-Sonderdruck. 307 Seiten

Franco Moretti. Kurven, Karten, Stammbäume. Abstrakte Modelle für die Literaturgeschichte. es 2564. 138 Seiten

Chantal Mouffe. Für einen linken Populismus. es 2729. 111 Seiten

Jan-Werner Müller
- Furcht und Freiheit. Für einen anderen Liberalismus. es-Sonderdruck. 170 Seiten
- Was ist Populismus? Ein Essay. es-Sonderdruck. 159 Seiten

Oliver Nachtwey. Die Abstiegsgesellschaft. Über das Aufbegehren in der regressiven Moderne. es 2682. 263 Seiten

Miltiadis Oulios. Blackbox Abschiebung. Geschichte, Theorie und Praxis der deutschen Migrationspolitik. es-Sonderdruck. 483 Seiten

Volker Perthes. Das Ende des Nahen Ostens, wie wir ihn kennen. es-Sonderdruck. 143 Seiten

Heribert Prantl. Trotz alledem! Europa muss man einfach lieben. es-Sonderdruck. 93 Seiten

Katharina Raabe / Manfred Sapper (Hg.). Testfall Ukraine. Europa und seine Werte. es-Sonderdruck. 256 Seiten

Hanno Rauterberg
- Die Kunst und das gute Leben. Über die Ethik der Ästhetik. es 2696. 205 Seiten
- Wie frei ist die Kunst? Der neue Kulturkampf und die Krise des Liberalismus. es 2725. 141 Seiten

César Rendueles
- Kanaillen-Kapitalismus. Eine literarische Reise durch die Geschichte der freien Marktwirtschaft. es 2737. 300 Seiten
- Soziophobie. Politischer Wandel im Zeitalter der Utopie. es 2690. 262 Seiten

Ulrich Schmid. Technologien der Seele. Vom Verfertigen der Wahrheit in der russischen Gegenwartskultur. es 2702. 386 Seiten

Michel Serres. Was genau war früher besser? Ein optimistischer Wutanfall. es-Sonderdruck. 80 Seiten

Carlo Strenger
- Abenteuer Freiheit. Ein Wegweiser für unsichere Zeiten. es-Sonderdruck. 122 Seiten
- Diese verdammten liberalen Eliten. Wer sie sind und warum wir sie brauchen. es-Sonderdruck. 172 Seiten

Kate Tempest
- Brand New Ancients/Brandneue Klassiker. Lyrik. es 2733. 103 Seiten
- Let Them Eat Chaos. Sollen sie doch Chaos fressen. es 2754. 154 Seiten

Philipp Ther. Das andere Ende der Geschichte. Über die Große Transformation. es 2744. 199 Seiten

David Van Reybrouck. Zink. es-Sonderdruck. 86 Seiten

Slavoj Žižek. Auf verlorenem Posten. es 2562. 319 Seiten

Gabriel Zucman. Steueroasen. Wo der Wohlstand der Nationen versteckt wird. es-Sonderdruck. 118 Seiten